打造有灵魂的课堂

教师语言技能及培养策略研究

李晖旭 著

吉林人民出版社

图书在版编目 (CIP) 数据

打造有灵魂的课堂：教师语言技能及培养策略研究 /
李晖旭著 . -- 长春 : 吉林人民出版社 , 2019.10
ISBN 978-7-206-16458-3

Ⅰ.①打… Ⅱ.①李… Ⅲ.①教师 – 语言艺术 – 研究
Ⅳ.① G42

中国版本图书馆 CIP 数据核字 (2019) 第 235286 号

打造有灵魂的课堂：教师语言技能及培养策略研究

DAZAO YOU LINGHUN DE KETANG : JIAOSHI YUYAN JINENG JI PEIYANG CELUE YANJIU

著　　者：李晖旭
责任编辑：赵梁爽　　　　　　　　　封面设计：优盛文化
吉林人民出版社出版 发行（长春市人民大街 7548 号）　邮政编码：130022
印　　刷：定州启航印刷有限公司
开　　本：710mm×1000mm　　　　　1/16
印　　张：14.25　　　　　　　　　字　　数：280 千字
标准书号：ISBN 978-7-206-16458-3
版　　次：2019 年 10 月第 1 版　　　印　　次：2019 年 10 月第 1 次印刷
定　　价：68.00 元

如发现印装质量问题，影响阅读，请与印刷厂联系调换。

前　言

  语言是交流思想的工具，是知识传播的载体，对于教师职业来说尤为重要。教师语言技能的培养与语言技能策略的应用是课堂的灵魂所在，正是由于语言是打开知识宝库的钥匙，是连通师生心灵的桥梁，是教师完成历史使命、履行神圣职责的重要条件和手段，所以，一线教师在教学过程中应当审慎使用自身教学语言，借助恰当的教师语言提升教育教学效果和教育教学质量，培养学生优秀的品质以及良好的学习素养。教师的使命是启迪人类智慧，传播人类文明，良好的语言技能是教师必备的素养，是教师职业能力结构的重要组成部分。因此，教师必须不断增强语言基本功，不断锤炼语言表达能力。基于此，十分有必要就当下教师语言技能及其培养策略进行系统探析，以期促进教师语言技能的进一步提升。

  为了更为清晰地探究教师语言技能及培养策略，本书将主要内容分为十个章节，并依次进行具体论述。第一章、第二章系统介绍教师语言技能基础概念等情况，为后文奠定理论基础；第三章从教师语言技能必要性及重要性入手，对教师运用语言技能开展教学活动的意义进行系统介绍；第四章从教师的教学语言角度，就教学过程中的"预习、授课、提问及巩固"等环节所运用到的语言技能进行分析；第五章站在"教育语言技能"视角，就教师语言技能培养策略进行阐释，结合教师所运用到的表扬与批评语、说服与劝导语以及鼓励与引导语的具体应用进行分析；第六章从教师体态语探讨教师语言技能培养策略的实践路径；第七章从教师交际语言角度入手进行介绍，以家庭访问、工作交谈、座谈发言等场景所运用到的教学语言运用策略进行分析；第八章从教师的情绪管理入手进行分析，并就教师语言表达的反思策略一并进行系统讲解；第九章以教师语言暴力为例进行分析，就其表现、危害以及预防与化解策略进行进一步探究；第十章在以上章节的综合分析基础上，就教师语言技能的综合运用进行再度分析，并引用恰当案例进行阐释。

本书的写作目的是本着实用性与可行性的原则，最大程度地帮助广大教师修炼自己的语言艺术，提升自身的语言技能，实现自己的教育梦想。本书既有深入浅出的论述，也有实践案例的生动映衬，对教师语言技能相关内容的研究具有重要参考价值。作为一线教师，我们也应加强思想道德修养，丰富知识储备，完善知识结构，提高驾驭语言的能力。由于笔者水平有限，本书难免有不当之处，恳请广大读者批评指正。

目　录

第一章 教师语言技能基本概念、内容及提升途径

第一节 教师语言概述

语言表达对于教师来说，是一项极为重要又需不断学习提高的职业技能。教师对教育对象施教，可以采取多种手段。随着教育手段现代化的逐步实现，教师与学生之间的沟通更为便捷。但是，无论教育手段现代化的程度如何之高，都替代不了教师通过语言媒介向学生传道、授业、解惑这一基本的手段。因此，良好的语言修养是教师必备的职业技能，是教师职业能力结构的重要组成部分。所以，教师对待语言技能的提高应该是"吾将上下而求索"。

教师是人类灵魂的工程师，担负着教书育人的历史重任。语言表达是教师开展教育教学工作的主要手段和方式。一个教师的价值观、道德水准、文化修养、知识水平、审美情趣乃至心理品质和思维方式，都会在教育、教学和其他工作中，通过教师特有的语言表达形式对教育对象和其他与教育有关的受众产生影响。教师语言主要是培养师范生或准备加入教师队伍的其他专业人士正确把握教师语言的职业特点，运用教学口语的技能和教育语言规律，以及教师在不同语境、面对不同对象的语言运用，使受教育者成为学校教育中学习和使用规范的、文明的、优美的语言楷模。因此，教师语言具有鲜明的职业特点。

一、教师语言的特点

教学语言是人类在教学过程中逐渐形成的一种行业性用语，是教师在教学中向学生传授知识、训练技能、培养能力中使用的语言活动。历史地看，中国在几千年前就出现了初步的教育体系，从古代的"传道、授业、解惑"到今天的素质教育，均离不开教学语言。

教师语言的特点是由教师职业所决定的。教师语言表达所处的环境、面对的交际对象、语言交际的目的这三方面的因素，构成了教师语言的内在特征。

（一）规范性与文明性相统一

教师的"为人师表"不仅体现在教师的品德与人格魅力等方面，还体现在教师的言传身教，它时刻影响、感染着学生。如果说教师的表情和手势等是无声的语言、有形的榜样，那么教师的语言就是有声的行动、无形的楷模。教师语言的示范性、楷模性，决定了教师语言必须力争规范、文明。教师使用规范文明的语言开展教育教学工作，对提高中华民族的语言素质有着极为深远的意义。

教师面对接受教育的学生，应当使用标准的普通话。语言规范有利于信息的传递，因为语言是稍纵即逝的，尤其是教学口语直接影响着学生接受新知识、调动思维的积极性。因此，教师语言的标准程度对教学效果的影响是最为直接的。

规范性表现在语音的规范、遣词造句的规范、语用的得体等几个方面。无论是讲述说理、描写抒情，还是阐述论证、借物言志，都要做到发音准确、用词恰当、条理清晰、表述得体。

教师语言，特别是教学口语，因受时间、空间的限制，遣词造句应该避免啰唆、冗长，尽量做到规范、简洁。

教师语言在规范的基础上，还应当注意使用文明用语。尤其是教师的职责是教书育人，因此教师要禁止使用污言秽语，要杜绝使用侮辱性言辞，避免形成不良的语言表达习惯。尽量做到文明行为与文明语言相一致，真正让受教育者感受到语言的美学内涵。

（二）教育性与接受性相统一

学校是培养人的场所，教师既要传授知识、培养能力，又要对学生进行思想道德教育。教师的根本职责是育人，因此，教师的每一项教育教学工作都跟学校的培养目标、青少年的成长、学生世界观的形成息息相关。教师语言作为教育传媒的主要手段，它的表达内容和形式都必然受到学校教育目标的制约与限制，从而使教师语言在传递语言信息的过程中带有鲜明的教育性。

教育性不应该是简单的说教，而应该注意结合教育学、心理学的科学原理，启发学生、引导学生、教育学生，因此教师语言还要注意能否被学生所接受。教育性与接受性相统一，这是由教师教育工作的对象所决定的。教师语言是针对特定的教育对象，为达到特定的教育目的而运用的一种语言表达形式，其表达效果与接受效果的完美结合在很大程度上影响了学生的领悟与接受。教师语言如果不能被学生所接受，甚至让学生产生反感或抵触情绪，即使形式再优美，语音再标准，词语再华丽，也起不到教育的作用，达不到教育的目的。因此，教师的语言表达，要让学生乐于接受，易于接受，就必须在接受性上下功夫，尽量做到教育性与接受性相统一，通过教师语言准确传递信息，达到最佳效果，让教师语言更好地为教育教学服务。

（三）科学性与生动性相统一

教师从事的工作是一项特殊的语言表达过程。教育教学内容的科学性以及传道授业形式的特殊性，决定了教师语言必须科学、规范。无论是讲授语，还是启发语，都要求概念准确、词语严谨、推理严密，否则就违背了教学的本意，影响了教育的效果。因此，科学、规范、准确、严谨是教师语言的基本要求。

教师工作的对象是青少年。根据心理学、教育学的研究成果得知，青少年时期，比较习惯于形象思维，逻辑推理的能力正在不断提高，而观察力、想象力也在不断发展中。因而，只注意教师语言的科学性，而忽略教育教学的生动性，必然影响学生接受新的知识、新的理念。所以，教师语言在科学、规范、准确、严谨的基础上，应结合青少年的心理特征，运用生动形象和饱含丰富情感的语言，不断激发学生的学习兴趣，调动学生的积极性。在激活学生智力因素的同时，也应该充分调动学生非智力因素的参与，从而不断提高语言表达的效率。形象生动的表达不仅能调动学生的无意注意，延长注意力集中的时间，也能使学生加深对知识的理解。

教师语言的生动表现力，富含真挚情感的言辞，形象准确的姿态表情，不仅可以增强语言的气势，让讲述更为形象生动，还可以激发学生产生丰富的联想，在脑海里留下清晰而鲜明的印象。

教师语言的科学性与生动性要求教师既不能只重科学性而使表达平淡无味，又不能为追求教学气氛的活跃生动而背离教育教学的科学性，影响信息正确、完整的传递。因此，应该注重教师语言的科学性与生动性的统一。

二、教师语言的分类

教师语言通常可分为三类：教师口头语言、教师书面语言、教师交际语言。教师语言的不同分类决定了教师语言的不同要求。

教师语言表达面对特殊的群体，在特定的时间、地点，完成明确的教育教学任务，必然有不同的表达方式。

从使用的语体上划分，教师语言分为教师口头语和教师书面语两类。文字板书是教学中一种最重要的无声语言。好的板书能展示课堂教学的重点，加深印象，增强教学效果，给学生以深刻的影响。课堂上既要有教师妙趣横生的讲授，又要有赏心悦目的板书展示。要使板书和口头语言和谐融洽、相得益彰，就必须精心准备，认真备课，板书的内容和先后次序都应在教案中事先设计好。当前，随着现代教育技术的飞速发展，越来越多的教师过分地依赖多媒体课件，忽视了文字板书的重要性，实际教学效果并不好。

教师语言主要运用于教师教育教学工作中。教师在从事教学活动时，可以利用多种信息传输形式，如板书、教具、课件、体态、有声语言等，但其中运用频率最高、作用最大的还是有声语言的表达形式——口语。教师的教学任务和教学目的绝大部分是依靠口语形式完成或达到的。俗话说：身教重于言教。但教育教学的规律和特点表明，教师"育人"工作往往是言教多于身教。"言教"基本贯穿于教师工作的始终。无论在教学过程中，还是在教育活动中，教师工作常常伴随着说服、教育、激励、批评、引导、协调等口语活动。

从口语使用的对象与目的来看，教师口语又可以分为教学口语、教育口语和交际口语三类。

教师语言的运用，一般以口语为主，但也离不开书面语的使用。教师书面语从使用功能上看，可以划分为教案用语、班主任日志、学生评语、作业批语、教学心得、教育论文、情况总结、经验交流、告家长书等。

教师职业的特殊性，使每一位从事教育工作的人不得不高频率地使用语言。因此，每一位教育工作者都应注重语言学习，并把语言技能的提高作为终身努力的目标。

三、教师语言技能运用的语用原则

课堂教学语言的根本任务在于较好地运用自然语言向学生传道、授业、解惑，同时向学生表达自己的情意，并且透过学生的语言活动确切领会学生的情和意，从而实现教学中的双向互动交流，完成教学任务，达到教学目的。教学语言的语用原则是教师圆满完成教学语言的交际任务、实现课堂教学目标而制定的运用语言的根本准则。

教师的语用原则包括话语的有效性原则和可接受性原则。

（一）话语的有效性原则

有效性是教学语言的一个语用原则。从信息学的角度来看，教学语言同其他任何交际语言一样，必须传达有效的信息。话语的有效性可以从以下几个方面理解：

1. 语言明白简练

所谓明白，即语言通俗易懂，深入浅出，使学生明确地知道教师所要表达的内容以及教师本人赞成什么、反对什么，那种模棱两可、似是而非的语言是不能表达明白的。

所谓简练，即语言简洁清楚，干净利落，恰到好处。那种啰啰唆唆、夸夸其谈的叙述，那种毫无目的、毫无选择的旁征博引，尽管教师讲得天花乱坠、绘声绘色，却抓不住教学的中心，效果很差。

教师在教学过程中的语言表达必须明白清晰，切忌含混模糊。语义的含混模糊容易造成学生在认识、理解上的模糊，不但使学生不知所指，无所适从，甚至会造成学生理解上的偏差。这就要求教师的语言表达要清楚明白，尽量避免使用模棱两可、生僻难懂的词语，切忌滥用不合语言规范的简称。

教师在教学过程中的语言表达必须周密细致，切忌因表达不严密而出现漏洞，犯知识性的错误。严密周全，言简意赅，是教师教学语言的基本要求，它要求既要避免语言重复啰唆，又要避免为了简练而牺牲语义。因此，教师在教学过程中使用的语言必须仔细推敲，反复斟酌，逻辑严密，该修饰限制的就用修饰限制，该简练的就要简练，避免语言使用的随意性。

教师在教学过程中的语言表达必须晓畅流利，层次清楚，前后衔接自然。教师的教学语言是经过精心组织的个人语言，教师在进行教学语言组织和表达时，要力求做到语言流畅，层次分明，语句前后衔接自然，避免语无伦次，东拉西扯，衔接不当。

2. 语言生动形象

语言的形象生动，就是运用语言要新鲜活泼、富有朝气、情趣盎然，有说服力和感染力。教学语言的生动形象就是指教学语言要具有审美感。虽然科学课程的教学语言不能披上一件华丽的外衣，但根据教材不同的内容，适当地运用一些比喻、拟人、夸张等修辞方法，使教学语言形象化，能够增强感染力，吸引学生的注意力，增强学生记忆力，提高教学效果。

教师要善于把抽象的概念具体化，深奥的道理形象化，运用学生们所熟知的生动实例引导学生理解、掌握并运用所学的知识。切忌用平淡不变的语气讲课，要讲究课堂语言的生动形象性，因为它能够营造课堂气氛，吸引学生注意力，提高课堂的教学质量。不论概念、原理及定理，都是前人总结出来的经验，具有一定的概括性和抽象性，含有深奥的哲理，会给初学者带来一定的困难。而有时运用恰当的典故、生动的比喻、形象的事例既可增加教师授课的趣味性，活跃课堂气氛，又可帮助学生加深对知识的理解和记忆。

语言的丰富性主要表现在词汇的丰富性上。词汇是语言的细胞，词汇越丰富，语言就越生动，越能鲜明地表达人们的思想；反之，语言就会平淡、乏味、无力。教师需要掌握大量的词汇，这样讲课才能生动、流畅，收到较好的效果。教师在课堂教学语言中加入丰富的感情色彩，把传播知识与感情交流有机地结合起来，才能使教学效果更好。尽管我们的教育对象是具有良好理解能力的学生，但是人的情感是一样的，听着白开水一样无滋无味的语言，学生对课堂学习会有倦怠心理。事实上，在课堂上增加一定的与教材有关的趣味性的典型事例，以生动形象的语言吸引住学生，是非常必要的。

3. 运用不同的语调

汉语本身就有丰富多变的语调，教师在讲课中要重视语调的变化，营造抑扬顿挫的美感。教师要善于根据不同的教学内容，不同的课堂情绪，多用疑问句、排比句、感叹句，引人入胜，从而增强语言的生动性。

例如语文教师在带领学生分析课文的时候，对有意义的问题可用疑问句激发学生思考，这就是教师语言的启发性。对抒情色彩较浓的文章多用感叹句，帮助学生深刻领会文章的感情，这就是教师语言的感染力。

在授课过程中，如果教师能善于运用生动、富于变幻的语言，那么更容易把知识点点滴滴地沁入听课者的脑海中。对文章的分析，学生能否深入进去，关键看教师语言感情的引导和影响，能否引起学生共鸣。当教师用富有感情的语言把学生带入作品所描述的境界中去，教学效果自然会事半功倍。例如在讲解朱自清的《荷塘月色》一文时，教师忽而平稳、忽而深沉、忽而急促的范读，可以把学生引入饱含诗情画意的境界中去，学生领会文章的深刻意义，自然就容易多了。当然，一名教师要做到语言的生动、形象，绝不是一朝一夕就能奏效的，必须在教育与教学的实践中不断地学习、探索和积累，必须经过长时间的艰苦磨炼。

4. 掌握语言的节奏感

教师讲课声调要有高低，节奏要讲究快慢，即讲话不能总是一个声调、一个速度，声音要有停顿，该高则高，该低则低，该快则快，该停则停。停顿的目的是给学生回味、思考的时间。利用声调变化造成一种高低快慢、轻重缓急、抑扬顿挫相结合的情景，可增强学生注意力，减少学生的疲劳感，使学生时刻处于最佳思维状态。节奏技巧的合理运用，能给学生带来新鲜感和美感，易激起学生的共鸣。通常来说，说话的节奏一般有六种，即轻快型、凝重型、低沉型、高亢型、舒缓型、激动型。

语言的流畅，会给人带来艺术的气息，使听者得到艺术的享受。要做到这一点，教师应培养自己具有敏捷的思维，良好的口头表达能力。在注意语言表达流畅的同时，还应注意在叙述中简明扼要，不带有口头禅，同时使自己的发音做到抑扬顿挫，音腔圆润，富有节奏感，更具有艺术性。

5. 富有启发性

语言能成为一种感人的力量，它真正的美离不开言辞的热情、诚恳和富有启迪性。因此，教师一定要努力把灵感和思想贯彻到自己的话语中去，使"情动于中而言溢于表"，从而"打动学生的心，使学生产生强烈的共鸣，受到强烈的感染"。教师语言的感情色彩，来源于教师科学的世界观、人生观，来源于教师对教育事业的无限热爱，对文化科学知识的强烈渴求，以及对学生的赤诚之爱。据说，鲁迅讲课的声音并不抑扬顿挫，也不慷慨激昂，但他的每句话、每个字都充满着感情的魅力，使学生觉得意味深长，引人入胜，使每一个接近过他的学生都感到心中有一种信念的力量。

这种启发性就是教师的语言能针对课堂上学生真实的心理状态，循循善诱地调动学生的积极思维，做到"导而弗牵""强而弗仰""开而弗达"，激发学生多种分析器官协同活动。这就要求教师课堂语言要动之以情，晓之以理，使学生学得有兴趣，引导学生主动地、聚精会神地进入学习境地，积极主动地获取知识。

6. 语言热情，具有鼓舞性

心理学研究表明，环境对人们的心理状态的影响是巨大的。肃穆的气氛会使人产生紧张、压抑之感而思维呆滞，热烈和谐的环境则使人精神愉快、情绪高涨、思维活跃。因此教师讲话应该是热情洋溢的，在师生中创造一种热烈和谐的气氛，让学生在心情愉快的状态下接受教育，满怀信心地迈步向前。

教师需要满怀激情，否则其语言必然苍白无力，其态度必然冷漠无情，不能感染、启发学生。因此，在课堂中，教师要充满激情，教师的语言要抑扬顿挫、有轻重缓急。只有真挚的感情、和谐的语言才能启迪学生的思维，引起学生的共鸣。

总之，教师的语言反映了教师个人的风貌，只有提倡教师用艺术化的语言进行教学，才能使我们的教学活动更有朝气，给教学活动营造一个理想的氛围，使听课成为一种艺术的享受。

（二）话语可接受性原则

课堂教学语言是否得当，首先要看运用的语言是否合语法，其次看它是否是可以接受的。前者是最基本的要求，后者是更高层次的要求。课堂教学中，话语的可接受性可以从两个方面来理解，即适宜、得体。

所谓"适宜"，指说话要合身份、合语境。合身份就是要求教学语言符合教师和学生的关系；合语境，就是要合乎说话的场合、说话的目的、说话的对象的具体情况。

所谓"得体"，通常有三种解释：

第一种，一般宽泛意义上的解释。《现代汉语词典》中对"得体"的解释是语言、行动等得当，恰当，恰如其分。

第二种，语言得体指的是适应语体、文体。主要指说话要注意语体特点，口语和书面语的表达方式是不同的。书面语体包含许多变体，如公文语体、文艺语体、科技语体、广告语体、政论语体等。

第三种，修辞学理论中关于语言得体性的解释。主要指语言材料对说写主体和语言环境的适应度。

本文对"得体"的理解持第一种观点。也就是说教师在课堂教学中说的话应该恰如其分。不得体的语言往往会产生不良的影响。

第二节　教师语言表达要素

一、教师口语的具体要求

（一）响亮度

教师通常在一定面积的教室里，面对几十个学生讲授知识。特定的空间和对象要求教育教学的表达必须具备合理的音量，才能让学生听得真切，听得明白。如何控制音量呢？可以从学生的听课情况中得到反馈，及时调整，适度控制。

1.音量的高低

教学口语的音量，应根据教室的大小、学生人数的多少、有无扩音设备、周边环境是否安静等外部条件，灵活调整声音的高低。尽量做到前排同学听课清晰而不震耳，后排同学听得清楚而不费力。教师口语在运用中，还应讲究字正腔圆，克服声音的弱化和虚化，注意不让声音飘忽不定，不要前高后低，正确使用重音。即使是教学需要，调整音量也要做到低而不含糊，沉而不浑浊。只有响度没有力度，会使声音虚飘、弱化；只有力度没有响度，会让声音局限在小范围内，从而影响教学。因此，响度与力度缺一不可，响度与力度必须密切配合，相辅相成。

2. 音量的变化

教师在教学过程中，为了引起学生的注意，除了教学内容的变化外，更多的是依赖音量的变化。保持一种音量，容易让学生产生听觉疲劳。为了做到时刻吸引学生听课的注意力，有经验的教师会在声音的高低上做文章。课堂教学的声音有强有弱，高低起伏，加上优美标准的普通话，会使学生在美的享受中愉快地接受新知识，实现教学的预定目标。

（二）流畅度

教师语言表达对象的特殊性，要求教师口语必须流畅完整。教师讲授知识主要靠语音。语流的顺畅是学生能准确理解概念、接受新知识的前提。为了提高语言表述的流畅性，应加强语言实践，尤其是内部语言向外部语言的转换，强化语言思维能力的训练。只有思维能力提高了，才能使内部语言顺畅地向外部语言过渡，提高语言表达的流畅度。

一个说话结巴、语调平淡的教师，无论怎样借用其他信息传递手段，也无法弥补语流不畅对讲解产生的不良影响。因此，教师在述说一段相对完整的教学内容时，要做到流畅而不"拥挤"，准确而不模糊，沉吟而不中断，通俗而不随意。尽量克服日常口语中的跳跃、啰唆等问题，杜绝使用毫无关联的口头禅。

（三）清晰度

教师口语的清晰度是由音位清晰度和音节清晰度组成的，因此，这一环节仍与普通话训练有密切关联。首先，只有在普通话训练的基础上，才能切实有效地提高音位的清晰度和音节的清晰度。一名普通话不标准的教师根本谈不上语音的清晰度，因而清晰度是建立在语音标准的基础上。所以，调动发音器官正确运动，是保证实现语音清晰度的前提。只有掌握正确的发音方法，才能使发音准确、清晰。其次，还要正确掌握语义与语法规则，准确理解上下文的衔接与过渡，语言表达尽量做到停顿恰当，表述贴切，这样才能提高学生对教师语言的理解能力，保证教学顺畅进行。教师口语必须做到表达清晰，字正腔圆，只有这样才能准确传递教学内容，更好地指导学生学习。

（四）语音修辞

语音是与人类生活关系最为密切的声音。语音是语言信息的载体，是语言的物质形式。许多书面语中无法形象而准确表达的情感，在口语中往往能表述出来，而且语音所包含的潜信息远远超过语义所包含的潜信息。

语音的重音、顿连、节奏的使用，也是语音修辞中不可忽略的重要环节。教师口语中的重音、顿连、节奏，是指在一段相对完整的表述中，根据教学的需要，采取加工或选择的处理方式。教师使用不同的语气，可以传递不同的情感，这种差异对学生情商有直接的影响，比如降调与升调所表达的情感就有明显的不同。不同的语调对教学效果会产生不同的影响。据丁传禄等人 1956 年的调查研究表明：教师使用高亢型语调、抑制型语调或平缓型语调进行教学，班级学习成绩的正确率在 59.4%~83.9%；而采用变换型语调教学的班级，学生的情绪兴奋，注意力集中，反应灵敏，学习成绩正确率达到 98%。因此，有经验的教师常常善于灵活运用语气、语调，根据教学内容的具体情景变换语调类型，吸引学生的注意力，取得了比较满意的教学效果。

二、教师书面语的要求

教师语言除了在课堂上使用的教学口语外，还有在工作中经常使用的书面语言。无论是教学工作，还是教育工作，都离不开书面语的运用。书面语的运用跟口语的运用是不同的，自然要求也不同。

（一）准确性

书面表达有充足的时间去推敲，因此在书写时应反复修改，斟字酌句，尽量使表达准确，条理分明。尤其是教案书写，更要注意概念的准确性。言辞表达要严密，推理要严谨，表述要清晰，要有逻辑性。因为，教学口语的依据是教学中不断使用的教案，如果教案不准确，或书写杂乱，必然使教学工作无所适从。轻者影响教学进度，重者影响知识的准确传授，甚至严重干扰教学，或有损教师、学校的声誉。所以，教案的准备，除了教学内容的准确性之外，书写的用语也应尽力做到准确、严谨。

（二）规范性

教师是文化知识的传播者，更是文明的使者。文明的体现就是凡事须讲究规矩，教师书面语要按一定的模式来书写。教师的一言一行直接影响学生的一言一行，教师的一举一动带动着学生的一举一动。大凡办事认真、书写规范的学者，在他们最初接受教育的阶段，都曾有过一位治学严谨、书写讲究的老师。因此，教师书面语的规范不仅直接对学生产生影响，那种潜移默化的功能甚至还会影响到学生对其他事情的态度。教案、评语、批语、告家长书等的书写，一定要兼顾到它的传递与影响，要注意到信息接收的那一方，要为信息的解码服务。所以，规范是书面语最基本的要求。

（三）文明性

教师工作的对象主要是学生，教师的言行不仅代表个人的品行，而且代表着整个教师队伍，因此教师语言是良好的自身行为和组织形象的再现。教师必须具有现代社会的文明意识，无论是作业批语、学生评语，还是告家长书，都应使用礼貌用语。根据马斯洛的需求层次理论，教师应该首先尊重交际对象。要争取学生或家长的理解和支持，与之进行有效的沟通和合作，就要讲究方式方法，努力发现学生的优点、长处，并予以肯定、表扬、鼓励。教师语言的文明性包含语言行为、语言内容和语言形式。

（四）情感性

教师工作的对象主要是学生，这种对象的特定性，决定了教师在教育教学中要时刻注意及时与教育对象沟通。学生是富有复杂情感的生命个体，每一个学生的性格有着这样或那样的差异，如智力差异、情商差异、个性差异、心理差异等，形成了千人千面的学生群体。这种种差异就要求教师的工作应在分析个体差异的基础上，调动情感因素，与学生沟通。不仅要晓之以理，更应该动之以情。在很多情况下，情感因素居于举足轻重的地位，有国外学者通过实验研究证明情感的号召力比理性的号召力大。因此，教师在教育工作中应充分调动情感性，进一步加强与交际对象的沟通，与教育对象、教育合作者建立良好的关系。

（五）通晓性

教师在应用书面语时，应考虑接受对象。首先，语言表达的目的是便于沟通，因此通晓明白、易于理解接受的词语是教师用语的首选。不同年龄层次的学生，其认知心理有明显的差异，教师语言的表述要考虑到学生的接受能力。其次，教师书面语除了用于教学经验、教学心得等形式的文体外，绝大部分的语言沟通对象还是学生。所以，教师书面语还应在便于对象理解的前提下做文章，通晓、易懂是教师书面语的最佳表达形式。

第三节　教师语言技能掌握要领探究

教师的语言技能是指教师在教学过程中灵活恰当地运用语言向学生传授科学知识、培养思想品质等一系列表达技巧、方式和方法。这种技巧主要指的就是语言技巧。那么，优秀教师在运用富有情感性、艺术性和科学性的语言时都把握了哪些要领呢？

一、坚持用普通话教学

（一）坚持用普通话教学的必要性

语言是全民的交际工具，语言的规范化有利于社会物质文明和精神文明的创造与传承，与社会的进退、国家的兴衰息息相关。汉语的规范标准就是普通话。1982 年 12 月 4 日，中华人民共和国第五届全国人民代表大会第五次会议通过的《中华人民共和国宪法》第一章《总纲》第十九条明确规定："国家推广全国通用的普通话。"普通话是中华民族的共同语，是一个国家社会发展水平与文明程度的具体体现。1955 年 10 月 26 日，《人民日报》发表的题为《为促进汉字改革、推广普通话、实现汉语规范化而努力》的社论特别指出："每年有上千万学生进入小学，训练普通话应该从他们开始。从小学到中学到大学，成百万的教师是普通话最直接的教学者和宣传家。"应该"使学生不但在语音方面，而且在书面语言的语法、修辞、逻辑方面都能得到有系统的规范化的教育，消除目前很多学生在中学甚至大学毕业以后还不会说普通话、不会写通顺文字的现象"。

学生对普通话的学习主要来源于学校教学，因此，在学校教学活动中使用普通话、推广普通话显得尤为重要。首先，"蓬生麻中，不扶而直"，教师居于教学活动中的主导地位，教师的普通话水平直接影响着学生的普通话学习。因此，为学生创造良好的语言学习环境，为学生提供高水平的模仿对象和学习语言的标准是教师的职责所在。教师务必要以身作则，树立普通话的意识，积极普及、推广、运用普通话，在教学过程中给学生做表率、做示范，让学生体会汉语的优美、动听和表现力，进而学习和热爱普通话。此外，在教学过程中，方言因其独特的语言形式和它传播的局限性，难辨难懂，对教学效果有非常大的影响。例如推广普通话以前，教师用潮州话进行教学，语言大都不够规范和精练，不自觉地出现方言土语。用方言朗读普通话写成的课文很不自然，尤其是诗歌，不如用普通话那么押韵、容易上口，用潮州音朗读，有些地方不能押韵，只得变读字音。而普通话以比方言更丰富、更完善、更富于表达感情的优势更易为学生所喜欢和接受。一名素质较高的教师，在熟谙教材教案后，用普通话教学，一定会吸引学生注意力并收到较好的教学效果，而用方言教学往往使学生听起来吃力费劲，其效果必然受到影响。例如有位老师虽然知识功底深厚，但因为教学过程中方言浓重，运用了大量"土"音"土"字，尽管他自己在台上讲得神采飞扬，学生在下面却不知所云，一脸迷茫，严重影响教学效果。而优秀德育工作者李燕杰的演讲声音之所以传遍大江南北，除了他渊博的知识、扣人心弦的内容，精准的普通话演讲也是一个很重要的方面。

方言区的教师用普通话进行教学，必然会遇到不少困难。有些老师提出，普通话教学初期，师生刚学普通话，听和讲都不习惯，发音不准，词汇匮乏，讲得不生动、不流利，表达能力受到限制，用普通话教学多少会影响教学效果。如果不看客观条件，无视师生的能力，提出过高的要求，不用逐步过渡的办法，一下子就改用普通话教学，当然会对教学质量有所影响。那么，如何在教学过程中发挥普通话教学的优势呢？一是推广普通话要按中央"大力提倡，重点推行，逐步普及"的方针，根据不同时期、不同教师、不同条件等提出切合实际而又积极的要求。二是教师要树立普通话的意识，用坚强的毅力和持之以恒的精神来纠正方言土语，通过科学的方法提升自己的普通话水平。只有这样，才能保证在推广普通话的同时提高教学质量。

（二）在教师中推行普通话的重要性

教师要以普通话为职业语言，在教育界已经形成共识，并得到了社会的广泛认同。以普通话作为教师的职业语言，是由多方面的原因决定的。除了普通话是民族共同语，"推普"是语言文字规范化工作的重要内容等原因，还与教师的职业特点等紧密相关。

首先，以普通话为教师的职业语言，是教师提高自身业务素质的需要。教师的日常工作是教育教学工作，离了语言这个"人类最重要的交际工具"，教师就无法组织各种教育教学活动。因此，教师的职业特点决定了教师必须具备良好的语言素质，教师语言素质的高低，对教师整体业务素质有着重要影响。现在，普通话能力的高低已经成为社会衡量教师语言素质水平乃至整体业务素质水准的重要尺度。将来，教师不会使用普通话就会失去合格教师的资格，就不能上岗。

其次，以普通话为教师的职业语言，是保证教学质量的需要。从信息传播的角度讲，教学活动的过程就是师生双方信息传送与接收的过程。教师向学生传送信息的载体可以多样化，但最重要、最及时、最基本的信息载体是语言，如果这个载体出了问题，肯定会影响教学质量。强调教师要以普通话为职业语言，正是为了最大程度地消除语言障碍对教学效果的影响。还有两方面的情况值得重视：一是现行教材（外语等除外）是用普通话编写的，用普通话编写的教材，当然只有用普通话来讲授才顺当；二是有资料证明，改革开放以来，跨方言区任教的教师、跨方言区就学的学生人数呈上升趋势。看来，"讲方言也一样能教好书"的观点确实该变一变了。

再次，以普通话为教师的职业语言，是促使普通话成为校园语言的需要。校园"推普"工作的进展，对于我国"推普"目标的实现起着举足轻重的作用。要提高校园"推普"水平，光靠加强普通话教学还不够，还需要形成良好的校园语言环境。这就要求广大教师自觉以普通话为职业语言，在校园内带头说普通话，时时处处讲普通话，并注意引导、督促学生自觉学习和使用普通话，只有这样，才能真正使普通话成为校园语言。

最后，以普通话为教师的职业语言，是优化育人环境、培养高素质人才的需要。随着改革开放的进一步深化和社会主义市场经济体制的建立，我们国家的面貌发生了翻天覆地的变化，人们的思想观念发生了深刻的变化，与此同时，人们的语言生活也发生了深刻的变化。世界仿佛变小了，更有那"魔力"无边的因特网，已经把"五大洲"变成了一个"地球村"，人们从来没有像现在这样需要接受多种有声媒体传播的信息，需要与来自各地的人们打交道。于是，掌握普通话成了谋生存、求发展的重要条件，普通话能力成了人才素质的重要方面。教师以普通话为职业语言，有利于优化校园语言环境，使学生的语言能力得到有效的培养和训练，这对于提高学生的综合素质是大有益处的。

现在，新一轮全国性的"推普"热潮已经掀起，我们相信，经过广大教师的不懈努力，普通话一定会真正成为教师的职业语言。

二、掌握语言发声技巧

优秀教师的语言艺术除了语言使用的标准规范，他们的声音还应该丰富充实、圆润清晰、自然流畅、饱含激情、生动形象，使学生在紧张、专注、沉思、释然中获得认知的审美愉悦。教师在课堂教学时要针对学生能力、兴趣、教学内容和学习任务的特点，注意变化语言的外在形式。语言外在形式的变化是引起学生注意的重要方式。语言外在形式的变化有很多种，如教学语言声音的变化。同音乐一样，教学语言也是有声的语言，美妙的歌词往往还须有美的声音将它"演唱"

出来。由此来看，教师在课堂教学中要掌握语言发声技巧。

（一）呼吸技巧

　　课堂语言要有一定的亮度和强度，声音过弱过低会使学生听起来困难并且产生疲劳感。声音的亮度和强度往往是由气息决定的，气是声音的原动力。表演艺术家李默然说过："练声先练气，气足声故亮。"没有足够的气息就不能发出明亮的声音。以"声音"为职业的教师平时就要注意训练自己的肺活量，调节自己的呼吸状态。为了使说话时气息处于自如调节状态，教师可以掌握一些调节气息的方法。一般人用的都是胸式呼吸法，这种方法底气不足，不能发高音。教师可以使用"胸腹联合呼吸法"，这种方法用胸腔、横膈肌、腹肌联合控制气息，呼吸活动范围大、伸缩性强，可以操纵和支持声音的输出，为气息均衡、平稳地呼出提供了条件，使发声时的气息处于自如调节状态，随时可以换气、储气、补气。发声有了雄厚的根基，声音自然就有了响度、亮度，同时也就有了立体感，音色就有了美感。这种呼吸的锻炼要领如下：一是说话时姿势要保持肩平颈正，全身放松。二是呼吸时要做到"吸气一大片，呼气一条线"。深呼吸时，不要端肩，两肩保持自然下垂的状态，要用鼻吸气用口鼻呼气。用口吸气会引起舌面与口腔的干燥，冷空气直接刺激声带，使声带干燥，不利于发音。用鼻吸气，双唇轻轻靠拢，舌尖微抵上齿龈，口腔全部肌肉放松，使气流从鼻腔徐徐吸入。呼气时，舌尖移到下齿背，肌肉依旧保持松弛，气流从口鼻呼出。在吸气呼气时，要避免口腔或鼻腔出现摩擦声音，不要"大喘气"。这种靠横膈肌和小腹肌肉的力量与运动进行呼吸的方法，就是把手放在小腹上，在吸气时感受小腹的膨胀，在呼气时感受小腹的挤压，它可使教师底气足，嗓音持久，音量大。

（二）共鸣技巧

　　声带所产生的音量是很小的，只占人们讲话时音量的 5% 左右，其余 95% 左右的音量需要通过共鸣腔放大得来。共鸣腔是决定音色的重要发音器官，直接引起语音共鸣的是声带上方的喉、咽、口、鼻四腔。此外，胸腔和头腔也有共鸣作用。说话时的用声是以口腔共鸣为主，以胸腔共鸣为基础。共鸣器以咽腔为主，又可分为高、中、低三区共鸣。高音共鸣区，即头腔、鼻腔共鸣，音流通过该区共鸣，可以获得高亢响亮的声音。中音共鸣区就是咽腔、口腔共鸣，这里是语音的制造场，是人体中最灵活的共鸣区，音流在这里通过，可以获得丰满圆润的声音。低音共鸣区，主要是胸腔共鸣，音流通过该区共鸣，可以获得浑厚低沉的声音。因此，教师要想使说话的声音好听和持久，就要适当地运用共鸣技巧。运用共鸣技巧主要应掌握好"口张""喉松""鼻松"三个环节。口张，即发音时口腔的空音要扩张开，使发声部位后移，声音有了较大的空间，就响亮而浑厚。喉松，即喉部放松，声音自然颤动，让声音在喉腔与鼻腔之间产生共鸣。鼻松，即在发出音节时，软腭下垂，舌根放松，让气流从鼻腔中流出，同时声音也能在鼻腔中产生充分的共鸣。教师掌握了共鸣发声的初步技巧，不仅能使声音的色彩和亮度发生较大变化，让整个教室的每个学生都能听清楚教师的讲课，还能够减少因提高音量而产生的疲劳，从而长期保持嗓音洪亮、音色优美。

（三）表达技巧

教学语言的音乐美，主要体现在语言的声音变化上。声音的变化主要包括教师讲话时语调、音量、节奏和语速的变化。这些变化在吸引学生注意力方面有很大的作用，可使教师的讲解、叙述富有乐感，跌宕起伏，同时重点突出。例如当教师从一种语速变到另一种语速时，学生分散的注意力会重新集中起来。相反，有的教师语言没有变化，变化曲线近乎一条直线，就会使学生感觉乏味沉闷，以致无法打动学生，难以吸引学生的注意力。

教师语言的节奏是指语流运动的态势，由不同的情感和表述内容所决定，是一种抑扬顿挫、轻重缓急的回环交替的声音形式，由重音、停顿、语速快慢、语调等抑扬搭配而形成。生物学家认为，适宜的节奏作用于学生的神经系统，能引起学生的共鸣。如果教学语言的节奏过慢，学生的大脑会由兴奋状态转为抑制状态，学生会感到"不解渴"；节奏过快，学生来不及全面处理信息，会造成"消化不良"，教师也会在"忙"中出错，造成知识"漏网"。因此，教师要在把握教材内容的基础上，合理调节语调、语速，使教学过程和谐、有效。首先，语调技巧的使用要根据不同的内容使用不同的腔调来表达不同的思想和情感：高亢的声音表示激昂和感奋；柔和的声音表示温馨和愉悦；低沉的声音表示悲哀和哀婉……使语言富有音乐诗词般的音律节奏和变化，讲者朗朗上口，听者愉悦轻松。其次，在语速的控制上，要灵活运用强调、停顿的技巧。重音就是指人们在说话时，在表情达意时常把比较重要的字词读得重些。重音技巧的应用在语言的音乐美中有很大的作用，尤其在语文教学课堂中最为突出。比如一位教师在读《荷花淀》水生嫂的一句话"女人低着头说：'你总是很积极的'"时把重音落在"总是"上，把温柔女人对她丈夫满腔深情的爱恋与此时此刻产生的嗔怪表露无遗，让学生顿感女性的柔美。停顿对语速的改变也起到一定的调节作用，在语句中，如果停顿比较多，停顿的时间就会比较长，语速就会放慢。停顿少，停顿时间短，语速就会紧迫一些。一般来说，较快的语速易于表现惊讶、兴奋、快乐、激动、愤怒的感情，较慢的语速易于表现庄重、沉静、悲伤的感情。比如一位老师在读鲁迅的《纪念刘和珍君》中"我已经说过／我向来是不惮以最坏的恶意／来推测中国人的／但这回／却很有几点出于我的意外／一是／当局者竟会这样凶残／一是／流言家竟至如此之下劣／一是中国的女性／临难竟能如是之从容"时，除了句段本来的停顿，教师在语句中的停顿安排前后照应，做到了若即若离，产生了"此时无声胜有声"的境界。

三、自然运用体态语言

体态语言就是指教师用来传递信息、表达情感、交流思想的体态表现，如表情、手势、眼色、姿态等，是口头语言的有益补充。在课堂教学中，教师要传道、授业、解惑，向学生传授大量的知识技能。想象一下，如果教师拥有三寸不烂之舌，形态表情却呆若木鸡，即使他的语言再生动再有趣，也不过只是一个传声筒、播放机。没有丰富协调的体态语言，就不会有情趣盎然、生动活泼的课堂氛围，更不可能有融洽亲密的师生关系。

（一）自然的面部表情

教师的面部表情是教学语言艺术的重要组成部分，课堂上师生之间情感的交流是形成和谐教学氛围的重要因素。在师生情感的交流中，教师的表情对激发学生的情感具有重要作用。许多教师都懂得微笑的意义，他们即使在十分疲倦或身体不适的情况下，走进教室也总是面带微笑，学生会在教师的微笑中感受到教师对他们的关心、爱护、理解。良好的师生情感交流能使学生从爱教师、爱教师讲的课自然过渡到欣然接受教师对他们的要求和教育。

比如一位教师上课时发现一个学生未到，焦急地自语："小张怎么还没来？"一次又一次到门口张望，仍不见学生身影。从老师焦急不安的神情中，同学们感受到了老师的爱心。后来，小张得知此事，也感动得热泪盈眶。可见，教师自然的面部表情好似情感的催化剂，有时仅仅一个眼神就胜过千言万语。教师在上课过程中用和蔼亲切的目光去捕捉学生的视线，让眼光洒遍教室的每个角落，这样做不仅起到了控制课堂的作用，而且在无形中使每个学生都感到老师在注意自己，因而觉得非常开心。教师在授课时，发现某个学生讲话或做小动作也可用自己严肃的目光警告他（她），同大声训斥相比，这种眼神的批评会使学生更容易接受，而且不会影响其他同学的注意力。即使是教师一个不经意的眼神有时也会给学生留下深刻的印象，特级教师于漪就曾回忆道："我永远忘不了年轻的黄老师教《故乡》一文时的眼神。……讲到少年闰土出现在月下瓜田美景之中时，他眼睛睁得大大的，放出异样的光彩。"

（二）恰当的身体动作

教师在讲授知识时，配以姿态动作，也会收到意想不到的教学效果。比如，在文言文教学中讲到"步""走""趋"三个字差异时，若仅凭教师口语解释往往会纠缠不清。全国优秀教师邵忠云以动作讲解：迈步从讲台一端走到另一端，告诉学生这就是"步"；跑上几步（突出双脚腾空动作），说这就是"走"；做竞走状（无腾空动作），说这就是"趋"。事实证明，这种配合动作的讲解，学生一听就懂了，无须教师多费言辞。后来，邵忠云老师还跟踪调查，学生在十年后对这三个字仍然记忆准确，而且对老师当时的解读记忆犹新。可见，在教学活动中配以恰当的体态语言，可以为教学活动增光添彩。有时甚至只是一个手指的动作都可以使内容明确化，有利于学生的理解。比如在地理课堂上，教师在教学生辨识地图时，可将食指指向地图上的某个具体位置，配合讲解。在小学低年级课堂特别是一年级课堂中，教师在教学生识字、数数时可采用手势来表意数字。由于数字手势的形象性，学生更易理解，如教师在教学生数"1"时，常用食指代表"1"，用食指和中指组成"V"形时代表"2"。此外，在课堂表扬中，教师恰当地运用"鼓掌"更能使学生充分感受到教师和同学的肯定和赞赏，激发学生积极向上的学习动机。

（三）得体的服饰仪表

服饰也是一种体态语言。教师在课堂教学中应以完美形象出现在学生面前。得体的服饰仪表会增加学生对教师的钦敬和热爱，随意的服饰仪表则会使学生产生厌恶情绪，影响教学效果。衣着打扮是仪表美的主要组成成分。衣着整洁得体，是对教师服饰的一项基本的规范要求。教师的衣着打扮，并不一定要有新奇漂亮、流行时髦的服装，也不一定要本人必须有一副适宜装扮的身材，关键在于他的仪表打扮要符合身份，符合教师的职业特点规范下的仪表美的深层内涵。尽管适宜的身材、流行时髦的服饰对教师的形象美也起到相当重要的作用，但这并不能代表仪表美的全部。只要他在教书育人的实践行动中，衣着整洁得体、落落大方，同样能够透露出一股朴实的美、整洁和谐的美、情趣高雅的美。基于对教师职业特殊性的认识，教师在衣着的具体选择上，应注意以下内容：

第一，选择衣着要根据自己的身体条件。身体是衣着的支撑体，每个人的身体又具有每个人自己的特点。这就要求教师在选择服饰时，需要在自己的审美观点、审美爱好的基础上，适当考虑到自身的条件，根据自身的条件，选择恰当的颜色款式、肥瘦长短，更好地体现自己的形体美与审美情趣，并弥补体形上的某些不足。

第二，衣着选择要根据自己的年龄特征。青年有青年的服饰，老年有老年的服装，教师的衣着选择要适合自己的年龄特点。青年教师朝气蓬勃，充满活力，服饰选择上宜以活泼明快为主，可以与流行色泽款式适当地靠近一些。年长的教师德高望重，沉稳通达，衣着上应以严肃端庄为主。但也不一定非要拘泥于一端，也可以根据情况，适当选择一些既稳重大方又比较清新的服饰，既充满成熟的魅力，又焕发了青春的活力。

第三，要整齐清洁、讲究卫生，不要衣冠不整、蓬头垢面，这是衣着外表美的起码要求。马卡连柯说过，无论对教师或是对教育机关中的其他工作人员，都必须要求衣服整洁，头发和胡须都要弄得像样，鞋袜洁净，双手清洁，修好指甲和经常备有手帕。任何一名教师都要认识到，讲究个人仪表的整洁卫生，不仅仅是教师个人道德修养的表现，更是教育好学生的需要。

第四，教师的仪表要美观大方、素朴典雅，不要奇特古怪、艳丽花俏。教师的仪表要符合民族特点、年龄特点、个性特点和职业特点，不能"唯洋是美"，闹出"东施效颦""邯郸学步"的笑话，更不能搞什么标新立异、奇装异服。教师的整个穿着打扮，要符合教师的职业特点、道德要求和审美标准，不要与教学、教育气氛相冲突。

四、讲究语言修辞技巧

教师语言艺术技巧还应当表现在，能够针对表达内容、语境和对象，选择恰当的语言表达形式以收到最好的教学效果，即要求教师在教学活动中要讲究语言修辞技巧。主要包括以下两个方面：

（一）词句修辞技巧

在教学语言活动中，筛选、过滤出最精练的、恰如其分的表情达意的词句，尽可能用简明的语言表达深刻内涵，是语文教师讲话的基本功。而要达到简洁明快的要求，就要积累丰富的词语，同时对自己的教学口语千锤百炼。

炼词包括声音和意义的锤炼。声音锤炼的目的是为了增强听觉的美感，意义锤炼的目的是为了选用高度凝练的语言把繁杂的意义简明化，将抽象的意义具体化，使静态的意义得到动态的表达。课堂教学语言应该是接近书面语的精粹口语。这就要求教师语言既要精练准确，又要贴近学生实际，通俗易懂，富有时代特色。

择句即选择课堂教学的语言句式。句型有长短、整散，表意有肯定、否定，语气有陈述、祈使、疑问、感叹。同一意思可以用几种句子来表达，每一个句子又有其特定的表意作用，这种关系，构成了择句的客观基础。课堂教学语言活动，要视学生接受能力来选择长句和短句。初中语文教学宜多用短句，少用长句，做到长短交错，节奏鲜明。

教学语言的词句修辞，从积极角度说，要注意炼词择句；从消极方面看，切忌口头禅。口头禅是指教师在说话中经常不自觉地吐出来的词句，也就是废话。废话带进课堂，常会把一些本来完整的语句拆得支离破碎，把本来优美的语言弄得黯然失色。"呵""嗯""这个""那个""是吗""是不是""对不对"是一些教师常用的口头禅，为了教学语言的简明生动，应该坚决地摒弃口头禅。

（二）辞格运用技巧

修辞是人类使用语言过程中产生的一种语言现象。为了准确无误地传递信息，真切、适度、生动、有力地表情达意，人们就必须充分运用和发挥各种修辞格的作用。修辞活动以充分利用各种语言材料为前提，它着眼于圆满地、富有成效地实现语言活动的意图和目的。修辞手法是人们在组织、调整、修饰语言以提高语言表达效果的过程中长期形成的具有特定结构、特定方法、特定功能，为社会所公认，符合一定要求的语言模式。修辞手法是多种多样的，如引用、比拟、夸张、排比、反问、设问、移就和双关等。恰当地运用修辞手法可以使教学语言形象生动。例如上海特级教师于漪在讲《春》《海滨仲夏夜》《香山红叶》《济南的冬天》等一组写景散文时，设计了这样的导语："法国雕塑家罗丹说：'美是到处都有的，对于我们的眼睛，不是缺少美，而是缺少发现。'我们生活在大自然中，美几乎是无处不在。当然，大自然的美不同于巧夺天工的工艺美，不同于绕梁三日的音乐美，也不同于充满青春活力的人体美。然而，大自然的美又似乎融合了所有的美，尤其是我们伟大祖国的锦绣河山，美得令人陶醉，在不同的地点，不同的季节，展现出不同的美的姿态。今天我们要学一组文情并茂、描写四季景色特征的散文，来领略祖国大自然的美景。"这段导语运用引用、排比、对照、夸张等修辞手法，表达了富于哲理的美学思想和热爱祖国大自然的美好情怀，烘托渲染了一种美的氛围，与教材的风格相吻合。这一段话无论从内容上还是形式上都是美的。尽管教学语言中的修辞手法是多种多样的，但教师要注意不可为修辞而修辞，一定要以课堂教学内容为前提，恰当使用，避免造成修辞手法的滥用。

教学语言艺术是影响教学质量的关键因素之一。从某种意义上讲，准确、鲜明、生动又符合学生认知心理的教学语言，常常更富于感染力、吸引力和号召力，是启发学生思维、激发学生兴趣、调动学生积极性的重要一环。所以，研究和学习教学语言艺术是每个教师走向成功的必经之路。

第四节　提升教师语言技能的途径

教学语言的艺术是否成功在很大程度上取决于语言表达能力的高低。语言表达能力与语言能力是不一样的。宗守云认为："语言能力倾向于先天形成，表达能力倾向于后天培养。"这个观点是很有道理的。提高教师的教学语言艺术可以遵循一定的途径。

一、将语言列入备课的内容

备课是课堂教学活动中最重要的一个环节，备课的重要性每位教师都意识到了，但是对备课的内容却有不同的观点。许多教师认为，备课关键是吃透教材，精心设计好教学计划和具体教学步骤。许多教师并没有意识到，还需要将语言列入备课的内容。

其实，将语言纳入备课的内容是一件很重要的工作，因为课堂教学语言运用是否成功直接影响到教学效果的好坏。许多经验丰富的教师认为自己讲课的成功很大程度上得益于对语言的准备。著名的语言学家邢福义在谈备课的经验时说："只要精心准备，是完全可以讲得十分生动、富于吸引力的。我备课时，每节课都要穿插苦心搜集来的'生动语料'，希望做到每隔十来分钟能让学生大笑一次，就像相声中的'抖包袱'。我相信，美感在笑声中产生，知识在笑声中传授，这是学问的艺术化。"

二、将课堂语言列入备课的内容需要注意以下四点

（一）使用准确的语言

课堂教学的基本任务是向学生传授各种学科知识，由于科学文化知识是客观的、准确的，因此要求教师使用准确的教学语言。使用准确的语言可以从两个方面着手：一是表述概念要准确。要求使用准确的语言描述概念，尽量避免使用模糊、不清楚的概念。二是叙述事实要准确。叙述事实时要力避笼统、含糊的语言，尽可能使用明确、具体的表述。教师表达的事实要能给学生一种真实、确实、科学的感觉。

（二）使用规范的语言

课堂教学语言一定要避免随意性，注意规范性。具体地说，必须克服以下毛病：语言不完整；表达不严密或逻辑混乱；繁复冗长或语病很多；词不达意，打诨逗趣；尽情渲染夸张；东拉西扯，分散学生的注意力；不正确的语言习惯；等等。

（三）表达上的逻辑性

语言的逻辑性很重要，特别是在教学和演讲过程中，逻辑性强的语言能够抓住读者的心。斯大林曾经这样描述列宁的演说："使我佩服的是列宁演说中那种不可战胜的逻辑力量，这种逻辑力量虽然有些枯燥，但是紧紧地抓住听众，一步一步地感动听众，然后把听众俘虏得一个不剩。列宁演说中的逻辑好像是万能的触角，从各方面把你钳住，使你无法脱身，你不是投降，就是完全失败。"当然，要达到列宁这种高超的语言魅力，非一日之功可以实现。但只要善于学习语言技巧，善于积累语言信息，善于对已有的语言材料进行分类、总结，持之以恒地应用到课堂教学中，不断地实践，必然能够提高自己的教学语言的艺术性。

教学语言的逻辑性要求合理分布教学内容，做到整个教学框架有条理、结构清楚、逻辑严谨、层次分明。大量的教学实践证明，首尾呼应是一种成功的方式。讲课时宜开门见山，做到一开始就紧紧抓住学生的心。对于重点内容，应从不同侧面和角度进行阐发、论证。最后应简要回顾所讲的内容，归纳总结，再上升到理论高度，前后呼应，让学生记得牢、印象深。

（四）表达的真实性

科学是实实在在的，来不得半点虚伪和骄傲。诚实的教学语言是美的语言。知之为知之，不知为不知，千万不可掩饰己短，蒙骗学生，而应该襟怀坦诚、实事求是。教学中，对于学生提出的一些难题，教师能答就答，不能回答的课后查资料再答。"诚于中而言于外"。诚实是美的核心，它是教师正直、朴实的美好心灵的外在表现，是教师言行一致、严谨治学的镜子。

1.加强日常语言信息的积累

语言是丰富多彩的，作为一名教师应该不断丰富自己的语言，平时一定要加强积累，厚积薄发，自然能够提高教学效果。作为一名教师，要想丰富自己的语言，就必须加强日常语言的积累。语言信息的积累非常重要。同样一件事情，换用不同的说法，有可能带来截然不同的效果。"九言劝醒迷途仕，一语惊醒梦中人"，"听君一席话，胜读十年书"，都说明了语言信息积累的重要性。积累语言信息可以从两个方面入手：

（1）积累词汇

汉语中有许多丰富的词汇，写景、状物、写人的词汇应有尽有，美不胜收，如万紫千红、巧夺天工、心急如焚等，不胜枚举。课堂教学使用丰富、优美的词汇会使教学富有感染力、吸引力。积累词汇的主要途径有从生活中提炼，从古代作品中吸收养分，从外国语言中吸收精华。为了能够有效地积累丰富的词汇，教师应当注意多思、多听、多记。要做一位有心人，时刻将所见到的、所听到的优美词汇记在随身携带的手册上面。这样，日积月累，积少成多，词汇量自然就增加了。

（2）积累名言警句

名言警句是人们在实践中提炼和总结出来的，是历史文化精华的积淀，对学生有着重要的教育意义和警诫作用。在教学过程中。适当地使用名言警句，不仅可以增强教学语言的艺术性，还可以促进教学的效果。德国教育家第斯多惠曾指出："教学的艺术不在于传授的本领，而在于激励、唤醒、鼓舞。"

教师应该善于运用有效的手段来制造和烘托课堂教学的气氛，使学生产生一种新鲜感和强烈的求知欲，从而自然地融入教学主题。名言警句一般说起来朗朗上口，听起来简约有力，恰当地运用名言警句，可以激发学生的求知欲望和好奇心。"熟读唐诗三百首，不会作诗也会吟。"语言能力的提高，实际上正是一个厚积薄发、博采众长的过程。教师应该下功夫熟悉和背诵一些名言警句，并随时运用到课堂教学中，经过长期实践自然会提高语言的运用能力。

2. 提高语言运用的技巧

教师语言的艺术技巧，既包括运用话语策略的技巧，也包括语用的技巧，例如导入语的艺术技巧、讲授语的艺术技巧、提问语的艺术技巧、表扬语的艺术技巧、批评语的艺术技巧、结束语的技巧等。提高语言运用的技巧可以从以下三个方面进行：

（1）恰当地运用情感

情感就是人们对客观事物所持的态度体验。它是一种复杂的心理活动，具有动力功能、调节功能、迁移功能和信号功能等。教学活动中恰当地使用情感可以起到感染人的作用。教师若想打动学生的心灵就必须合理地表达自己的情感。俄国著名的文学家高尔基说："要感动人，先要自己燃烧。"苏联教育家苏霍姆林斯基也说过："学校里的学习不是毫无热情把知识从一个头脑装进另一个头脑里，而是师生之间每时每刻都在进行心灵的接触。"

教学活动是一种非常有创造性的活动，教师对自己所教课程，先要情动于中，然后才能形于外。因此，教师必须有饱满的热情、鲜明的爱憎观，才会感染学生，引起共鸣，学生才会对知识学得透，学得活。教师应当通过语言用自己的情感激发学生的情感，用自己的灵魂铸造学生的灵魂，用自己的人格魅力塑造学生的人格。

（2）掌握课堂应变艺术

课堂教学中，经常会因意外出现事先未曾预料的偶发性事件，或者因学生情绪的变化突发过激行为，或者教师因紧张出现口误、笔误等。解决这种偶然的、突发性的行为、事件往往需要教师掌握课堂应变的艺术，使用恰当的语言应对突发情况也是教师应掌握的语言艺术。

应变语的最大特点是"变"，因此教师要灵活地根据不同的情况使用不同的应变语。一般来说，如果因教师自身的原因产生的突发事件，应该使用真诚、歉意的用语，敢于承认自己缺点的人更容易得到学生的尊敬；如果面对外界的偶发事件，教师的用语应当镇静，不能慌张，这样可以给学生传递一种冷静的信息；如果面对的是学生情绪变化产生的不良行为，应该尽量使用宽容、友善、理解的语言。

教师面对学生的不良行为时不仅不恶意批评，反而理解他，耐心教育他，可以起到意想不到的效果。正如苏霍姆林斯基所说："有时宽容引起的道德震动比惩罚更强烈。"

（3）适度的幽默

课堂教学应当适度地运用幽默，因为幽默具有极佳的交际效果，能够消除师生间的陌生感和误会，缩小师生间的心理差距，引发学习兴趣，启发学习动机，改善课堂气氛。德国学者海因兹·雷曼指出："用幽默的方式说出严肃的真理，比直截了当地提出更为人接受。"苏联著名教育家斯维洛夫指出："教育家最主要的、也是第一位的助手是幽默。"

课堂教学中适度使用幽默用语可以消除师生之间的紧张气氛，营造轻松愉快的氛围，缓解教学和学习中的疲劳，培养学生乐观向上的性格。富有幽默感的教师更能展示自己的亲和力，受到大多数学生的欢迎、喜爱。

通常来说，课堂教学中运用幽默的手段有讲笑话，列举趣事，运用机敏的妙语、警句，开展生动有趣的描述或评论，旧语新用等。此外，一个幽默的动作，一副幽默的表情，都能收到同样的效果。幽默的运用也是一种艺术，这种能力不是短时间内可以培养出来的，同样需要日积月累，积少成多。富有幽默感的教师通常需要具备渊博的学识和丰富的生活经历。

第二章 教师语言技能类型、特征及运用原则

第一节 教师语言的艺术类型及风格分类

一、教师语言的艺术类型

根据教师语言的类型，将其所表现出的艺术进行划分，进而得出教师语言艺术的类型有四大类：教学语言艺术、教育语言艺术、交际语言艺术和体态语言艺术。

（一）教学语言艺术

教学语言艺术因其运用于与教师职业最密切相关的教学工作中，所以其重要性自然不言而喻。

要准确阐述教学语言艺术内涵，我们首先必须明确教学语言这一概念。这里讲的教学语言，特指用于对学生进行专业知识教学的教师语言，一般是在课堂上用。教学语言，并不是泛指教育教学中教师运用的所有语言，而是特指其中为完成所要传授的专业知识、专业技能技巧所进行的讲解、阐释以及与之相关的引导、启发等。而其他教师语言即使是在教育教学过程中运用的，即使其目的在于完成教学任务，但只要不是专业知识教学用语，就不能称之为教学语言。比如在课堂中为更好地完成教学而对学生进行管理或者纪律约束所运用的语言，虽然属于教师语言，但并不能作为教学语言。教学语言艺术，只能特指在教学过程中进行专业知识教学时使用的语言艺术。

教学语言按照其在教学过程中的不同作用和不同方式，可分为导语、讲授语、提问语、板书和结语等几种。导语即某篇课文或某章节内容正式讲授之前教师所

讲的导入语。导入语或把新旧知识有机地联系起来，或介绍有关的背景材料，或摘要本课所讲的内容，或渲染一种气氛，或引发一种情绪。总之，设计好导语能调动学生学习的积极性，以帮助其对新知识的理解。讲授语也叫阐释语，是教学语言中运用最为普遍和广泛的。它主要是对所讲知识的解释、分析和阐发，以简明、准确、条理清晰为要，以便学生能够更好地理解、接受所学知识。提问语也是教学中比较常用的，它对于引导、启发学生起着至关重要的作用。好的提问语可以唤醒学生思维，调动学生思考，使学生的学习变得积极主动，并容易把问题引向纵深。板书是有别于其他教学语言的书面语，可以简洁、概括地将知识教学中的重点以及整个教学流程直观地呈现给学生，并很好地引导学生思路，帮助学生把握知识教学的主线。结语是课文或章节讲完后的结束语或总结性的话，好的结语不仅可以及时、有效地对知识教学的主要内容加以概括、总结，帮助学生进行简单、及时的梳理和回顾，还可以发人深省并给学生留下深刻的印象。这四种教学语言对于整个教学工作都是至关重要的，运用好这几种教学语言使之达到艺术化的境界也就实现了教学语言艺术，因此教学语言艺术也就是指导语艺术、讲授语艺术、提问艺术、板书艺术和结语艺术。

（二）教育语言艺术

教育语言艺术的良好运用往往会在学生的思想品德教育、情感态度教育、价值观的教育中起到不可替代的作用。

教育语言艺术是指教师在教育教学过程中，为对学生进行必要的思想道德和行为习惯的教育，提高学生思想觉悟和道德水平，帮助他们养成良好生活、学习习惯，保证教学工作顺利进行而展现出来的一种语言艺术。这里所说的教育不同于通常所讲的教育，它并不是指所有的教育教学行为，而是特指思想道德、行为规范方面的教育行为。因此，这里所讲的教育语言艺术也就不能理解为教师在所有的教育工作和教育行为中所表现出的语言艺术，只有对学生和受教育者进行思想道德、情感态度、行为规范方面的教育时所运用的语言才能被称为教育语言，也只有在这种教育行为中教师所展现出的语言艺术才能称之为教育语言艺术。

教育语言和前面所讲的教学语言不同，教学语言几乎都运用在课堂上，而教育语言不仅广泛运用于课堂上，如对学生进行的纪律、行为规范的约束，以及由课堂中知识教学内容所延伸和附带而进行的思想教育，同时还有不少是在课堂之外使用的，如各种班级活动和各种校级集体活动，包括主题班会、各种主题的比赛、劳动卫生实践活动。在少先队、共青团、学生会等组织的集体活动中，思想道德、行为规范的教育往往是主题，教师语言中也往往以教育语言为主。因此，教师的教育语言艺术在课堂内外的运用都是很广泛的。这种运用广泛的教育语言概括地讲可以分为说服、疏导、鼓动、表扬和批评等。说服侧重摆事实、讲道理的正面教育，内容一般较为完整和丰富。疏导则侧重对疑难问题的解答，特别是当学生在对某一事件、问题想不通时，教师的一番话要使学生情通理顺，心悦诚服。说服和疏导既有区别又有联系。鼓动，一般是指教师为了让学生积极参加某项活动或者认同并采取某种行为方式而进行的动员性演说。这种语言往往感情激越，词语优美，激励性强。表扬语和批评语也是教师常用的语言，分别表达出肯定和否定的态度，从而对学生的思想和行为习惯产生导向作用。由对教育语言内涵的阐述，我们可以自然而然地明确教育语言艺术包含说服语言艺术、疏导语言艺术、鼓动语言艺术、表扬语言艺术和批评语言艺术。

（三）交际语言艺术

交际语言艺术的运用可以最大程度地与直接的教育教学活动相配合，使教师的教育活动外延得到有效拓展。教师的交际语言是指教师在直接的教学、教育活动以外的场合中使用的与教师职业有关的语言。它与前面提到的专门的知识教学和思想道德等的教育不同，但是又与教育教学工作密切相关。它虽然是在直接的教学、教育以外的场合使用，但又不是教师个人生活中的私人语言和其他方面的生活用语，它的使用必须服务于教育教学，必须与教师职业要求相关。教师交际语言所面对的对象，可以是学生，也可以是家长、同事、领导以及社会上的其他人。从具体运用的场合和目的来进行划分，教师交际语言可以分为家庭访问、工作交谈、座谈发言、专题对话、演讲等几类。家庭访问，也就是家访，是一种非常常见，并被广大一线教师广泛使用的工作方式，它是增进教师对于学生以及学生家庭情况了解的最直接有效的方式，也是教师和学生家长交流接触的最便捷途径之一。这种方式可以使学校教育和家庭教育的联系和沟通得到加强，有利于教育影响的一致性。工作交谈、座谈发言和专题对话这几种教师交际形式也是非常普遍的。同事之间、同行之间以及与领导之间工作交谈是一种非常简单便捷的方式，受各方面条件的限制较少，具有很强的可操作性，如教师之间可随时在办公地点就工作中的某一问题交换看法、交流心得体会、相互学习方法和经验。座谈发言和专题对话可以在同校教师之间进行，也可以在多个不同地区、不同学校教师和相关专家学者之间进行。通过这种活动，可以最大程度地集思广益，交流新思想，了解新动态，对于教育教学工作有着极大的推动作用。而这里所指的演讲并非一般意义上的演讲，而是和教育教学活动密切相关的，服务于教师职业需要的演讲，属于教育活动的内容或者服务于教育内容。以上几种类型的教师交际语言都在广大教师的日常生活和工作中有着广泛的运用。而在运用过程中表现出来的家庭访问语言艺术、工作交谈语言艺术和座谈发言语言艺术等就是我们所讲的教师交际语言艺术。

（四）体态语言艺术

在教师语言中，体态语属于相对比较特殊的一种类型。在教师的教育教学行为中，体态语不仅大量被运用，而且也一直起着重要的作用。因此，对体态语言艺术的研究也必不可少。

教师体态语言是指在教学过程中，教师为了很好地提高教学效率而运用面部表情、身体姿势、肢体动作和身体不同的位置变化来表情达意的、非语言性的一种特定的姿态。在教学过程中，任何一个老师都在自觉或是不自觉地使用体态语言，它是人的情绪情感、心理状态的外在反映。心理学家布鲁克斯说过："教师对本学科的酷爱所表现出来的富于感染力的激情在很大程度上也要通过体态语言显示出来，专心致志、津津乐道的教师的体态总是向前倾，面部表情神采飞扬，语气热烈而富有激情。"人类学专家伯德惠斯特尔说过："任何一种身体姿势和动作，都没有一个准确的意义。体态语言和口头语言是互为依存的。光用口语不足以向我们传达出其人所说的话的全部意义，光用体态语言也不会向我们传达出全部意义。"在教学过程中，要达到较好的教学效果，更准确地完成教学目标，教师体态语言始终是伴随着整个课堂的，始终为教学内容的表达起着辅助作用。缺乏了这种辅助手段，仅凭一支粉笔、一块黑板、一张嘴，语文课堂就会变得像一潭没有波涛和浪花的死水一样平静和沉闷，这样的课堂气氛很难调动学生的学习积极性，更不能开发学生的智力，很难达到预期的教学效果。教师体态语言艺术，即教师在教学活动中，在运用面部表情、身体姿势、肢体动作和身体不同的位置变化来表情达意、传递信息的过程中，表现出一种高度熟练，具有较高技巧性、观赏性，接近艺术化的能力和状态。

二、教师语言艺术的风格分类

（一）轻快幽默型

在教师语言艺术的所有风格中，轻快幽默型是最受学生欢迎的一种类型，因此对这种类型的研究就具有很大的应用价值和现实意义。

1.轻快幽默型语言艺术的表现特征

轻快幽默型语言艺术，是指教师在教育教学工作中，在运用语言的过程中，能够通过高超的语言运用技巧，寓教于乐，以自己生动幽默、富于愉悦性的语言，营造出一种轻松和谐的氛围，使学生能够在一种放松的、快乐的情绪和状态下进行学习。这种风格的语言艺术最显著的特征就是语言幽默、富于喜感，给人带来一种轻松快乐的体验。

2. 轻快幽默型风格的效用及运用条件

（1）有利于改善师生关系。严师出高徒是传统师生关系的反映。在传统的中国文化中，教师的形象是严肃和不苟言笑的，虽然这种形象能使学生在学习中保持警醒的心态，却也让学生在心理上对教师产生畏惧的情绪。轻快幽默型的教师在课堂上通过语言艺术的使用改善了师生关系，使他们跟学生的关系比传统意义上的师生关系更亲密，这也是他们受到学生喜爱的重要原因之一。在这样的师生关系中，教师不会产生高高在上的想法，教师平等对待学生的思想得到普遍的认同，这对于构建新型、民主、平等、和谐的师生关系有着重大意义。

（2）能够保持课堂注意力，创设活跃的课堂气氛。在教学中使用幽默语言，在最短期的效益层面上，就是尽可能地使学生的注意力集中于教师及其教学内容上。心理学研究表明，一个人注意力的时间是有限的，不同年龄层次的学习者的注意时间不一样；即使是同一年龄层次的学习者，根据个人生理和心理环境的差异，注意时间也不一样。怎样吸引学生注意是教师的一项重要技能。心理学同样表明，有意注意和无意注意需要交替进行。有些课程的时间长度远远超出了一个成年人能不间断保持有意注意的时间，因此需要在课堂上利用幽默进行有意注意和无意注意的转换。长时间的学习会导致人的疲劳，活跃轻松的心理环境能够缓解这种生理疲劳。在教师讲笑话的时候，一直将注意力集中在课堂的同学能够得到一定的休息和放松，已经走神的同学的注意力也能被吸引回来，幽默语言艺术的作用是双方面的。

（3）能够激发学习兴趣和学习动机，提高教学质量。每个人的学习动机都是不同的，有的人可能是纯粹地出于对学习的兴趣，有的人却是出于一些现实的和短期的目的，例如提高考试分数或者听从父母的指令。短期的目的虽然可以指导学习行为，却不能保持长期的良好的学习心理环境，只有激发学习兴趣才是可行的。教师的幽默语言能够有效地激发学生的学习兴趣，在课堂上迸发的一次又一次的笑声给使学生留下美好的印象。在这种课堂环境的熏陶下，会激发一部分原来毫无兴趣的学生学习的兴趣和思维能力，间接地帮助教师提高课堂教学质量。

（二）凝重低沉型

凝重低沉型语言艺术的运用在教育教学中也是必不可少的，相对于轻快幽默型风格，它或许不受学生欢迎，但这种风格被广泛运用于各种教育场合是教学实际的要求。

凝重低沉型的风格，是教师语言艺术风格中一种相对而言让学生不愿接受，教师也并不是很愿意选择的类型。毕竟这种风格的使用营造出的是一种比较深刻、低沉甚至是压抑的气氛，这种气氛下学生的情绪和内心感受往往也会受到很大感染，会带给学生一种悲凉、惆怅的情感体验。如果学生在课堂上经常会有这种感受，不仅会带给他们不良的心绪，更容易造成学生对教师乃至教学内容的极大反感。学习是一件需要克服很多困难的事情，获得知识的过程也需要学生付出很多艰苦的努力，但这并不意味着学习应该是痛苦的、沉重而压抑的。我们不应该让学生在课堂中感受到太多凝重低沉的东西，不应该让学生在课堂中获得知识总是伴随一些看似"不良"的情绪体验。因此，对于这种风格的选择，对于这种风格的运用，必须针对特定的教育教学内容的要求，只有当教育教学的内容是一些比较沉重的问题或话题，或者内容中需要营造出一种比较低沉、凝重的氛围时，教师才适宜选择这种风格。比如，当进行历史教学时，如果教学内容涉及的是近代史中一系列侵略战争，涉及的是人民饱受苦难等一些民族沧桑、沉重的经历，如果教师用一些轻松的、舒缓的语言风格进行讲授，以一种很平静、很淡定的态度来面对，毫无疑问是不合适的，也必然引起学生的不满。在这种情况下，凝重低沉型语言风格无疑是最佳的选择。

（三）高亢激动型

高亢激动型风格被认为是最能够调动学生情感体验的一种类型。在教育教学活动中，高亢激动型语言艺术不仅被教师广泛运用，也为学生普遍接受。

高亢激动型风格感情充沛、热烈，教学内容组织富有艺术性效果，教学中常表现为情绪高昂、激情洋溢，特别善于用语言或非语言行为表达情感。运用这一类型教学语言对学生具有很强的感染力，学生能够从教师饱满的激情中受到一种强烈的情绪感染，能够不自觉地被教师所吸引、所打动。这种风格的运用使教师的内心情绪体验得到淋漓尽致的挥洒和释放，也使学生很容易感受到这种强烈的感情体验所传递的信息，它能够使学生更快地进入教学活动所需要的情境中。通过这种风格营造出的高亢、充满激情和活力的课堂氛围，能够更好地将学生的注意力吸引并保持在课堂教学活动中，从而更加高效地感受和领悟教学内容，更加高效地完成教学任务。

高亢激动的风格对于吸引学生、保持学生注意力、调动学生情绪体验和内心感受具有很好的效果。这种风格也比较受学生的青睐，但这并不意味着我们应该尽可能多地使用这种风格的教学语言艺术。高亢激动型风格的运用，也受到很多因素的限制和影响。教学内容本身的特点往往决定了这种风格的运用是否恰当，一些比较容易引起学生较强的情绪体验，能够给学生内心带来较大的波动，同时又需要教师以一种比较高亢激动的状态进行教学，以引起学生较强烈的情感共鸣的教学内容才适合采用这种风格。比如教师讲授抗战胜利及其历史意义时，这部分内容可以让学生内心产生不小的波动，需要教师运用语言艺术使学生产生较强烈的情绪体验，才会有助于学生更好地感受到抗战胜利的来之不易及其巨大的历史意义，也能够更好地激起学生的民族自信心和自豪感，对于类似这样的内容，选择高亢激动的方式就比较容易取得更好的教学效果。

（四）宁静舒缓型

在教学实际中，宁静舒缓型风格也是运用最多的一种，因为大多数教学内容都是在一种比较平静的课堂氛围中完成的。

有教师在谈到教学风格时曾经做过这样一个比喻："幽默型是欢快的小溪，高亢型是奔腾的江河，舒缓型则是波澜不惊的湖水。"通过这个比喻，我们可以对舒缓型风格有一个浅显的理解。

宁静舒缓型风格的运用可以使学生感受到一种自然的美感，营造出一种宁静安详的氛围，让学生享受到一种"随风潜入夜"的教育方式。运用这种风格虽然能够取得良好的教学效果，但这种风格的运用同样是有要求的。首先，这涉及的是教师的性格气质问题。气质的天赋性虽然在后天生活条件的影响下会出现某些变化，但具有相对稳定的性质。不同气质类型的人在从事同一工作时会表现出不同的风格特点。从教学风格来看，多血质的教师一般表现为热情乐观、感情充沛，与学生关系融洽，教学语言生动，富有文学味，教态具有艺术表演者的气质和风格；胆汁质的教师一般表现为教学中思维敏捷，教学语言流畅顺达，而且语速快，对学生表现得热情豪爽，感情外露直接，不容易抑制，容易激动，上课时情绪起伏波动较大。因此，要求这两类教师经常采用宁静舒缓型风格进行教学就具有相当的难度，必须考虑教师的性格气质特点采取因人而异的方式方法。以语文科目为例，如果课文中作者的语言风格是慷慨激昂、豪迈大气的，教师用一种比较舒缓的语气和语言风格就难以充分表达出蕴含在文本中的思想情感。而如果教学内容是一些本身语言风格就比较清新自然、朴实无华、宁静祥和的课文，如一些表达闲情逸致的或者描绘大好河山、田园美景的诗歌，用这种风格的教学语言就再合适不过了。其次，教师的性别也会对这种风格的选择产生一些影响，男教师性格多以豪放、爽朗为主，感情相对比较充沛，且容易冲动，而女教师性格往往比较内敛、含蓄，感情细腻，表达内心情感也倾向于一些比较平静、自然的方式。对于宁静舒缓型教学语言风格的运用，女性教师可能更加得心应手，而男性教师可能会对这种风格很不习惯，难以自然而然地在教学活动中进行实践。因此，对于这种风格的选择和运用也必须综合考虑多种因素，而不应跟风模仿。

第二节　教师语言技能特征分析：规范科学性、审美育情性、启发针对性、幽默生动性

教师的教学语言直击学生的心灵，提高到艺术层面，将迸发出智慧的火花。如果我们把富有艺术性的教学语言比作钥匙，它能开启学生心灵的门扉；比作春雨，它能滋润学生的心田；比作春风，它能拂得学生心智激荡；比作火炬，它能照亮学生的未来。在教学语言艺术的殿堂里，如果教师不断释放语言艺术的灵光，学生会感受到一种浓厚的语言艺术氛围，会感受到情绪的高度愉悦，从而沉浸在如鱼得水、海阔天空的美好意境中。同时，它也能够在教学过程中化深奥为浅显，化抽象为具体，化平淡为神奇，从而激发起学生学习的兴趣，吸引学生的注意，引起学生的求知欲。因此，教师的语言修养直接决定着教学效果和教育质量，直接影响着教育事业的成败。

一、规范科学性

（一）规范性

教师语言规范性，指教师在课堂教学中，教学语言要合乎教师职业道德，没有语法发音错误，有条理，符合课堂教学的特定环境，有利于课堂教学的开展。教师为人师表，在学生看来，教师是知识和智慧的化身，他的一言一行都是可以效仿的，因此教师语言必须具有规范性。只有规范的语言才能把要表达的意思讲得清楚、明白、透彻，只有在语言上做到规范才能拥有一定美感的语言，才有可能使语言的魅力上升到更高的层次。

对于教师语言的规范性来说，主要包括两个方面的含义。第一，教师必须运用国家宪法规定的"全国通用的普通话"。作为教师，不仅要锤炼语言，使自己的语言丰富充实、圆润清晰、自然流畅、饱含激情、生动形象，还要树立普通话的意识，积极普及、推广、运用普通话。普通话是中华民族的共同语，是一个国家社会发展水平与文明程度的具体体现。学好普通话、用好普通话是每一位教师

义不容辞的责任和义务。学高为师，教师要高标准，严要求，精益求精，能够给学生做表率，做示范，让学生体会汉语的优美、动听和表现力。特级教师于漪说过，语文教师带领学生学习规范的书面语言，如果自己的口头语言生动、活泼、优美，就能给学生以熏陶，大大提高学习效果。第二，教师的语言在遣词、造句方面不要有错误，尽量避免用词不当、语句不通、半截话、复义语、颠三倒四等语病的出现。教师在课堂上说的话特别是一些关键性的话语，用词造句一定要严谨，这就要求教师平时格外注意用语的标准和严密。比如有的老师讲苏轼的《石钟山记》，对"余固笑而不信也""因笑谓迈曰""而笑李渤之陋也"三句中的"笑"进行了仔细的分辨，分别得出了"不以为然的笑""兴奋得意的笑""嘲讽轻蔑地笑"，而不是仅描绘笑的神态，重要的是揭示出笑的含意。又如生物课中同是"生命延续"的意思，老师应区分生育、繁殖、繁衍、育种、生产等词的不同用法。

事实证明，学生不仅跟着老师学习科学文化知识，同时也跟着老师学习规范的语言。学生每时每刻都在密切地注视着教师的一举一动、一言一行。加里宁对此曾做过形象的比喻："教师每天仿佛都蹲在一面镜子里，外面有几百双精细的、富于敏感的、善于窥伺出教师优点和缺点的孩子的眼睛，在不断地盯视着他。世界上没有任何人受到这样严格的监督，也没有任何人能对年轻的心灵加以如此深远的影响。"因此，作为教师，比其他任何职业的人都要严肃认真，并使自己的语言尽善尽美，这有利于学生的身心健康和智力发展。

（二）科学性

教师语言的科学性体现在传授知识准确无误、用语贴切、句法正确、语意准确等方面。教师所教的各门学科都是科学知识，科学知识必须用科学规范的语言来表达。教师所讲的概念、原理、规则、结论等，都必须符合各门学科的科学性要求，做到准确、无误、完整、周密。不能向学生传播无用信息，更不能传播错误信息。

教师语言的科学性体现在学科性、逻辑性和系统性三个方面。不同学科的教学，都有各自不同的知识领域和知识系统，所以必须运用本学科的专门用语——术语来进行。因为专业术语是一定学科范围内的共同语，运用它们来进行教学，一说就懂，有利于交流。否则，不但语言不严密，甚至可能出现错误。"每一学科都在自己的发展过程中积累了大量的知识素材，在此基础上总结出自己的理论、范畴系列，并通过它所构成的理论体系来揭示客观规律。教师在课堂上传授学科专业知识，必须使用该学科的专业术语，一般不能用生活用语来代替"。试想，一个物理教师向学生解释"电"这一概念时，不是说"有电荷存在和电荷变化的现象"，而是说"摸起来麻手，甚至能打死人的东西"；一个数学教师解释"什么是数"这一概念时，不是说"数学上最基本的概念之一""表示事物的基本数学概念"，而是把"1、2、3、4、5、6……"自然数说成是数；文科中望文生义地说"语法就是语言的法则""法人就是负有法律责任的人"……这些都是不准确甚至是错误的解释，是不利于学生对于知识点的把握的。教学语言的科学性，还要求推理富于逻辑性。教师语言给学生的逻辑感受有两大范畴：一是语言本身要准确，意义完整，不能含糊其词；二是语言链条要清晰，不能前言不搭后语、似是而非、模棱两可，要条理清楚、前后连贯、层次分明、结构紧凑。系统性要求教学语言层次清楚，具有条理，抓住精华，突出重点，取舍有致，而不是挂一漏万，以点带面。"可以说逻辑性和系统性是教学语言的深层结构力量，好比是建筑物里的钢筋"。只有教师的语言富有逻辑性和系统性，教师所教授的知识才能成为一个整体，形成一个知识结构网。

二、审美育情性

（一）审美性

教师语言的审美性是指教师的语言有比一般人的语言更高的美学价值，主要表现在言之有韵、言之有物、言之有体等方面，也即内容美和形式美。古人说："言之无文，行而不远。"语言是应当有文采的，教师的语言尤应如此。"教师的语言美，仔细分析起来，应包括两个方面：一个是内容美，一个是形式美。内容美要求教师的语言思想深刻，富于哲理，充实而又含蓄，常常具有令人豁然开朗的启迪性；形式美则要求教师在遣词造句和修辞上显示出高超的艺术，不能只满足于一般的规范化语言，要锦上添花，努力做到具有'建筑美、色彩美和音乐美'。"

教师的语言是一切艺术语言中最美的语言，而内容美又是这种语言区别于其他语言的显著标志。构成教师语言内容美的要素主要有两个方面：教学内容和教师个人。从教学内容的角度看，教师语言承担着三项最基本的职责：一是真，即传授古今中外迄今为止创造的一切物质和精神文化，同时鼓励学生追求真理；二是善，即教导学生怎样认识自我、认识社会以及认识自然，同时还要教导他们养成高尚的道德情操；三是美，即在教学过程中，要有意识地培养学生欣赏美和创造美的能力，同时要引导他们用一颗爱美的心去追求真理、热爱生活。从教师个人的角度看，教师本身是教学语言的主体，教师能否说出内容美的语言，关键在于教师个人的素质，它主要包括三方面的要素：一是知，即教师教育学生，必须自身要有丰富广博的知识，同时在本学科的专业知识上要更加扎实和精深，这可以说是教师语言的源头活水；二是意，即教师自身要有高尚的道德情操以及良好的心理素质，要热爱生活、热爱工作、善良正直、积极进取、自制自强；三是情，即教师每天的工作对象是一大群活泼可爱、性情各异的学生，教师若想对学生产生积极的影响，那么其本人就该热情真诚，要善于用尊重学生、爱护学生、理解学生的严父慈母的情感去感化教育学生。教学内容的真善美和教师个人的知意情两大系列的互相渗透支撑起了教师语言内容美的大厦。那么，怎样才能做到教师语言的内容美呢？从教师本身看，应该做到"三热爱"：热爱真理、热爱事业以及热爱学生；从教学内容看，应突出"三美好"：拥有美好的理想、美好的情感以及美好的智慧。

教师语言的内容美，只有通过相应的语言表达形式才能体现出来，从而产生一定的客观效应。在教师语言艺术的构成要素中，内容无疑是第一位的，没有语言的内容，形式则成了无本之木。相应地，有了美的内容，却没有相应的形式表达，尤其是没有美的表达形式，不但影响内容的表达，还可能造成歧义的现象。在现实生活中，我们往往会听到一些老师抱怨学生不能理解自己的意思、哀叹好心没好报，有时还会听到老师训斥学生"你的耳朵是做什么用的"……在这些话语中，我们不难发现一些老师在教育教学过程中其语言的表达没有做到形式美，甚至还打击了学生的自尊心和自信心。叶圣陶曾说过："凡是当教师的人绝无例外地要学好语言。"

准确、鲜明、生动是教师语言形式美的标准。准确性要求教师语言要恰如其分地反映客观事实、事物之间的外在联系和内在联系，从而使学生对事物形成科学正确的认识。鲜明性要求教师反映社会现实时要清楚明白，表达自己的观点和感情时要态度鲜明，黑就是黑，白就是白，是非明确。在讲自然科学类课时，鲜明就是明白。例如生物课讲蛋白质，先通过大量的生物现象进行分析，再归纳为它是生物体的主要组成物质之一，是一切生命活动的基础，最后点明"这是一种由多种氨基酸结合而成的高分子化合物"。生动性要求教师在讲课时要做到生动形象、绘声绘色，使学生如见其人，如闻其声，如经其事。例如一位物理老师这样导入他的《向心力》一课："在杂技表演中，有一个十分惊心动魄的节目，叫飞车走壁。表演者驾驶着摩托车在圆台形木桶的内壁上上下下盘旋，疾行如飞，观众的心都提到嗓子眼儿，生怕车手摔下来。为什么'飞车走壁'的飞车不会掉下来呢？因为飞车手都是物理学家，他们懂得向心力。"这短短的导语中有生动的飞车动作描述，吸引了学生的注意力。

那么，教师如何才能做到使语言具有形式美呢？需要做到以下三点：一是讲究词语的推敲。二是选择适当的句式，最关键的是对句子的组织和调配。事实证明，有了准确的词语不一定就能表达出完整的意思，而没有完整意义的句子是不能构成语言的形式美的，所以选择恰当的句式就显得尤为重要。教师在组织语言时，要做到层次清楚、上下衔接、前后连贯，同时还要注意各个句式之间的搭配使用，如长短句之间、主动句和被动句之间以及陈述句、感叹句和疑问句之间，这就要求教师要拥有扎实的语法知识。例如一位教师在讲《美丽的小兴安岭》一课时，是这样导入的："同学们到过东北的小兴安岭吗？那可是一个令人神往的地方啊！你看，它春天生机勃勃，夏天草木繁茂，秋天硕果累累，冬天雪景壮丽。你听，松涛澎湃，泉水叮咚，更有伐木工人的欢歌笑语和林间小火车的汽笛长鸣。现在就让我们到美丽的小兴安岭畅游一番吧！"三是运用常见的修辞格。各种修辞手法是构成语言美的重要手段，具有良好语言艺术修养的教师几乎都是能运用修辞格来美化自己语言的高手，因为他们深知比喻的形象具体、借代的意味深长、拟人的生机盎然、排比的气势酣畅以及对偶的整齐工整。曾有一位著名数学家在讲解哥德巴赫猜想、数学、自然科学的关系时说道："自然科学的皇后是数学，数学的皇冠是数论，哥德巴赫猜想则是皇冠上的明珠。"这样一席生动形象的话语激起了陈景润对于数学的浓厚兴趣，从而最终使其摘得了皇冠上的那颗明珠。

（二）育情性

心理学研究已经揭示，认识活动与意向活动交融一体，而其中的情感是一个重要因素。人的思维一开始就与情感有密切联系，而且这种联系从未完全消失。就像苏霍姆林斯基所言："用形象的话来说，就是在知识的活的身体里要有情感的血液在畅流。"在课堂教学中，教师情感可以表露在多方面，渗透在教学的全过程与全部教学内容中，但主要还是渗透在教学语言中。教学语言是最重要的表露和渗透教师情感的载体。

古人说："感人心者，莫先乎情。"富有艺术性的教学口语，应当是发声于情、意寓于情、理融于情的。富有情感的教师语言在一定程度上能够激发学生学习的情绪，使他们带着强烈的求知欲望去学习。当教师带着对事业、对孩子的热爱精神饱满地登上讲台时，学生就会立即受到教师情绪的感染，这叫"以情夺人"。特级教师于漪在教朱自清的《春》时，她的语言是那么富有激情："我们一提到春啊，眼前就仿佛展现阳光明媚、东风浩荡、绿满天下的美丽景色；一提到春，我们就会感到无限生机，有无穷的力量……"这种注入丰富感情的教学语言，会立即引起学生的共鸣。教师要想使自己的语言产生强烈的感染力，就要把自己对教育、对教学、对学科、对所讲内容以及对学生的一腔深情熔铸于语言中。于漪在总结自己的教学经验时深有体会地说："教学语言要做到优美生动，除了知识素养、语言技巧之外，还必须倾注充沛的精力和真挚的感情。情动于衷而溢于言表，只有对所教学科、所教对象倾注满腔深情，教学语言才能充分显示其生命力，熠熠放光彩，打动学生的心，使学生产生强烈的共鸣，受到强烈的感染。"也就是说，如果教师在教学时，心中充满深情，教学语言就会饱含深情。但是，并不是所有的教师都能够做到这一点的。在实际教学中，有些教师感情冷漠，不苟言笑，缺乏情感的"冷冰冰"的教学语言屡见不鲜；有的教师带着烦躁不安的情绪走进课堂，使学生感到紧张茫然、不知所谓；有的教师则像一台"留声机"，一成不变地照本宣科，整个教学课堂犹如一潭死水，没有一丝涟漪。有些教材本身具有强烈的情感感染力，但是在经过教师了无生气的冷漠讲解后，反而使得教材的情感感染力消失殆尽，既无感人的力量，也无令学生感兴趣的力量。苏霍姆林斯基说："真正的教育能手必有真正丰富的情感。那种对教材的知识掌握得很肤浅的教师，往往在课堂上造成一种虚张的声势，人为地夸夸其谈，企图借此来加强对学生意识的影响。但是这样做的结果却是可悲的。虚张声势会使人空话连篇，爱说漂亮词语，所有这些都会腐化学生的灵魂，使他们内心空虚。"所以，教师的语言一定是要富有真实情感的，这样才会打动学生，打开学生的心灵之门。

三、启发针对性

（一）启发性

教师语言的启发性，是指教师的语言对学生能起到调动自觉性和积极性的作用，能诱发学生思考并让他们有所领悟。叶圣陶说过："教师之为教，不在全盘授予，而在相机诱导，必令学生运其才智，勤其练习，领悟之源广开，纯熟之功弥深，乃为善教也。"教师富有启发性的语言，是调动学生学习主动性、积极性，发展学生智力的有效手段。它能把学生引进一种力所能及的、向他们预示着并使他们获得成功的脑力劳动中去，从而达到预期的教学效果。

教师的语言是否具有启发性，从某种意义上来说，就是看教师的语言在一定程度上有无拨动学生的心弦，是否对学生产生了激励作用。"启发性有三重意义：启发学生对学习目的意义的认识，激发他们的学习兴趣、热情和求知欲；启发学生联想、想象、分析、对比、归纳、演绎；启发学生的情感和审美情趣"。启发性语言在一定程度上是相对于注入式而言的，它不是一种具体的教学方法，教师运用启发性的教学语言，不断引导学生"举一反三""触类旁通"，充分调动学生学习的主动性，不断激发他们的求知欲和探索精神。教师语言的启发性具体表现在以下几个方面：一是启发性语言"能启迪学生心智、启发学生思考，具有正确的人文伦理、高尚情操和道德观念，具有正确的思想内容和健康的思想情感倾向"；二是启发性语言"可以启发教育学生树立正确的学习目的、态度、方法，可以启发学生思考，启发学生各种智力因素"；三是启发性语言"可以启发学生、引导教育学生培养和谐的人格，培养各种非智力因素"。教师语言的启发性应该体现在教学全过程中，应该体现在教学语言各种类型之中，应该表现在教育语言上，也应该表现在各种讲授语言中。例如一位教师正在讲《游园不值》这首诗时，"砰"的一声，一个迟到的学生推门而入，径直坐到自己的座位上。老师看了他一眼，接着就诗中一句发问："大家想想，诗人去拜访朋友为什么'小扣'柴扉，而不是'猛扣'呢？"大家回答："因为猛扣不礼貌。"老师接着说："'猛扣'尚且不礼貌，假如'不扣'而'砰'的一声撞开门而入是不是更不礼貌呢？"同学们都笑了，迟到的同学不好意思地低下头去。

威廉说过，平庸的教师只是叙述，好教师讲解，优异的教师示范，伟大的教师启发。教学语言的启发性，就是在教学时"用语言把人们的心灵点亮"。广大教师在教学实践中创造了丰富多样的启发艺术方法，归结起来主要有以下几种：

（1）设疑激疑，问题启发。古希腊哲学家亚里士多德认为："思维自惊奇和疑问开始。"疑问是思维的"启发剂"，可以有力地调动学生思维的积极性和主动性。优秀教师善于用启发性的语言来启发学生。例如张放红在教《社戏》时，先不板书课题，却突然发问："《社戏》这篇文章，题目讲的是戏，可开头和不少段落写的是其他事，这叫文不对题。我想题目是否应改一下？"这一问"激起千层浪"，学生们的思维立刻变得异常活跃，纷纷表达出自己的观点。

（2）说古道今，故事启发。用故事来启发可以引起学生的兴趣。例如一位生物老师在讲昆虫的趋食性这一节时，说了这样一个故事："在楚汉相争中，项羽被刘邦击败，星夜逃跑，当天亮到达乌江岸边时，突然发现，江边有几个黑色大字'项羽必亡'。他走近细看，黑字全是蚂蚁拼成的，顿时军中一片混乱，他们认为这是天公要灭项羽。项羽无奈拔剑自刎了。"这时同学们开始交头接耳，纷纷猜测其中的道理。最后，在教师的帮助下揭开了这个谜底。原来是刘邦的军师张良利用昆虫趋食性的道理，黑夜派人用食油和米糖在江边写下了那几个字，招来无数蚂蚁，造成项羽军心动乱。

（3）形象抽象，比喻启发。许多特级教师都善于运用这一方法，他们针对具体的教学内容，灵活运用形象生动的比喻，将教学内容化深为浅、化难为易。特级教师陈甫林在物理教学中，善于把抽象的概念原理形象化。在实验得出楞次定律之后，他把线圈比喻为具有"冷酷"和"多情"双重性格的"特殊人物"。当磁极来时，线圈的近端产生同性磁极，对原磁极产生排斥，以抗拒侵入者——磁极的接近，表现为"冷酷无情"；但一旦磁极走时，近端又立即产生异性磁极，对原磁极产生吸引，以留住远方来客——磁极的远离，表现为"柔情依依"。最后，老师归纳成"来之抗之，走之拉之"八个字。学生既领悟了物理概念原理，记忆也深刻了。

（二）针对性

所谓针对性，是指面对不同的教育对象运用不同的语言，即因材施教的意思。育人之道，应因人而异。教育对象不同，实际情况也不同，对教育语言的形式理解和接受能力亦不同。因此，教师应该针对不同的学生，施以不同的语言，而不能千篇一律。马卡连柯说过："同样的教学方法，因为语言不同，效果可能相差二十倍。"所以，对于不同的教育对象，教师的教育语言也要量体裁衣，不能超过他们的能力范围。

不同的年龄、不同的认知水平、不同的性别特征都具有各自不同的特点，这要求教师在教学中要从学生的实际情况出发，根据不同对象的具体情况采用不同的语言。教师在语言表达的过程中，从语言内容到语言形式的选择都要考虑到学生是否能够接受和理解。下面从三个方面分别展开论述：

第一，教师语言要适应学生的年龄特点。年龄不同，对于语言的接受情况也会存在着差异。一般情况下，小学生和初中生由于年龄尚浅，知识积累和经验积累不够丰富，认知水平不高，抽象思维的能力较低，所以他们对于各种语言的理解受到一定的制约。对于那些比较抽象烦琐、概括深奥的语言理解起来就会很困难，但是他们的形象思维能力要优于抽象思维能力。所以，如果教师呈现的是生动、形象、直观的语言，那么则易于被他们接受。

第二，教师语言要适合学生的认知水平。不同年龄段的学生有不同的认知水平，有时候即使年龄相同，由于每个人的成长背景不同，他们的认知水平也会存在着差异。教师在面对这一情况时，要适时适当地选择不同的语言。年级低的学生对生动、形象的语言容易接受，教学应该具体、明确、亲切；高年级的学生抽象思维能力不断提高，追求对事物的理性把握，教学语言应该深刻、隽永、灵活，具有哲理性。大教育家孔子深谙教学语言需做到针对性。《论语·颜渊》中记载："颜渊问仁。子曰：'克己复礼为仁。一日克己复礼，天下归仁焉。为仁由己，而由人乎哉？'仲弓问仁。子曰：'出门如见大宾，使民如承大祭。己所不欲，勿施于人。在邦无怨，在家无怨。'司马牛问仁。子曰：'仁者，其言也讱。'"由此可见，三个学生问同一个问题，孔子都能针对不同学生的特点以及不同的理解能力给予不同的回答。

第三，教师语言要适应不同的教学语言环境。教学语言环境是指教学时所处的时间、地点、场合等因素，在教学过程中教师要因时、因地、因事来组织不同的语言。在实际教学中，教师会针对不同的教学时间和场所来设计导语。例如一位语文教师在讲《背影》时，学生们刚刚看完《妈妈，再爱我一次》这部电影，于是教师灵机一动说："同学们刚刚看过《妈妈，再爱我一次》，大家对于母爱的体会很深。可是，父爱也同样是伟大而深沉的。今天就让我们一起来学习一篇脍炙人口的关于父爱的散文——《背影》。"当然，教师也可以根据自己的实际教学需要设计教学语言，如联系当时当地的天气情况讲解相关的地理问题，联系环境污染讲解化学反应和生态生物等。

四、幽默生动性

所谓生动幽默性，是指教学语言生动形象，富于理趣情趣，将生动幽默的教师语言运用于教学，并以其独特的艺术魅力在学生会心的笑声中提高教学艺术效果和水平。教育家斯维特洛夫说过："教育家最主要的，也是第一位的助手是幽默。"生动幽默的语言是情感、思想、学识、灵感的结晶，是课堂教学的催化剂。生动幽默、风趣高雅的语言可以密切关系、拉近距离、活跃气氛、点燃激情、加深理解、强化记忆，可以化深奥为浅显、化抽象为形象，使教学内容通俗易懂、妙趣横生。

生动幽默的教学语言的功能到底有哪些呢？概括起来，主要有如下几个方面：第一，调节课堂气氛。教师运用生动幽默的语言可以打破沉闷的课堂气氛，让笑声驱走沉闷，使严肃紧张的课堂气氛变得活跃起来，从而消除师生间的不和谐，使学生积极地参与教学中的思维创造活动，与教师一起思考学习，共同创造出良好的教学效果。心理学研究表明，严肃使人紧张，幽默令人愉快放松，一张一弛，有机交错，能使人神经得到合理调节，心态能较长时间保持正常，从而有利于发挥大脑的潜力，使学生思维活跃开阔，大大提高学生的接受能力和理解能力。第二，发展学生智力。幽默生动的教师语言可以使教学内容趣味横生，促进学生思维的活跃，启发学生思考，发展学生的智力。它是教师智慧和自信心的集中体现，具有创造性，因此教学生动幽默常常会富有启发性，学生需要通过积极的思考和想象才能体会，在轻松的笑声之后能使其思考、体会语言的意蕴。第三，和谐师生关系。著名教育家苏霍姆林斯基认为："如果教师缺乏幽默感，就会筑起一道师生互不理解的高墙，教师不理解儿童，儿童也不理解教师。"教育研究表明，生动幽默的教师语言在一定程度上可以缓解教师与学生之间的紧张关系，能够十分自然巧妙地冰释误会，和缓气氛，淡化矛盾，使师生关系变得亲切友好，达到心灵相融的境界。

教师要想在自己的教学中运用生动幽默的语言，使自己的讲课风趣诙谐、幽默睿智、富有魅力，就有必要学习并掌握幽默艺术的一些方法和技巧。一般说来，其方法主要有以下几种：第一，巧用修辞法。修辞活动以充分利用各种语言材料为前提，着眼于圆满地、富有成效地实现语言活动的目的。主要的修辞方式有比喻、引用、夸张、反语、影射、讽喻、双关等。例如一位老师在上实验课时，要求学生在使用显微镜时睁开双眼观察，但有的学生总是用单眼观察。看到这种情况，教师就一语双关地说："同学们，对待科学知识要认真，可不能马虎，睁一只眼闭一只眼可不行啊。"这种幽默的语言，既是富有哲理的提醒，又是温和友善的批评；既纠正了学生的动作，又沟通了师生感情。再如一位老师在讲"蜘蛛"时，设计了这样一个小谜语："一位黑大将，坐在中军帐，巧布八卦阵，专捉飞来将。"语言形象生动幽默，充分调动起学生的兴趣。第二，有意曲解法。是指在教学中对某些词语的意思有意进行歪曲的解释，或故意设置一些错误，让学生参与找错纠错。这种方法常常能妙趣横生，使学生眼前一亮。第三，自我调侃法。有人说，最好最高级的幽默是自嘲，是在嘲笑自己的过程中，让旁人和自己一起获得某种精神的愉悦、心理上的放松，使师生双方情感得以交流，并在会心一笑中获得启迪。例如有位身材矮小的老师到新班上课，刚进教室就有学生失口而笑，还有的在下面窃窃私语。教师见状不急不躁，微笑着说："同学们，我曾经因身材矮小摔碎过几面镜子。今天我能够博得大家一笑，这证明我们之间的感情交流已迈出了可喜的一步。在今后的教学中，我一定取同学们之'长'来补自己之'短'，使自己更上一层楼。"一席生动幽默的话语，既道出了教师的宽阔心胸，也使课堂气氛甚为和谐。

　　生动幽默是教师语言修养的重要方面，是教师个性倾向的一种折光，要想成为优秀的教师就一定要努力培养自己的幽默感，学会使用生动幽默的语言，从而提高自己的教学水平，不断优化现代教学。

第三节　教师语言技能运用原则分析：善意尊重性、可接受性、协调一致性、得体性

一、善意尊重性

　　善意原则是指教学信息的输出者对教学信息的接收者必须报以善良美好的目的，是在关心爱护学生的前提下让学生掌握一定的科学知识、增长一定的技能才

干。善意原则是教学语言艺术的目的性原则，其在一定程度上规定着教学信息接收者的切实感受，可使学生感受到教师美好善良的主观愿望，从而心甘情愿、心悦诚服地接受教师传出的教学信息。

实践证明，儿童有一种"爱抚期望心理"，这是稚嫩、幼弱者的本能心态。他们对有善良感情负载的语言和寡淡冷漠的语言，是能敏感地加以区别的，甚至无意中流露的一个眼神，隐藏于嘴角的细小表情，也逃不过他们的眼睛。有学者做过这样的实验：把一些智力落后的孤儿，交给一个富于温情的妇女收养，孩子聆听她信任善意的话语，得到了悉心的关怀和爱护，智力水平很快得到提高，后来都成为有用的人才。所以，如果把对儿童真诚的爱与感情充分表达，那么，即使是脱口而出的话，也能"淡语皆有味，浅语皆有致"。饱含着慈爱之心的儿童化语言，会引起孩子强烈持久的内心体验，收到意想不到的教育效果。

由此可见，教师在教学过程中是否以善意原则作为教学活动的起点，在一定程度上决定着教学活动的效果。如果教师在教学时能够保有一颗善良的心来对待每一个学生，那么他所传授的知识必定是健康的、有益的，同时学生也会感受到教师的心灵美，这更有利于促进学生掌握知识、理解知识。正如鲁迅所说："从喷泉里出来的都是水，从血管里出来的都是血。"教师从关心爱护学生的角度出发，则会选择有利于学生发展的科学知识内容和语言表达方式。相对而言，如果教师从一开始就厌恶学生，那他就会选择伤害学生的教学语言内容和语言表达方式。俗语说："良言一句三冬暖，恶语伤人六月寒。"从善良美好的目的和动机出发，所传达的教学信息，会被教学信息接收者所接受并引起思想感情上的起伏与共鸣。相反，从恶意伤害的目的和动机出发所使用的教学语言，则会引起教学信息接收者的反感、思想感情上的拒斥态度以及逆反心理。所以，在教学语言的实际运用中一定要坚持善意原则，如果失去了善意原则，教学语言艺术犹如沙滩上的高层建筑或空中楼阁，就失去了坚固的基石。要做到善意原则，首先教师自身要有良好的素质，拥有一颗善良的心；其次，教师要做好准备工作，了解学生的实际情况，适时、适当地关心爱护学生。只有遵循这一原则，教学语言艺术才不会成为花言巧语，教学才会获得良好的效果。

尊重原则是指教学信息输出者对教学信息接收者持尊重的态度。它是教学信息交流中的态度原则，教师必须在遵循这一原则的前提下向学生传递一定的知识，从而增长学生的才干，提高学生的素质，使学生德智体美劳得到全面发展。虽然在现实社会中，教师"问道"在前，但教师和学生作为人的社会地位是平等的，这就要求教师必须尊重学生的人格，只有尊重了学生的人格，两者间的信息交流才会畅通无阻。

苏霍姆林斯基说过："生命既是一种强大的生命力，同时也是一种脆弱的记忆损伤的珍品，有时只一句冷酷无情的话就足以扯断一根纤细的生命线。"青少年的心是敏感稚弱的，教师如果在与学生交流时不注意适当的语言艺术，不尊重其人格，就极易伤害他们的自尊心和自信心，以至影响他们的一生。在教学活动中，运用教学语言艺术进行教学信息交流，教师对学生的尊重体现在诸多方面：

首先，心理状态良好。教师在教学活动展开前必须具备良好的心理状态，保持安静平和的心态，只有这样才能对学生持以尊重的态度。我们都知道，在教学中不可能事事顺心，总会有那么一些事让人烦躁不安、无可奈何，如学生上课思想开小差，同学之间相互聊天，回答问题前言不搭后语等。遇到这样的情况，教师首先要善于调节自己的心理情绪，保持头脑清醒，认真分析现状，找出症结所在，采取有效措施，或许有时只需要教师一个温柔的问候、一句幽默的话语即可。如果教师性急心躁，对学生采取不尊重、粗暴威逼的态度，那么可能会适得其反，引发学生的抵抗情绪，从而影响教学效果。因此，教师一定要从心眼儿里尊重学生。

其次，语言礼貌得体。教学语言的风格可以说多种多样、精彩纷呈，或轻快、或凝重，或低沉、或高亢，或舒缓、或激动。而教师在教学中采用何种语言以及语言所体现出的教师的态度，不管是何年龄层的学生，他们都能够敏感地加以区别，所以礼貌得体的教师语言就显得尤为重要。我们提倡鼓励教师经常使用"请"字，如"请坐""请背诵全文""请再思考一下"等。要想让我们的每一句话都能"粘"住孩子的心，必须报以真切、慈爱、尊重的态度，切不可在教学中对学生使用谩骂、诋毁、藐视、嘲笑等侮辱歧视性的语言。陶行知的话值得每位教师牢记："你的教鞭下有瓦特，你的冷眼里有牛顿，你的讥笑中有爱迪生。"

最后，语调亲切和蔼。赛门斯说过："在教师的许多特性中，声调占着一个重要的地位。"从根本上讲，声调并不是教师的技能和设备中的一个重要部分，但一种不好听的或低沉的声调很可能阻碍教师事业的成功。有时教师的失败，是由于他的声调太弱，学生听不清他的话，而他也不能用他的声调来控制学生的注意力。因此，教师在讲话时必须注意语调的变化，适时做到亲切和蔼，并以此来控制学生的注意力。亲切和蔼的语调并不是花前柳下的温言细语，也不是故作娇柔的甜言蜜语，它要求教师充满爱心和尊重，能够放松学生的心情，保持和谐课堂的气氛，努力做到激动时不大喊大叫、愤怒时不声嘶力竭、批评时不阴阳怪气，始终保持良好的心绪，做到和蔼而亲切、大方而自然。

二、可接受性

教学信息的交流中，善意尊重原则是从施教者角度提出的要求，可接受性原则是从受教者角度对教学语言提出的要求。可接受性原则是指教学语言必须使受教者能够接受。教学语言是教师和学生之间信息交流的途径，教学语言只有被学生所接受，教学信息的交流目的才能实现。如果教师语言无法被学生所接受，那么即使教师所说的是"天籁之音"也不会起作用。由此可见，可接受性原则是教师语言艺术的一个基本原则。为此，教师在教学时必须努力做到以下几点：

首先，教师语言必须符合学生的特点。教师在选择教学语言时，要考虑到学生的年龄、性别、心理等特点，这样其教学语言才易于被学生所接受。儿童化教学语言是符合少年儿童心理特征的教学语言，它的基本特征是：直观形象，明快生动，富于启发性；词语浅显易懂，句式结构简单；语气亲切温和，语调富于变化，表情丰富。对于高中生和大学生而言，教学语言应清楚明白、深刻精辟，具有一定的启发性。心理学家认为，男女生理不同，心理需求也不同：男性说话交际重地位权威感，女性重感情交流的亲切性；男性习惯于发命令也习惯于接受命令，而女性则喜欢老师的亲切询问与商讨；男性可以接受较为严厉的批评指责，而女性则受不得指责与委屈……教师在教学中也应该根据这些性别差异考虑语言使用的对象性。当然，不同学科、不同专业有不同的教学词汇。不论面对什么样的教学对象，教师都要选择并组织贴切的语言来与其进行交流。

其次，教学语言要规范标准。为了使教学顺利进行，教师必须使用规范的语言。所谓规范的语言，是指国家法定的语言及具体语音、文字、词汇和语法标准。语言的规范性是影响可接受性以及教学效果的一个重要因素。《中华人民共和国教育法》规定："少数民族学生为主的学校……可以使用本民族或当地民族通用的语言文字进行教学。"教学语言的规范，还应当遵守现代汉语所规范的语音、文字、词汇和语法系统，不读错字，不读错音，不写错别字，不用错句式等。在教学时要切记不使用方言，也不夹杂方言语音。例如有些广州教师把"扩"大读作"kuong"大，把"会"计读作"hui"计等。再如，妹妹写成"MM"，婴儿写成"BB"等，这些都是不规范的。教学语言一定要使用合乎汉语语法的句式句子和语段。目前社会上流行一些不合汉语语法规范的语言，如"很中国""很男人""荣誉出品""友情演出"之类，教师在教学时要避免选择这些社会语言，以免污染教学语言。

再次，教学语言必须通俗易懂。所谓通俗，是指教学语言能够与人民群众的常用语言接近或沟通，能为广大人民群众的常用词汇所译解或消化。这样的教学语言才能为广大学生普遍理解和接受。易懂是指教学语言为教学对象易于理解。通俗是易懂的前提和手段。在教学实践中，教师要力求把深奥的东西通俗化，把理论的东西实际化，把抽象的东西形象化，要做到寓理于事，深入浅出，举例得当，生动有趣，要善于应用联想、比喻、比拟、对偶、对照等修辞手法与科学语言结合起来，不断提高综合运用口头语言和书面语言的能力。教师语言的通俗和易懂往往和直观性相联系。所谓"直观性"，就是应当形象、逼真，必要时辅以手势、表情和姿态，使学生有身临其境、如见其人、如闻其声的感觉。例如讲"前俯后仰"时，教师可用动作逼真地表现出来，使学生易于接受，便于理解和记忆，从而提高讲授效果。再如在学习二十四节气"立春、雨水、惊蛰、春分、清明、谷雨、立夏、小满、芒种、夏至、小暑、大暑、立秋、处暑、白露、秋分、寒露、霜降、立冬、小雪、大雪、冬至、小寒、大寒"时，教师可以选择较简单的语言把它整理成"春雨惊春清明雨，夏满芒夏暑相连。秋处露秋寒霜降，冬雪雪冬小大寒"。教师要避免选择文辞过雅、组织过严、概念太多、只抽象不具体、只深入不浅出的语言，要善于调控教学语言的表达内容及其表达形式，使其易于被学生接受。

最后，教师要善于调控教学内容的深度和难度。教学语言要想使教学对象欣然接受，则要把握好教学内容的难易度。怎样才能使教学内容深浅适宜、难易得当呢？这就需要教师深入钻研文本内容，根据学生的实际情况确定相关的教学内容。教师要准确地理解把握教材，确定出教材的重难点，并结合学生的知识背景分析出学生的接受理解程度，据此灵活地选择教学语言，或陈述、或议论、或点评、或质疑、或分析、或综合，因材施教。此外，在教学过程中，教师要恰当地运用好导语、提问语、阐释语、应变语、结语等教学语言，以提高教学效果。例如导语要吸引眼球、引人入胜，最忌千篇一律、平淡无奇。一位教师在教《荔枝蜜》时，开讲那一刻就先提出启发性问题：作者赞美蜜蜂，为什么先写自己不喜欢蜜蜂？接着引导学生从教材本身去思考和寻找答案。这样就可以促使学生思考，加深对所学知识的印象。再如教学结语要简明扼要、提纲挈领，并且要耐人寻味、意味绵长，如橄榄在口，如余音绕梁。一位教师在教"除数是小数的除法"时以儿歌来结尾，"除数是小数，移位要记住：移动小数点，使它变整数；除数移几位，被除数同样移；数位若不够，添零来补位"。这有利于学生概括，揭示规律，简化思维，强化记忆。

三、协调一致性

教学是教师和学生的双边活动。要想使教学活动正常进行并取得最佳的教学效果，需要教学双方协调一致。怎样才能使教学双方协调一致呢？通常的手段是运用教学语言来传递教学信息，从而使教学双方做到认识一致、思想同步、行为一致。因此，教学语言艺术有一个重要原则就是协调一致原则。如果说善意尊重原则是从教学语言的传达者角度提出的，可接受性原则是从教学语言的接受者角度提出的，那么可以说，教学语言艺术的协调一致原则实际是从教学语言的表达效果角度提出的。教师在教学中运用协调一致原则时，要注意以下几个问题：

1. 教学双方的心理动机要相契

在教学过程中，选择什么样的教学内容，以什么样的教学方式呈现教学内容都是由教师决定的，接受哪些教学信息，排斥哪些教学信息，是由学生的心理需要所决定的。要想使教学语言起到沟通教学双方心灵从而使双方行为协调一致的作用，就需要教学双方有共同的心理基础。教学语言要提供学生需要的信息。学生需要信息，需要有用的信息，教师要根据学生的需要来组织自己的教学语言，避免提供与教学关系不大或不相干的"垃圾信息"和"无用信息"。有的教师课上大讲逸事趣闻，海阔天空，课讲得似乎很生动有趣，信息量也很丰富，但是他们没有考虑到学生的实际需求，这是因为教学双方的心理动机没有达到一定的默契度。要想使教学双方的心理动机相契，除了教师和学生之间要相互了解之外，更重要的是双方要有相互交流的欲望和共同的心理动机。事实上，教学目的规范着教学双方的心理动机。因此，教师在选择组织语言时一定要围绕教学目的来进行。以教学目的来协调师生之间的心理动机并使之相契合，是教学语言艺术实施协调一致原则的重要途径。例如一位小学教师在讲解"渴求"一词时，先用常规语言做了解释，考虑到这种解释往往比较抽象，而小学生的抽象思维能力较弱，所以该教师灵机一动，模仿了一则冰箱广告中的解说词"每当我看见天边的绿洲，就会想起东方——齐洛瓦"，并接着指出，那个沙漠中干渴难耐的人当时的情感和欲望就是"渴求"。

2. 教学信息输出要与学生认识规律相符合

在教学过程中，教师所传递的教学信息要与学生的认知水平和认知规律相切合。为使教学信息的输出与学生的认识规律相契合，教学语言艺术应注意以下几点：

（1）对教学全过程要通盘考虑和精心设计。教师在备课时要思考好本节课共由几个环节组成。导语以什么样的方式组成，是问句式导语、歌谣式导语、对比式导语、关切式导语还是设疑式导语等。结语又要怎样设计，是选择画龙点睛式结尾、扩展式结尾、抒情式结尾、撞钟式结尾还是想象式结尾等。除此之外，还要考虑每个环节之间该以什么样的语言进行衔接和过渡，从而使整个教学过程都井井有条、有序发展，生动活泼、波澜起伏。

（2）教师的"教"与学生的"学"协调进行。教师在教学中的一言一行、一举一动都要依据学生的表现，做到"讲"与"练"有机结合，此起彼伏，有张有弛，交替进行。这样的"教"与"学"的方式，符合人的神经系统的兴奋与抑制的转换规律，在教学的节奏上切合学生的认知规律。

（3）对不同的构成部分采用不同的处理方式。在教学过程中，一般都会有教学重点和教学难点以及一般的教学内容。对教学重点要突出——反复地讲，教师可以适时、适当地选择一定的语言来突出它，以此来提醒学生要区别对待、重点学习，对于这部分知识点的教学，教师要有耐心，可提高讲述的频率和次数；对教学难点，则要分散——缓慢地讲，将每个知识点分成几个区块逐一攻破，这有利于学生的理解和记忆；对一般内容要交代——简明地讲，学生在理解这部分知识点时一般不存在障碍，教师只要点到即可。例如一位教师在备课《烛之武退秦师》时，就将教学重点确定为体会写作特点及烛之武说秦的语言艺术，教学难点确定为体会人物对话的语气及特点，至于一般性内容则确定为掌握文章中出现的古汉语常识，注意多义词在不同语境中的不同意义和用法。这样的设计使整个教学过程重点突出，学生学习起来有明确的目标，充分符合学生的认知规律。

3. 教学信息的多种传递媒体相结合

在教学过程中，教师向学生传递教学信息的方式是多种多样的，可分为语言方式和非语言方式。语言方式可以是口头语言的形式，也可以是书面语言的形式。而非语言方式可以由教师自身的仪表服饰、动作体态、面部表情等生动直观地来传递信息，也可以是各种教学媒体，如视觉媒体（挂图、标本、幻灯等）、听觉媒体（录音、唱片、无线广播等）、视听媒体（电影、电视等）。这些不同的传递媒体分别作用于学生的不同感官，有的作用于听觉，有的作用于视觉，有的作用于触觉。它们之间相互协调、分工合作、有机配合，使学生从各个方面全面地感知信息。它们相对于仅仅使用有声语言而言扩大了接触面的广度，更加适应学生的个别差异以及更加的立体化和全方位。据研究表明，学生在学习时利用纯视觉和纯听觉的注意比率是不同的，视觉为81.7%，听觉为54.6%，视觉的注意比率高于听觉。挂图、标本、幻灯、电影、电视等可以直观形象地再现客观事物，它们的生动性、趣味性本身就能引起学生的注意，调动学习的积极性。例如：挂图、幻灯中的色彩对比，黑白反差；电影中的字幕闪动或箭头指示；电视中的镜头变换、物体运动以及特技效果等。这些都是利用对比关系和艺术效果作用于学生的感官，充分引起了学生的注意。

四、得体性

所谓得体，就是指教师要根据不同的教材运用不同的语言，根据不同的课型运用不同的语言，根据不同的学生运用不同的语言。教学语言是师生之间进行信息交流、知识传播和品德影响的桥梁，是开启学生智能的钥匙。所以，教学语言是一种师生间的交际语言。既然是一种交际语言，那么要想达到理想的交际效果，实现传道、授业、解惑的目的，就需要重视教学语言得体的艺术。这种得体性直接关涉教育的效果、教学的效率，值得我们深入探讨。下面我们分别从四个世界语境的得体性角度加以分析：

第一，语言世界语境的得体性。教学语言要符合语言世界语境的得体性，是指要适应语体和风格语境的语言范式，要遵循语言材料语境的语音规范、语义搭配关系和语法模式。这是教学语言的最基本的要求，也是教师同学生之间良好沟通的最重要的基础。教师的教学语言要做到三个基本标准，即说好普通话，吐字清晰准确；教师语言准确简明，富有教育性、启迪性；教师语调抑扬顿挫，富有节奏感。只有这样才能在教学中顺利地实现师生间双向交流，达到教学目的和教学要求。

第二，物理世界语境的得体性。教学语言要符合物理世界语境的得体性，就是要求教学语言符合交际的时间、交际的地点和交际现场的各种环境、气氛等。教学语言的最大特征是它的直接性，它的直接性是由于发话者和听话者同处在一个时空结构中，教师运用语言与学生交流思想感情，总是在一定的语境中进行的。教学是个动态的流程，师生的信息交流处在不断变动的过程中，充满了变量因素。因此，教学时要注意根据当时、当地的某些因素和条件来组织语言，要根据不同内容、不同文体、不同的学生来设计语言，从而达到较好的教学效果。同时，教师的语言要富有幽默感，幽默的语言能增加讲授内容的形象性和鲜明性，容易使人的大脑皮层处于兴奋状态，有助于学生的学习。例如春日的课堂，和煦的春风吹得一些学生睡眼蒙眬。老师见状，也佯装打瞌睡，并絮絮呓语："暖风吹得师生醉，直把教室当卧室……春眠不觉晓，还是睡觉好。"语调抑扬顿挫，充满幽默风趣的情味，学生立即被逗乐了，教室里一片笑声，驱散了大家的睡意。

第三，文化世界语境的得体性。文化世界包括地域、时代、民族、阶层、性别、年龄等。从接受者角度来说，教学语言应适应接受主体（学生）的地域、民族、性别、年龄等特点。比如一名小学低年级学生问老师："老师，为什么孙悟空会腾云驾雾啊？"而他的老师回答："孙悟空是神话里的人物，他是虚构的，腾云驾雾只不过是古人渴望飞上天空而想象的！"这是一个失败的回答，这么小的孩子在一定程度上是听不懂老师的意思的，他不是要得到一个标准的答案，而是要抒发他对飞上天空的渴望。老师可以这样回答："啊！孙悟空真了不起，你好好学习本领，长大了开飞机，也能腾云驾雾！"这样的回答有利于激发孩子的进取心，符合低年级小学生的年龄特点。教师要了解每一个学生，对每一个学生的家庭、爱好、优缺点都较为熟悉，这样老师才能走进学生的心灵世界。有一位教师在教《二六七号牢房》时，为了活跃课堂气氛，他问学生："你们见过绞刑架吗？"学生回答："没有。"于是他便讲起了在旅顺参观监狱时看到的绞刑架，还绘声绘色地描述了一番。讲完后，当他带着得意的神情扫视全班时，他发现有一个女生深深地低下了头。顿时，他蒙了，心里像坠了铅块一样沉重，因为他知道这个女生的爸爸就是上吊自杀的。他虽然很后悔自己所说的话，但是已造成的后果并不是他愧疚就可以解决的，他的话深深地刺痛了这个女生的心。由此可见，教师在教学时一定要针对不同学生的情况选择合适的教学语言，在考虑到语言是否得体的情况下，还要适时地遵循回避性原则，不该说的话坚决不说。

第四，心理世界语境的得体性。心理世界因素是非常复杂的，教学语言要能符合学生的认识规律，语言难易适度，学生易于接受。教师要教育的对象是青少年学生，他们较习惯于形象思维，同时他们的注意力、观察力、想象力也在不断发展中，因此教师运用生动形象的语言，并且适当地使用幽默的语言，就能吸引学生的注意力，调动学生的学习兴趣，使学生容易入耳、入心、入脑，从而大大提高教学效率。特别是高中阶段的学生已具有丰富的情感与想象力，个人思想比较成熟，对事物的看法已有自己的独立意见和角度，因此教师的语言如何能"标新立异""与众不同"，同时又具有一定的启发性，能激发学生的情感共鸣，调动学生自己的人生体验，就显得尤为重要。

得体性是修辞的最高原则，同时也是教学语言所要达到的最高境界。那么，教师在教学中如何才能遵循得体性原则呢？

首先，教师语言得体之前提——礼貌。教师给学生上课在一定程度上可以说是运用语言进行交际，为了取得交际的最佳效果，推进教与学的顺利进行，教师要注意语言策略以显示对学生的礼貌。教师对学生提问或发出指令尤其要注意礼貌，因为提问和指令语言形式本身就意味着要求学生执行某种行为。例如要求学生回答问题可以说："请这位同学起来回答这个问题，可以吗？"以一种商讨的语气，不仅体现出了教师的礼貌以及对学生足够的尊重，同时学生也会做出相应的礼貌反应，配合老师回答问题。可见，礼貌能保持人与人之间关系的融洽与和谐，消除抵触，促成合作。此外，运用礼貌时要注意，礼貌的程度和语言的间接程度是一致的，也就是语言手段越间接，话语就显得越礼貌。例如"能把你的想法和大家分享一下吗"这句话，教师使用语言要多采用虚拟语气、条件句、插入语等语言形式，策略性地增强礼貌的程度。教师在批评学生或做出不利于学生的反应前，用停顿、填充词语造成的延缓和间歇，可避免学生因期待受挫及心理上的不满而出现窘迫局面。

其次，教师语言得体之手段——赞誉。心理学家威廉·詹姆士说："人类本质中最殷切的需求是渴望被肯定。"学生学习的动力很大程度上来源于学生的自我价值和成就感。在课堂上，这种成就感主要来自教师对学生的赞誉，因为学生把自己在学习过程中经历的情感或感受当作评估自己的标准，一旦这种感受经过老师的称赞得到印证后，便成为一种鼓舞学习的动力。教师的一句表扬语，常会激发起荣誉感和进取心。语用学中赞誉原则的基本点是，在表态和断言中尽量减少表达对他人的贬损，更多地表明对他人的赞赏。例如："对，回答得很正确。""这位同学反应很快，能抓住问题的关键点，很善于思考问题。"教师在课堂教学中要将赞誉作为一种推进教学的手段，用睿智的眼光发现学生身上的闪光点，多给予肯定。同时，教师要经常对学生（尤其是后进生）说："你行的！""你很聪明！""你会有所作为的！"这样充满热情的话语，能给学生以鼓励，使学生树立起自信，走出自卑的阴影。但要注意，赞誉往往有度的限制，有点儿过分但又不太过分的赞誉才显得得体。过度的、拔高的、不恰当的赞扬容易导致赞扬的贬值，形成一种廉价表扬，反而达不到提高学习积极性的目的。

最后，教师语言得体之根本——宽容。宽容是在学生说错话或回答错问题时，教师以一种宽容的态度来接纳，并用宽容的语言给予鼓励，使学生最大程度地保留自尊，从而树立学习的信心。宽容的语言策略是基于对学生自尊心的呵护。教师在评价学生时要注意把握分寸，做到既能抓住学生的错误，又不伤害学生的自尊。学生处于紧张状态、无法回答问题时，教师可用亲切的话语鼓励学生，如"不要紧，老师相信你能学好""想到一点说一点，错了也不要紧"等。即使在学生犯了错误进行批评、警告时，也要策略地处理，表达否定意思时要含蓄，这种方式不仅能达到否定的目的，而且可以使否定变得礼貌得体，从而把对学生的伤害降到最低限度。教师抱着宽容的态度与学生交流，引导学生思考反省，自我批评，这样就能使师生关系融洽，达到以"教"促"学"的目的。

第四节　教师语言技能的互动性及运用策略探究

一、做好课堂上与所有学生之间的互动

在我国，人们过去无论在理论还是在实践上，不重视课堂交流，没有认识到课堂交流的重要性。虽然现在新课程标准强调教学过程应是师生交流、积极互动、共同发展的过程，但是仍有部分教师认为自己是真理的把握者，是课堂的主宰者。这些教师不相信学生有探究能力，上课依旧是采取"一言堂"或"满堂灌"的方式，包办代替。教师过多的讲解、分析和说明，导致学生只能被动地接受知识，课堂参与程度很低。学生在课堂上体验到的只是沉闷无趣、身心疲惫。这种填鸭式的教学法极大地压制了学生的创新意识，对学生成才非常不利。

因此，在构建新型师生关系的要求下，教师应转变陈旧的教育观念，抛弃旧教育模式中高高在上的权威，以平等的身份和学生交流，营造民主和谐、平等互动的教学环境，充分发挥学生的主体作用，激发学生的聪明才智和求异思维。

课堂上，教师不能只顾自己高高在上地讲解，应该平等地对待学生的不同意见，允许学生随时质疑，尤其重视有独到见解、思路新颖的答案。即使学生的回答有错误、荒谬之处，教师也要想方设法从其他方面给予他们一些肯定。总之，教师要在课堂教学中鼓励学生发表不同的看法，大胆阐述自己的观点，使学生的个性得到最大程度的展现。

课堂上师生平等地交流和沟通，容易让学生走近教师，了解教师教学方法和思想，同时教师也可以了解学生的想法和对知识点的认知程度，以及想要达到怎样的目标。这样师生双方就有了相互的理解，课堂效率自然就提高了。

平等有助于交流，交流以平等为前提。作为教师，无论是从职业道德的角度，还是从教学效果的角度讲，都要与学生进行平等交流。

（一）允许学生发出"另类"声音

杭州市俞老师在执教《做一个诚实的人》一课时，是这样与学生交流的：

俞老师先提了个问题："我们怎样才能做一个诚实的人？"

学生们马上进入思考、讨论状态。这时，忽然从教室的某处传来一位学生的自言自语："诚实是要吃亏的。"

说话声音虽然很轻，但足以说明对于"要诚实做人"的提法，有的学生并不

认可。因为现实生活中的确存在"诚实反而吃亏"的现象。

为了重视学生的观点以及实现师生间的平等交流，俞老师在片刻思考后亲切地问这位学生："你为什么会这样想？告诉我们好吗？"学生看着俞老师亲切的面容，犹豫了一下，鼓起勇气说："有一次，我考试考得很差，回家和父母实话实说后，就被爸爸狠狠地揍了一顿，妈妈还唠叨了好多天呢！"

这位学生话音刚落，另一位学生也鼓足勇气，站起来，讲述了自己的"遭遇"："是啊，我也觉得诚实要吃亏的。有一次，我在小区玩时，不小心把别人停在那儿的自行车撞坏了，后来我站在那准备向车主道歉，结果被车主大骂了一顿。"

这两位学生的发言引起一片哗然，学生们开始议论纷纷。

俞老师问道："你们的想法和他们一样吗？"

"一样。"

"我不同意。"

学生中发出不同的声音，有些学生甚至就这一问题开始了争辩。

"这样吧，不如我们来个辩论会，同意'诚实吃亏'观点的同学坐在教室右边为黄队，不同意这一观点的同学坐在教室左边为红队。如果在交流过程中，你发现自己有了新的想法，或者改变了主意，可以自由地换座位。"

俞老师的话音刚落，学生们马上分成了两队。

接下来，学生们进行激烈的辩论，在争辩中，学生们逐渐明白了诚实是做人的基本素质。只有诚实才能取得别人的信任，只有讲诚信，人与人之间才会和谐相处，生活才会美好幸福。

在教学过程中，师生互动、生生互动以及学生与文本的对话、所生成的信息是最难预料的，同时也是最真实的。因此，教师在课堂上一定要注意师生平等交流，而不能只是教师一个人在表演。

面对这一"另类"的声音，教师不能弃而不管，而要及时捕捉，恰当引导，让它成为教育教学的契机和资源。俞老师以一个参与者、合作者、促进者的身份与学生平等对话，倾听学生的心声，让学生在轻松、自由的心理状态下敞开心扉，从而达到师生间心灵的沟通。

显而易见，这样的平等交流也锻炼了学生独立思考的能力，让学生对课文的体验在平等的交流中得到了升华。

（二）怎样做到与学生平等交流

在课堂教学过程中，教师让学生参与其中，实现平等交流沟通有以下具体方法：

1. 注意运用课堂提问语

课堂提问是实现课堂交流的重要途径。在课堂上，教师可以通过提问进行交流，从而引发学生的认知冲突，促进学生积极主动地提取头脑中相关信息，在对各种信息和观念进行加工和转换的基础上，做出合理的整合与推理。这样的提问式交流可以使全体学生参与到具体的教学过程中，分析和解决当前的问题，使学生的思维能力在解决问题的过程中得到不断提高。

2. 运用教学语言搭建平台

课堂不是教师一人的"独奏"或"单口相声"，而是师生互动交往的场所。在平等的师生关系中，在共识共享的基本形式下，教师要运用语言搭建交流的平台，为学生提供畅所欲言的机会和空间。

3. 注意讨论问题的多向性，并拓展语言交流

在教学"退位减法"时，著名教师葛利红出示了这样一道算式：

"24-6=？"

葛老师问："大家先自己动脑筋算一算结果是多少。"

学生开始独立计算。

葛老师又说："现在大家把自己的想法说给组内的其他同学听，让其他同学帮你想想是否正确。"

学生在小组内互相交流。

过了一会儿，葛老师问："你愿意把你的算法和全班同学交流吗？"

学生1说："我认为：14-6=8，所以24-6=18。"

学生2说："我先用24减去4等于20，然后再用20减去2等于18。"

学生3说："我把24分成10和14，10减去6等于4，14加4等于18。"

听了学生们的发言，葛老师说："通过积极动脑，很多同学都得出了24-6的正确结果。那么，这些方法中哪些方法简便些呢？"

学生开始个别交流。

讨论式交流不能流于形式，不能仅是几个人的合作，而应是绝大多数人的共同参与、共同提高。在教学实践中，教师们要注意运用多向交流，通过师生间、学生间的双向问答、讨论、汇报和描述，使所有的学生都能参与课堂讨论。

总之，教师在课堂上与学生交流最重要的前提是师生之间的平等。只有保证了最基本的平等性，师生之间的交流才能顺利地进行。因此，教师的课堂用语要时刻注意对学生个性的尊重，要时刻谨记只有在平等的交流中，才能换取平等的尊重和最佳的课堂效果。

二、沟通是双方之间的互动

课堂不只是教师表演的舞台，更是教师与学生之间交往、互动的场所。只有在积极有效的交往与互动中，学生获取的知识才是"内化"的，增长的能力才是"真实"的，养成的情感才是"真切"的。衡量一堂课的标准更多地在于师生交往、互动的方式、程度和效果。

教师的语言要从内部激发学生的求知欲，由内而外地引导学生认识周围的世界，让学生主动地探究，通过动手、动脑、动口获取知识。在这一过程中，教师要充分发挥自己的智慧，把学生置于教学的出发点和核心位置，应学生而动，应情境而生，应教学需要而变，这样的课堂才能焕发出勃勃生机。

什么是课堂教学中的师生双向互动交流呢？它是指在课堂教学这一时空内，发生于教师与学生间的相互交流、对话及与其相关的相互影响和相互作用的动态过程。既指师生间交互作用和相互影响的方式和过程，也指师生间通过信息交换和行为交换所导致的相互间心理上、行为上的改变。

在科技高速发展的现代社会里，由于传媒技术的发展，学生在很多方面已不是后知于教师，而是同知，甚至是先知于教师。因此，在课堂教学中，教师可以运用这一点鼓励学生考教师，欢迎学生指出教师的错误和不足。教师们还要把自己看成协同学生探究知识的一员，与他们一起学习、探究。只有这样，才可能创造出有利于师生双向互动的课堂气氛，从而摆脱教师唱"独角戏"的尴尬。

课堂必须是师生双向互动交流的课堂，课堂教学成败的关键也在于此。双向互动的课堂不仅可以激发学生的学习兴趣，了解学生掌握知识的情况，还可以开启学生心灵、诱发学生思考、开发学生智能，促进师生间进行深入的情感交流。

（一）双向互动提高学生听课的注意力

如果只听到教师说话，没有学生的回应，这样的课堂就会死气沉沉，学生也无法将注意力集中 45 分钟。如果教师采取师生双向互动交流的方式，就会让学生精神饱满地投入学习，不显沉闷。

课堂上，如果教师紧紧围绕教学内容向学生提问，用一个个由浅入深、循序渐进的"问号"吸引学生的注意力，就能牢牢抓住学生的注意力。在适当的时候，教师还要引导学生提出问题，让大家一起讨论，这样也能保证学生的注意力高度集中，从而收到良好的教学效果。

（二）发现问题，及时纠正

对于一些重要概念，一般水平的学生往往以为自己能复述就算学会了。其实不然，概念是反映现象和过程本质属性的思维形式。教师在课堂上还要针对概念提出一些题意明确的实际问题，引导学生深入思考，这样对于提高学生的学习效率、突破教学难点很有帮助。

教师可以多举实例和学生进行双向交流，让学生在头脑里去除不正确的、似是而非的概念，这样才能真正让他们掌握知识。

（三）双向互动有利于学生和教师的共同成长

良好的师生双向互动，不仅有利于课堂教学效率的提高，而且有利于学生身心健康地成长。教学中师生间和谐、友好的互动是学生个性心理得以发展的重要背景和条件。在互动交流中，学生不仅受到了情感的熏陶，还学会了尊重自己、尊重他人。对于教师来讲，教学目的之一是在互相学习中不断扩展自己的认知空间，不断创造新的自我，提升自我发展的能力。既然双向互动交流的课堂效果如此好，教师在课堂教学过程中就要经常引导学生参与这种交流。这种引导主要依靠教师课堂语言运用的魅力促成。运用教学语言促进师生双向互动交流的方法如下：

1. 加强教学过程中语言的亲切感

教师与学生在课堂沟通中的语言以"亲切"为第一要求。教师的语言情真意切，学生才会有好感；学生有好感，学习效果才会好。学生会认为："和这样的老师进行课堂交流没有压力，我们完全可以畅所欲言！"因此他们很愿意主动参与双向交流活动。

2. 加强提问时语言的修炼

在提问语设计时，要注意问题的开放性，防止出现设置题目条件偏多或不足、题目结论不唯一、不确定等问题。在这个过程中，教师要注意和学生进行双向交流，密切注意学生的思路走向，有效地掌握学生的认知情况。

3. 语言要体现对学生的尊重

教师在教学语言中要体现出对学生的尊重，要关注和理解学生不同的见解。这样，学生在课堂上才会乐意和教师进行互动交流。坚决不能冷冰冰地对他们的不同意见指手画脚、评头论足。

4. 加强对口头语言的练习

第一，教师应充分把握口头语言互动的技巧，使自身的语言表达具有民主性、肯定性、发展性、引导性等，从而有效激发学生的学习兴趣，使学生在互动中获得知识。

第二，在师生课堂互动中，教师对各类学生都应从语言上积极肯定，这样可以鼓励学生个性发展，使所有学生都能从教师的话语中得到激励，从而积极参与交流。

第三，在师生课堂互动过程中，教师应尽可能地对所有学生一视同仁，切忌偏袒，从而避免学生之间的抵触和对立，使全体学生都能够积极参与。

第四，师生互动具有一种连锁关系，教师要充分考虑其即时效应，使学生从中得到启迪、激励和提高，以增强教学的效果。

沟通不是一个人就能完成的事情，它需要双方热烈而有效的交流。在与学生沟通时，教师确实要注意这些问题，使师生之间关系更加融洽、和谐。

三、放下说教让交流变得更流畅

教师要通过一定的方式使学生感受到平等，要给予学生自由发表自己意见和看法的机会，而不是教师独自对学生进行空洞的说教。在学生发表意见时，教师要尽可能创造轻松、自由的氛围，使学生畅所欲言，尽量不要在学生发表意见时打断学生发言或强迫学生接受自己的观点或思想。否则，这种说教不但起不到教育作用，反而会影响师生关系。

良好的师生关系是教育成功的关键，这需要教师与学生进行心与心的交流。只有采用合情合理的沟通方式，才能取得学生的信任，才能打开他们的心灵之门，促进他们的健康发展。

（一）放下说教，通过沟通解决各种敏感问题

教师与学生在课堂上的沟通不能是教师一味地说教，而应是师生之间用心沟通、理解和尊重。著名教师高启山在处理学生问题时，从不以说教的方式与学生沟通，而采用平等的、"心交心"的方式。

（二）提升交谈式课堂语言的具体方法

人们常常看到这样的现象：教师在向学生热情地传递知识、价值观和各种行为要求时，学生却毫无兴趣。这种现象表明，在师生沟通和交流过程中，如果教师不注意方法，一味地说教，会在有意无意中伤害学生的自尊和感情，使他们产生逆反心理。因此，要想与学生很好地沟通，教师要有意识地改变不恰当的沟通方式。

1. 注重语言的表达

师生沟通的艺术实际是师生间的语言交流艺术。为了不让说教式的语言充斥课堂，教师应把握沟通中的不同情境和学生的各种差异，除了重视语言的表达内容外，还要重视语言表达的技巧。

幽默是人际关系中必不可少的"润滑剂"，人们都喜欢幽默的话语。具有幽默感的教师一走到学生中间，学生就会感到快乐，沟通自然就顺畅了。

在师生的沟通中，虽然有时教师的话完全正确，但学生却因教师表达得生硬而感到难以接受。如果把话语磨去一些"棱角"，让学生在接收信息时感到自己不是在接受枯燥的说教，这样他们就能从理智上和情感上接受教师的意见了。

2. 对学生提出的问题做出有效回应

在学生有问题时，多数教师都能感觉出来。

在师生的沟通中，如果教师能够深入了解学生的内心并接纳学生的优点和缺点，那么学生也会很容易地接纳教师，这时就能更好地解决学生的问题了。

3. 注意用心倾听学生的心声

教师听学生讲话时心不在焉、三心二意，往往是师生沟通失败的重要原因。良好的沟通需要教师耐心地倾听学生讲话，了解他们心中的感受。

学生说："数学对我而言太难了……"

教师说："数学并不难学，你的问题是第一次遇到困难你就放弃努力了，现在再试试看。"

这是教师与学生沟通时采用的说教式的话语。教师不愿意把学生的话听完，急于将学生本来需要自己解决的问题转化为自己要给学生提供答案，从而导致师生沟通的失败。

教师都应清醒地意识到，在与学生沟通的过程中，说教式的语言最难被接受。用"说教"和学生沟通，即便不碰一鼻子灰，也不会取得预期的效果。教师和学生沟通的有效方式有很多种，只要教师细心揣摩，认真学习，就能找到既有效果又受学生欢迎的方式。

四、做到先聆听后讲话

课堂上，学生是真正的主人、学习的主体，教师只是学习活动中的组织者、引导者。在学生有疑问，需要帮助时，教师才伸出援助之手，稍做点拨，绝不能越俎代庖，剥夺学生畅所欲言的权利。

教师在教学中要服务学生，首先要让自己的耳朵为学生竖起，心平气和地倾听他们的心声，这样才能使教学成为学生、教师、文本之间的对话过程，才能与学生一起把课堂构建成美好的精神家园。

这种基于耐心倾听的沟通，不仅是唤起学生积极地投入学习的重要条件，也是课堂教学赖以顺利推进的动力，更是心灵与心灵的呼应和交融。

在课堂上，如果教师要平等地、自由地与学生沟通，就要尽可能地把心敞开，耐心倾听，体会学生的独特感受、体验和生存状态。

在课堂上，教师不妨经常对学生说"没关系，请继续说""接着往下说，老师不做评价……""你还有话要说吗……大家都在听呢，接着说吧"之类的话。

如果教师每一次都努力倾听学生的发言，让他们把话说完，那么在一次次的耐心等待之后，就会发现，自己和学生走得越来越近了，收获的惊喜也越来越多。

教师只有善于倾听学生的发言，适时调整自己的教学思路，才能扮好教师的角色；才能正确判断学生在想什么，为什么会这么想；才能正确把握学生对知识的掌握程度，对症下药，扬长避短；才能在学生回答不正确、语言表达不清楚时及时指出，正确分析和引导。

作为教师，要时刻谨记倾听的重要性；作为教师，应该学会走进学生的内心世界，认真倾听学生的心声。在课堂教学的互动交流中，不仅需要学生认真听教师讲课，还需要教师经常倾听学生的诉说。教师能否有效倾听，对学生潜能的开发、师生关系的和谐、良好课堂气氛的营造都有重要意义。教师倾听的方法常见以下几种：

（一）在沟通中注意倾听

要想耐心倾听学生的话语，就需要教师对学生提出的关于情感、思想、困惑等方面的问题给予足够的关注。教师在倾听的过程中，眼睛要注视学生，不能左顾右盼，心不在焉，也不要随便打断学生的述说。为此在学生述说的过程中，教师需要做出如下反应：对于比较认可的事情或意见，可以用点头或者"对的"之类的语言来回应；对于一些不同意的观点，可以暂时把自己的观点隐藏起来，代之以"是吗""我明白了""原来这样"的应答声；对于有些学生不能很好地表述的问题，可以适当地提问题引导学生，促使双向互动交流更顺利地开展下去。

（二）做一个忠实的听众

随着课堂上对学生主体性、自主性的强调，学生质疑、反驳、争论的机会也大大增多，这一切都需要教师学会倾听，成为学生忠实的听众。因此，在课堂上不管是成绩好的学生还是成绩差的学生，无论是学生说对了还是说错了，无论是学生说得清楚明白还是语无伦次，教师都要专注地倾听，不能有半点不耐烦，更不能粗鲁地打断他们的发言。在倾听过程中，教师还要注意发现学生困惑的焦点、理解力的偏差处、观点的创新处。

心理学研究表明，喜欢别人听自己讲话是人类的一种基本需要。作为教师，更应该以浓厚的兴趣面对讲话的学生，及时捕捉学生言谈中透露的各种信息，让学生意识到教师对他们的尊重，从而使他们肯定自身的价值。

（三）倾听中流露真情，以求达成共识

在倾听学生讲话时，教师可以用面部表情或者手势表现感情、态度。比如给学生一个真诚的微笑，就如同说"我很支持你的观点"，竖起大拇指，做出 OK 的手势或简单的招手等，都可以把承认、接纳和关心的信息传达给学生。

（四）在倾听的过程中要善于识情知性

一位有倾听意识和习惯的教师不会仅满足于捕捉学生的话语，他还善于揣摩话语背后的思绪和性情、欲望和需求，并热情地支持、帮助和引导。

一位具有倾听意识和习惯的教师可以发现谬误中蕴涵的新奇、荒诞中隐藏的真理；一位具有倾听意识和习惯的教师可以听到"花开的声音"。在教学中，每一位教师都应该做一个优秀的倾听者，并在倾听中发现学生智慧的火花。

五、学会随机应变

对于一位成熟的教师来说，授课不仅是授课内容的简单"再现"，还是教师综合素质的"体现"。

在课堂上，教师面对个性认知水平不同、兴趣各异的学生，意味着教师要面对各种各样随时会出现的问题，而教师备课中的一切安排设计带着主观色彩，难以应对授课中的突发事件。因此，课堂上教师要学会"随机应变"，要懂得适时调整难度和节奏，调节课堂的气氛和讲课进度。

（一）善于观察，走进学生的心灵

在学生困惑、烦躁、欲言又止时，教师要及时巧妙地运用教学语言加以引导和帮助。在倾听的过程中，要学会"察言观色"，准确地判断富有意义的信息，捕捉学生回答中富有价值的内容。

其实，如果细心观察，教师就会发现有的学生滥竽充数，有的学生心猿意马。如果找单个学生解答问题，往往有学生答不上来。这就要求教师在课堂上要善于观察，心里时刻把握两条线索：一条是课堂教学设计（教学过程），另一条是学

生在课堂上的表现（学生学的情况）。教师不能只顾自己讲，而忽略学生接受的情况。

（二）观察学生的具体方法

学生在课堂上的表情能比较准确地反映出教师课堂教学的效果，也能反映出他们掌握知识的程度。教师要时刻注意观察学生的表情，体会不同表情所传达的信息，然后适时调整自己的教学进度与方法，更好地提升学习效果。

1. 学会读懂学生的表情

学生不同的表情与动作体现了不同的听课状态。

全班学生的眼睛都定在教师身上，聚精会神地听讲，说明教师的语言极富吸引力，能牢牢地抓住学生的兴趣。

举手积极，发言踊跃，说明教师充分调动了学生听课的积极性，学生在积极思维；或者教师提出的问题适合学生的思考实际，师生互动频繁。

微笑，说明教师理论联系实际时选取的事例生动，话说到了学生的心坎上；或者教师的问题激发了学生的好奇心。

沉思，说明学生在反馈已学过的概念、原理；或把书本上的知识联系到现实生活中，碰到了不解或值得认真探究的问题。

无精打采、东张西望、动手动脚、思想开小差，说明教师的讲课脱离了实际，成为干巴巴的说教；或教师语言平铺直叙，没有感染力。

小声议论，说明教师讲得不准确，学生有所发觉；或者是教学的难点学生没有听懂，在相互质疑。

2. 对不同情况的学生，要给予不同的情感关注

由于各方面的原因，学生在学习的过程中会有不同的表现，表现的最终结果就是班级里出现了所谓的优秀生和后进生。

后进生在课堂学习时的情感态度可能是"没有自信的、压抑的、恐惧的"，其外在行为是"心不在焉的、躲避的、依附的、沉默（或者破坏）的"；而优秀生除了积极进取的情感表现外，也有可能是"浮躁的、自我炫耀的或者是心不在焉的"。这些不同的情绪表现需要教师在课堂教学中及时察觉并给予合适的回应。

对于后进生，教师要在认知或提问上给予"低坡度"，在情感上要给予"多激励"。在实际教学过程中，有的教师在教学中往往只关注少数尖子生，提问找优秀生，谈心找优秀生。相反的，对"后进生"的态度就较为冷淡，关心帮助不够，使后进生人数不断扩大，造成严重的两极分化。

对于优秀生，察言观色后教师要在认知上给予更高的挑战，在情感上给予更严的要求。在课堂教学过程中，教师给学生设计的题目要有坡度。对知识中蕴含的难点要留给尖子生，让他们应对挑战。

教师在课堂教学过程中，要想在教学语言方面有的放矢，因材施教，就应该学会在课堂上察言观色，并通过学生的不同表现，仔细分析他们的所思所想，从而使语言更有针对性、导向性、启发性，说到点子上，说到学生心坎上。

六、蹲下身子与学生对话

怎样才能使教育的过程成为师生互动沟通的过程，并且收到良好的教育效果呢？答案是，在和学生沟通时，把尊重放在首位是教师开启学生心灵的一把钥匙。

自尊心人皆有之，在课堂交流中渴望得到尊重是学生的内在要求。尊重学生，不仅是教师应具备的职业道德，也是保证师生之间有效沟通的前提。

（一）"蹲下身子"的寓意

"蹲下身子"与学生对话，不是指在形体上蹲下身子，而是指教师要在思想上、认识上放下"架子"，不以权威者、领导者自居，不搞"一言堂"，要给予学生辩解申诉的机会和权利，以与学生平等的大哥哥、大姐姐甚至大朋友的身份与他们交流，为他们创造一个心理安全的氛围。只有这样，学生才能接受教师，并愿意与教师沟通。

特级教师于永正有一句话："我最喜欢发言错了的学生。"他认为，错误才能引出正确，"失败是成功之母"。

"蹲下身子"和学生交流，倾听学生的心声，用教师的尊重换回学生的自信，用教师的尊重换回学生的尊重，才是为人师者最应该牢记的。

"蹲下身子"和学生说话，主要表现在课堂上与学生沟通时要注意语言的尊重。教师不能因为自己是教师，就认为学生对自己应该言听计从，俯首帖耳。教师也不是全能全才，在学生表现出强于自己的地方时，要勇于虚心讨教，不能把学生的创造性发挥或过激言行看作对自己的不敬。

（二）正确运用尊重性语言

教师尊重学生，蹲下来和学生说话，会缩短教师与学生之间的距离，从而使师生之间的沟通更顺利，教师能够更好地了解学生的情况，从而采取恰当的措施，因材施教。蹲下身子和学生说话，要求教师时刻注意自己的语言。

1.换一换语气，多用尊重性的语言

教育教学中，教师无意中说出的话会对学生产生微妙的影响，因此教师需要随时注意自己的语言，避免对学生造成伤害。

第一，杜绝侮辱。侮辱性语言对人的心理伤害最大，特别是出自最信任的人之口，往往会对学生造成毁灭性的打击。因此，教师说话要三思，千万不要将侮辱性语言说出口。

现实中，个别教师的侮辱性语言随口即出，如"你简直是害群之马""你一条臭鱼坏了一锅汤"。这些近似人身攻击的语言不仅会给学生带来极大的心理压力，而且直接影响学生的身心健康，应坚决禁止。

第二，摒弃蔑视。对一些学习成绩不好、自我要求不严或者其他条件不好的学生，个别教师会不自觉地在教学中流露出轻视的态度，进而在说话时出现蔑视之声，如"你怎么这么笨，什么都做不好""你永远不会有出息的"等。这些话，说者无心，听者伤心。学生人格受到贬低和伤害，可能会导致他们从此"破罐子破摔"，每况愈下。总之，教师要坚决摒弃一切刻薄的、挖苦学生的语言，避免伤害学生的自尊心。

第三，多商讨。商讨的语言容易被学生接受，可以变一味地"我说你听"为相互探讨、商讨征求的方式。比如："××同学，这个问题请你给大家讲一讲如何？"这些商讨式的语言，不仅不会影响教师的权威，相反会使学生感到教师理解、尊重他们，从而更加尊重教师。师生不断营造相互尊重的学习环境，促进教学相长。

2.加强平时的礼貌用语

比如，当学生向教师打招呼时，教师要热情回礼；当教师要求学生帮助做事时，教师应该说"你辛苦了，谢谢你"；当学生犯错误时，教师应当表现得很有涵养，不要忘记使用礼貌语言。

3.语言委婉，时刻保护学生的自尊心

在课堂教学实践中，教师的批评如果直言不讳，学生可能会因为自尊心受伤害而难以接受，有时甚至还会反唇相讥，使师生双方都很尴尬。因此，教师的语言不如委婉些，这样效果也许会更好。

综上所述，在和学生交流的过程中，教师要换位体会学生的感受、情感和态度，注意在语言上尊重学生，从而让学生感受到自己是被尊重的，老师是爱自己的。即便是批评，老师也是为自己好，这样就能让沟通更富有成效。

第三章　教师语言技能必要性及重要性分析

第一节　教师运用语言技能开展教学活动的必要性

优秀教师具有高超的语言艺术，是语言艺术生动直观的载体。教师向学生传道、授业、解惑以及师生之间信息的传递和情感的交流，都以语言作为工具。在教学中，教师通过情趣盎然的描述、鞭辟入里的分析、入木三分的概括、恰到好处的点拨，把学生带进瑰丽的知识殿堂，并开启心智、陶冶情操，使学生获得精神上的满足。教师的职业特点，要求教师在教学过程中用精美的语言开拓学生的知识视野，启迪、影响、感染学生的心灵世界。好的语言表达，能激发学生的灵感，碰撞出智慧的火花，在展现教师睿智的同时，更重要的是使学生真正理解教师所教授的内容，发出强烈的求知欲。

教师的语言行为是传授知识、交流情感的教育活动。捷克著名教育家夸美纽斯曾经说："教师的嘴就是一个源泉，从那里可以发出知识的溪流。"这句话隐含了教师语言的重要性。教师语言是一种行业语言，是一种专业化的创造艺术，它是教师传递信息的媒体，是教学的主要工具。教师语言具有教育功能：用生动的语言讲述内容，能激起学生的兴趣；用准确的语言讲解知识，能激发学生的求知欲；用理性的、合乎逻辑的、充满激情的语言讲演，能启迪学生的智慧，陶冶学生的心灵。教师将自己对教材和教学内容的理解、感悟通过有声语言和无声语言传递给学生，使学生理解、感悟并得以升华。在教学中，教师鲜明地、恰如其分地运用语言艺术将抽象的东西具体化，可使学生得到最直观、最形象、最真切的感受，从而降低思维的难度，收到事半功倍的效果。

教师在教育活动中的语言表达是一种艺术活动，教师传授知识的过程是对语言艺术的运用，也是对语言艺术的再创造。教师对语言艺术的再创造是由学生和教师对教学活动的创造性要求所决定的。一方面，中小学生由于生理和心理发展水平、生活体验、知识水平等局限，对于教师在教学活动中"教"的内容，无论是知识、技能还是情感、道理，无法通过自"学"准确把握，必须借助教师的讲解才可能学好。他们总是喜欢新鲜活泼、生动形象、具体可感的引导，排斥陈旧呆板、单调枯燥、抽象模糊的说教，而且难以保持注意力。另一方面，教师是为特定目的而"言传身教"的，总是希望自己的语言行为既能充分调动学生的学习主动性、顺利实现教学目标，又能张扬个性、展示才能，获得生命价值的体现和教育活动的快乐。因而，教师总是根据教育情境，充分调动自己各方面的知识、能力、素养，运用教育智慧和教学机制，对原有的语言材料和教学活动方式进行艺术改造，努力追求既吸引、启发学生，又感染、鼓舞自己的语言表达效果。列夫·托尔斯泰指出："在自己心里唤起曾一度体验过的情感，并且在唤起情感之后，用动作、线条、色彩以及音词所表达的形象来传达出这种感情，使别人同样能体验到这种情感——这就是艺术活动。"

教师运用语言技能开展教学活动的必要性体现在以下几点：

一、借助严谨精练的语言，体现教学逻辑性

任何一门课程都有明确的教学目的，要求教师的语言必须严谨精练，重点突出，具有鲜明的逻辑性。教师严谨精练的语言，能引导学生系统地掌握理论知识，发展学生的抽象思维能力。教师只有使用生动活泼、通俗易懂的口语，通过深入浅出、逻辑严谨的表达，才能引发学生的兴趣，进入积极思维的精神状态。用精练简洁的口语在最短的时间传递最大量的信息，有利于在教学中突出重点、突破难点，有利于学生及时地做出反馈，从而取得理想的教学效果。例如有位老师设计了教授《荷花淀》一课的导语：在现代文坛上，小说出现三大流派——以赵树理为代表的'山西派'，以欧阳山为代表的'岭南派'和以孙犁为代表的'荷花淀派'。'荷花淀派'的突出特色是语言简洁鲜明、朴素细腻、自然隽永，具有诗的意境、散文的自如。今天大家学习'荷花淀派'的代表作《荷花淀》。授课教师在导语中首先列举小说的三大流派，接着简要阐述了"荷花淀派"的语言以及艺术上的特点，顺理成章地引入课文的学习，简明扼要，逻辑清晰。

二、借助幽默风趣的语言，体现教学创造性

英国学者在《幽默教学：一门表演的艺术》中指出，理想的教师应当达到艺术化的教学水平，善于利用幽默激发学生的兴趣，使学生学得更好。在教学中，基本概念和理论性的教学内容往往使教师感到棘手，使学生感到抽象、枯燥，记

忆较困难。在讲授时，教师运用风趣的语言、适当的比喻，就能化抽象为具体，化枯燥为轻松，既可以使学生在轻松愉快的气氛中掌握知识，又可以使学生在一笑之余引发联想，出神入化地推动他们领悟，让学生感受到学习的乐趣。幽默显示的是教师的智慧，传递的是教师的关爱，承载的是生动的启示，激活的是愉悦的情感。不可忽视的是，幽默风趣的语言同教师的机智密不可分，机智是幽默的内在品质。用好幽默语，既是一种教学的艺术，又是一种教学的风格。准确熟练地运用好幽默语是教师聪明才智的表现。

幽默是教师在课堂教学中不可多得的品质，它打破了课堂内的枯燥局面，使整个教学过程达到师生和谐、充满情趣的美好境界。它不仅提高了教学语言的品位，而且优化了课堂教学效果。著名特级教师于永正在讲课中就很注重语言的幽默风趣。他在执教《小稻秧脱险记》一课时，文中讲到杂草被喷雾器大夫用除草剂喷洒过后说："完了，我们都喘不过气来了。"有一个学生读这句话时声音很响亮，于老师笑了笑说："要么你的抗药性强，要么这除草剂是假冒产品，我再给你喷洒点儿。"同学们都笑了，该同学也会心地耷拉着脑袋有气无力地读了起来。在这里，于老师用幽默的语言活跃了课堂气氛，融洽了师生关系，集中了学生的注意力，也巧妙地教会了学生读书方法，使课堂教学更加有效。再如一位教师在教《中国地图》时，刚把地图贴在黑板上，学生便笑了，他回头一看贴倒了，于是他幽默地说："啊，是谁让公鸡打倒立的？"同学们笑得更开心了，他在笑声中走上讲台，一边取下地图贴上一边说："还是把它正过来，不然改天我们听不到公鸡啼鸣了。"教师从容、机智地纠正错误，还强化中国地图像只啼鸣公鸡的特性，有助于学生记忆。

三、借助针对性的语言，实现教学的因材施教

教师的主要任务是教书育人。教师的一言一行，不仅代表着自己"学高为师，身正为范"的人格形象，更在潜移默化中深刻地影响着学生，因此教师的语言要有一定的教育性和针对性。教师必须针对不同的教育对象、教育内容和教育环境，根据具体的教育对象和教育内容把握学生和本门课程的特点，在注重教学语言的教育性和针对性的基础上，选择运用不同的语言进行教育工作，避免与主题无关的废话，切实做到对症下药和因材施教。只有因材施教才能使教师的语言有的放矢，取得实效。

例如有一教师对两个不愿上台的学生采用了不同的动员和激励方式。对一个因胆小借口没准备不愿上台的女生，教师鼓励说："没有准备的情况下登台是一种自信；在没有准备的情况下敢于面对观众，是一种伟大；在没有准备的情况下说

得不好，可以理解；在没有准备的情况下说得很精彩，难能可贵。你愿意试一试吗？"对一个自认为不善言辞的男同学，教师鼓励说："有的人不靠辞令取胜，靠的是他的真诚。我相信你有比一般辞令更能打动大家的实际看法。"结果两个学生都上台发了言，还讲得不错。这位教师的成功之处就在于他能因人而异，突出教育性和针对性。教师在教育教学中，针对不同的学生应采取不同的教法，如面对自尊心强的同学和自尊心差的同学，或是性格有差异的同学，要有针对性地采取不同的语言方式，以求获得理想的效果。

四、借助情感性的语言，加强教学的语言交流

情感沟通是教学的重要前提，别林斯基曾说："情感是语言在表达过程中的乘号，语言中充满情感，会使语言的感染力成倍增加。"因此，情感是教师语言艺术中极为重要的因素，它直接影响学生情感变化，影响学生对教学信息的认知和理解。通观名师的课堂，人们常有这样的感慨：他们的高明之处更多地在于善于使用情感性语言。名师们在教学中用满面春风的语态、饱含深情的语气、洋溢激情的语言激发学生的情思，从而产生一种情感共鸣的语境，使学生为之所感、为之所动，然后转化成良好的学习动机，获得理想的教学效果。积极的情感性语言能使学生在情绪的感染中全神贯注地接受教学信息，它像纽带一样把教师、教学内容和学生有机地连接起来。

与情感性同等重要的是教师语言的激励性，教师充满激励的语言是学生走向成功的动力。一句句激励的话语就像蜜汁一样流进学生的心田，化作他们前进的不竭源泉。阿莫纳什维利在《孩子们，你们好》一书中写道："（教师）在这里应当精雕细刻地塑造儿童心灵的每一个微小的部位，使他们心中的每一个细胞都充溢热爱与激情。"

第二节　教师运用语言技能开展教学活动的重要性

一、教师运用语言技能开展教学活动的具体要求

（一）清楚简洁的课堂教学语言

要做到教学语言简约，需要教师们认真研究，不断实践。怎样提高教学语言的简约性呢？

1. 通过读书，积累语言素材

教师的语言功底来自平时的知识储备。苏霍姆林斯基说："只有当教师的知识视野比学校教学大纲宽泛得无可比拟的时候，教师才能成为教育过程中的真正能手、艺术家和诗人。"教师只有多读书，不断积累知识，才能在教学语言的表达上更加精练，切中要点。读书时不要走马观花，应吸取书中语言的精华，大量积累语言素材，提高课堂语言表达的简约性。

2. 通过练习，提高概括能力

许多教学环节需要总结性的概括，如问题解决完后总结方法和技巧，课堂结束时做课堂小结等。课堂语言概括性强，才能让学生对所学知识有更全面、更深入的认识。

例如有一位教师讲授"随机事件的概率"，课堂小结是这样概括的："……我们知道做大量重复的试验可以求随机事件的概率，但是如果我们每求一个随机事件的概率都要进行大量重复的试验，岂不费时费事？可不可以不经过大量重复的试验来求随机事件的概率？"这位教师用了设问的表达方式，简单精练，直奔主题，激发了学生探索的兴趣。

（二）精准到位的课堂教学词汇

教学语言要想表达到位，用词就要力求准确，准确地表达内涵，不能含糊其词、模棱两可。在课堂上，无论是对自然现象、社会现象的描述，还是对概念、原理、定义的阐述，教师都要做到用词确切，避免让学生产生疑惑和误解。有时还需要引经据典或引用参考资料，特别是经典著作的论述或重要文件，用词一定要完整规范，准确到位，绝不可断章取义。

熟练精确地运用词汇有以下几种具体方法：

1. 熟悉教材内容

教师在设计教案时，首先要反复阅读教材，准确把握教材内容，尽可能多地查阅相关资料，进行比较、分析、筛选、辨别。

特别是数、理、化等措辞要求严谨的科目，教师要对概念的实质和术语的含义有透彻的了解。比如"整除"与"除尽"、"数位"与"位数"不可混为一谈。有的教师讲"圆锥的体积等于圆柱体积的三分之一"，就忽略了"同底等高"的条件，从而教给学生一个错误的概念；而"所有的偶数都是合数""最小的整数"之类的错误在于以偏概全，表达不准确。

2. 多方涉猎并学习语言知识

教师要先学好语言方面的知识，提高自己的表达能力。学习方法可以多种多样，如听广播，跟播音员学；看电视，跟电视节目主持人学；听观摩课，跟语言表达能力好的老师学。阅读文学作品也是一种常用的语言学习方法。唐诗宋词是我国语言宝库中灿烂的瑰宝，教师要善于从我国古典诗文中吸取语言的精华。平时多多积累，教学时才会根据需要信手拈来，使自己的教学用词准确到位。

3. 课前精心备课

要想使课堂语言表述清晰，语意连贯，教师必须在课前精心设计，不但要考虑课堂教学语言与教学内容的关系，还要考虑学生是否能理解和接受。对某一问题进行阐述时，教师认为描述是清晰连贯的，但对中小学生来说，由于他们的知识储备和理解能力的限制，可能在概念上是混乱的。

例如有的教师拿着衣藻模型问学生："衣藻是什么样的？"有的学生说像鸭梨，有的学生说像桃子。而教师想要得到的答案是"椭圆形"，即希望在"形状"上得到回答。出现学生的回答与教师的答案不一致的原因就在于教师的提问用词不够准确，误导了学生的思维方向。

（三）切勿使用空洞乏味的教学语言

苏霍姆林斯基曾鲜明地指出："教师的语言修养在极大程度上决定着学生在课堂上脑力劳动的效率。"语言既是工具，又是艺术。教师在日常教学中要注意锤炼自己的语言，课堂用语要摒弃空洞，要做到言之有物，言之有序，言之有情。

教师课堂用语要尊重事实，言之有物，教师提高自身的语言修养要注意以下几个方面：

1. 语言要富于知识性

课堂是学生学习、掌握知识的主要场所。能否真正传授给学生知识，是检验一堂课优劣的重要标准。它渗透着教师对教学内容的理解和对教学目的的探究，是教师定向思维的主要方向。因此，教师的课堂语言必须具有高度的知识性。教师要在有限的课堂时间内传授尽可能多的信息，最好不要涉及与传授知识关系不大或无关的内容。

2. 语言要有具体内容

"物"是指教学的具体内容。言之有物，就是要求教师说话要有充实具体的内容，有针对性，尽快切题。在教学活动中，有些教师喜欢将一些与学习不相干的内容一股脑地塞到课堂教学中，但对学生学习的重点、难点没有或很少涉及，以至于教师讲了半天，学生还是不知所云。

3. 用语要健康文明

教师语言要健康、文明。语言是一个人文明程度的表露。教师的语言修养是为人师表的重要因素，对学生的道德品质培养和审美修养产生极大的影响。苏霍姆林斯基指出："对语言美的敏感性，是促使孩子精神世界高尚的一股巨大力量。这种敏感性是人的文明的源泉所在。"因此，要启迪学生心灵，陶冶学生情操，教师要用健康、文明的语言触动学生的心弦，给学生以美的享受，使其形成美好、高尚的心灵世界。

4. 以理服人

言之有物还要求教师切忌唠叨，同时要以"理"说服学生。过多的、不适当的语言刺激不仅不能加深学生的印象，反而会使学生反感，甚至出现逆反心理。在教育学生的过程中，要尽量做到以理服人，使其重新回到正确的轨道上来。只有把道理说透讲清，才可以解开学生心中的困惑，取得理想的教育效果。

（四）思路清晰明朗的教学语言

1. 教师思路不清引发诸多问题

特级教师于漪说："教师的教学语言虽属日常口语，但又不同于大白话，应该是加工的口头语言，与随想随说的日常交谈有区别。"这是于老师的经验之谈。这就要求教师根据学生已有的知识基础、经验、接受能力，根据认识问题的科学规律，对所讲知识进行分析、组织。明确每一堂课的教学要点，在讲授中做到突出重点、有的放矢，该讲什么、不该讲什么都要做到心中有数，不能随心所欲、信口开河。有些教师不懂得如何在课堂教学用语上做到重点突出，以致出现以下的问题：

（1）课堂提问"狂轰滥炸"。有的教师为了让学生学到更多的知识，课堂提问一个接着一个，密集得像"地毯式"的"狂轰滥炸"，学生不知道教师究竟想问什么，哪个才是教材的重点，不但学不到重点知识，而且感到很累。

（2）授课偏离主题。有的教师在讲课时，一时兴起逐渐偏离了教材内容，学生听得很有兴致，但忽略了知识的传授。作为教师，任务是教授教材的知识，不是即兴演讲。显然，这样的教师没有把握课堂教学语言的重点。

课堂语言的重点应是教材中最基本的内容，是需要学生熟练掌握并学会运用的。若要很好地将这些内容教给学生，就要求教师吃透教材，讲课思路重点突出、层次分明。

有效的语言应该是中心明确的。虽然教师有时为了活跃课堂气氛，或是对课堂的一些事有所感悟，可以顺便讲一些小故事，但是必须记住课堂的主要目标和重点，避免与教学主题无关的叙述。尤其重要的是，不能过于分散学生的注意力，削弱了对本课内容的学习。

语言的有效性还体现在提问时要避免烦琐，贵在一个"精"字。例如讲《狐狸和乌鸦》一课时，教师提问："乌鸦住在哪儿？狐狸住在哪儿？乌鸦出去干什么？它找到了什么？心情怎样？"这类问题只是围绕课文的情节，而没有抓准教学的重点进行提问，对于提高学生的学习能力没有任何意义。这样问，重点问散了，难点问歪了，特点问没了，对学生掌握文章内涵是很不利的。

2. 教师应思路清晰、语言重点突出

每一节课都有一定的目标和要求，教师只有做到语言重点突出，才能层次分明地组织教学，才会让学生有一个清晰的思路。做到思路清晰、语言重点突出的具体方法如下：

（1）深入了解课堂教材重点。如果要突出课堂教学语言重点，教师就必须抓住教材重点。要求教师真正了解本堂课的教学目的和任务，吃透教材内容，对所教内容融会贯通，这样才能在课堂上得心应手、灵活地处理每部分内容，更好地把握重点，突出重点。

（2）扫除授课时突出重点的障碍。教师在授课时，对有些重点内容感到困难重重，不好下手。要突出重点，必须做好准备工作。这正是突出重点的最大障碍。这些障碍一方面产生于新旧知识的衔接，另一方面产生于学生对新知识的理解。

因此，在教学前，教师首先要抓准突出重点的"拦路虎"，看清通往"突出重点"道路上的种种障碍，并制定好清除方案，落实疏导措施，为突出重点创造有利条件。

（3）授课过程中情绪要高昂。教师的情绪也能体现出语言的重点。比如在讲解某重点内容时，情绪激昂，情感强烈，学生自然能感受到这部分是重点内容，受到情绪的感染，学生会认真听课。反之，如果教师在讲解某一非重点内容时，情绪稍微平缓一些，语言简单一些，学生就会了解到这不是教师讲授的重点内容。

（4）注意讲课的声调、语气。突出课堂重点，教师还要注意讲课的声调、语气。如果讲课平铺直叙，主要的、次要的都是一个声调，学生就分不清哪儿是重点了。教师应该在重点的地方变换声调、加重语气，以引起学生的注意，让学生有所感觉。

另外，优秀的教师在讲授重点内容时，字字落实，句句清楚，感情有起伏变化，声调抑扬顿挫。

（五）教师讲话中的创意性原则

三尺讲台方寸地，教师优美的语言能超越时空，在学生心中留下经久不息的震撼。能否达到这个境界，关键在于教师的语言里是否有"魂"，是否有光彩。教师讲课的语言虽属日常口语，但又不同于大白话，是经过加工的口头语言。在这些口头语言中，教师可以增加点新生词，这样既能够吸引住学生，也能拉近教师和学生之间的距离。

教师要掌握大量的词汇，善于在同义词、近义词之间转换，善于运用专业词、成语和俗语。教师还要掌握一定量的新生词，平时广为采撷，认真储存，教课时就会源源不断地涌现，根据教学需要信手拈来，脱口而出。如果自己的词语仓库里的"物品"极少，阐述问题、剖析事理时总是翻来覆去的几句话，教学效果就大打折扣。

教师在具体的教学过程中，要注意自己的语言是否有新意，在与学生沟通的过程中，要注意使用新生词拉近教师与学生之间的距离，使课堂充满活力。

1. 广泛涉猎新生词

教师在课外阅读的时候要留意新生词，并且摘抄下来，以备课堂之需。

教师运用新生词的目的之一，就是要通过这种手段使课堂教学更具魅力。例如易中天老师讲三国时，将自己研究很深很透的知识用风趣的解读语表述出来，其中有不少是新生词，非常引人入胜，听众都不希望他说出"且听下回分解"的告别语。如果在课堂上也恰当地运用新生词，就会极大地吸引学生的注意力，增加讲课情趣，使教学更具魅力。

2. 运用新生词要注意度的把握

虽然新生词比较贴近学生生活，对他们有很大的吸引力，但是不能为了迎合学生的口味而无原则地滥用，应根据课堂教学的需要，把握好使用分寸。

（六）时尚短语引发的"新教学"时代

房奴、搞笑、月光族、超女、剩女、学术超男、带病提拔……"粉丝"不是食品，"炒作"不仅限厨房……时尚短语存在于流行音乐、电影、电视、动漫、网络等各个领域，因其喜闻乐见而深受青少年欢迎。例如大多数学生都喜欢看电视，因为它有声有色，能让人觉得轻松，当然也能开阔视野、增长见识。教师可以通过看电视培养自己和学生的共同语言，并在教学过程中偶尔说几句流行语，激发学生的学习兴趣。

在课堂教学中适时运用时尚文化，无疑会给教学增添趣味性。作为教师，要利用间接兴趣，用新颖的教学内容帮助学生建立积极的情感，从而迁移到学习对象上。在实践中只要教师适当地运用教学形式和手段，让学生在愉快的氛围中学习，就能增强学生对课堂教学的热爱，从而产生新的学习动机和要求，使学生的学习能力和思维能力得到发展。

教师把"时尚"融入教学语言，不仅能拉近与学生之间的心理距离，而且在无形之中丰富了教师自己的语言积累。把"时尚"搬到课堂上，使教学语言显得更灵动、更活泼，从而给学生耳目一新的感觉。但是，在课堂教学中，教师要注意把握好"度"，不能让太多的流行语进入课堂教学中。以下是上海市某中学厉老师提出的为教师（特别是语文教师）的语言加点流行色的常见方法：

1.引用音乐、电视、电影片段等流行的因素渲染气氛

这种方法通常用在阅读教学的授课上，或引入或结尾，选择与文章主题相吻合的音乐渲染情境。用美妙的音乐语言，把学生带入特有的意境中，使学生在音乐的感染下，迸发情感的火花，加深对主题的理解。

例如在教学卞之琳的诗歌《断章》时，可用梅艳芳演绎的同名歌曲引入，激发学生的学习兴趣，让学生体会优秀诗歌所具有的长久生命力，从而激发其求知欲。

2.对时尚文化中的优秀作品进行品读分析

在语文教学中，一些文质兼美的歌词也可作为阅读教学的教材，学生通过"诗词"般的语言体会作者遣词造句的妙处，在对流行歌词的品味中掌握类似的文学作品（如诗歌）的写作特色，完成学习的迁移。这样的教学深入浅出，学生易学易记。运用时尚语言不仅能激发学生的学习兴趣，还可以提高学生对诗歌的分析能力和鉴赏能力。

3.运用流行的电影电视语言

由于电影、电视重场景与画面，因此在语文课堂教学中可用直观的电影、电视场面的画面组合衔接注释写作中的场面描写与心理描写。

例如在《灌篮高手》中，按常规流川枫进攻时持球超过24秒属于违例，但剧中为了表现他当时心理和周围场面，他持球投篮的情节超过了5分钟，而观众却"丝毫"没有感觉到他持球违例。这就是文学作品中常用的"心理时间描写法"，使瞬间时间通过场景表现而加长了。学生可以通过形象的、直观的教学来学习这样的描写方法。

二、教师运用语言技能开展教学活动的重要性分析

教师语言是师生情感交流和传达信息的主要工具，作为一门艺术，教师在教育劳动中根据学生生理、心理特点和"学情"实际，通过具体的教育教学活动，运用语言艺术向学生传授文化知识与做人的准则，从而沟通了教育者与学习者之间的联系。虽然现代教学手段灵活多变，但教师语言艺术的地位和作用是无法取代的。

（一）提高教学质量和教学效率

"师者，所以传道授业解惑也"。语言是师者传道、授业、解惑的第一凭借，情趣盎然的表述，精确全面的概括，至真至诚的交流，恰到好处的点拨，能把学生带进知识的花园里，开启心智，陶冶情操。教师语言表达能力的高低，不但影响着自己主导作用的有效发挥，而且严重影响学生学习收获的质量。正如教育家马卡连柯所说："同样的教学方法，因为语言不同，就可能相差二十倍。"不言而喻，教师的课堂教学语言艺术对教学质量和效果的影响是直接的、深刻的、不可忽视的。"

1. 激发学生的学习兴趣和动机

准确、鲜明、生动，富有吸引力、感染力、号召力的极具艺术魅力的教学语言，是启发学生思维、激发学生兴趣、调动学习积极性的重要一环，直接影响到教学质量的好坏。

课堂教学无论是传播知识、培养学生创造能力，还是陶冶学生的道德情操，都通过师生双方语言的表达和交流实现。教师课堂教学语言如果表达准确清晰、生动有趣，那么学生就爱听，就能有效激发学生强烈的学习兴趣和学习动机，就能集中学生的注意力，有利于学生智力的开发、创新能力的培养，也有利于节约教学时间和减轻学生的学习负担。心理学研究表明，对感官富于刺激性的语言最能引起学生的兴趣。注意使用对感官富有刺激性的语言，在教学时就能紧紧地吸引学生。如要达到这一效果，关键在于用生动的语言，将抽象的内容具体化，善于将事物的形态、特征具体而形象地展现在学生的眼前。只有这样，才可以增强学生的学习兴趣、激发他们的想象力，进而使学生牢固地掌握知识并培养起形象思维的能力。

以音乐课为例，音乐中的很多知识，对于年龄较小的学生来说，理解起来有一定困难。如果教师只是照本宣科，会使学生感觉枯燥乏味，逐渐削弱他们学习音乐的兴趣。因此，教师在讲授时要发挥语言的无穷魅力，结合学生生活中形象生动的例子对他们进行启发。对于小学生而言，它们喜欢听老师亲切温和、清晰明朗的话语，更喜欢听一些简短而有趣的童话故事。因此，在向小学生进行音乐教学时，教师可以在教唱新歌前用生动、形象的语言绘声绘色地进行描述。例如在教唱《两只小象》时，老师首先根据歌词编了这样一个简短的故事：有一天，两只小象吃过晚饭，不约而同地来到小河边散步，他们走着走着相遇了，就扬起鼻子勾一勾相互问好，两只小象一见面就成了好朋友，又勾鼻子又握手，大家都夸它们是一对好朋友。同学们，让我们也来学习小象，握手并成为好朋友吧！通过绘声绘色的描述，既激发了学生的学习兴趣，又帮助学生记忆和理解了歌词，还进行了德育教育，一举三得，教师再教起来就更得心应手了。

2. 对学生起正面示范作用

具有艺术魅力的教学语言，能给学生正面的示范作用。教师艺术化的教学语言既可以培养学生的语感，又可以让学生从老师那里学到提出问题、分析问题、解决问题的方法，从而提高自己的内部动机，启发他们积极主动地思考，理解、掌握教师讲授的内容。学生在准确生动、逻辑清晰的教学语言的引导下，积极主动地开动脑筋，分析、综合以至理解、掌握所学习的内容，为自己取得一次又一次思维训练的机会，从而促使他们的思维能力、分析和判断能力得到有效的提高。

特级教师王崧舟在教学《二泉映月》时，当学生声情并茂地读完"茫茫月夜，如银月光；一泓清泉，静影沉璧；流水淙淙，蜿蜒而来；月光照水，水波映月"这组词语时，王老师用饱含诗情的语言总结评价："听着你们的朗读，我真真切切地看到了如银的月光，那么皎洁、那么明亮；一泓清泉，缓缓地流淌着，那么清澈、那么纯净。月亮的影子倒映在水中，又是那么圆润、那么空灵。但是同学们，这如银的月光，这清澈的泉水，这一切的一切，对于双目失明的阿炳来说，只是一片什么？"王老师的语言很美，学生沉浸在诗一般的语言情境中，情感得到激发，思维得到拓展。在教师的引导下，学生一步一步地走近了阿炳，教师的一言一行对学生起到示范引导的作用，潜移默化地影响着学生。

3. 营造民主和谐的学习氛围

在现代课堂教学中，学生是学习的主体，教师充当引导的角色。学生所具有的主体能动性及丰富的创造潜力使他们在课堂中展现出令人敬重与钦佩的活力。正是这种富有生机的活力，使进行中的课堂连续不断地生成新的发现、新的感受、新的经验、新的收获。教师应将每位学生都看成具有独立人格和个性发展的主体，理解、尊重学生，创造平等的民主氛围，使每位学生都在原有基础上获得主动发展。

教师恰当地使用教学语言，有利于建立新型、平等的师生关系，从而营造民主和谐的学习氛围。随着新课程的推行，教师的形象不再居高临下。师生之间相互尊重，教师欣赏和理解每个孩子，教师通过语言让他们感受到教师对自己尊严和权利的尊重，感受到教师对自己学习方法、学习能力、学习效果的肯定，这样才会拉近教师与学生之间的距离，真正体现教师和学生"亦师亦友"的关系，而教师的语言艺术就是建立这种新型师生关系的重要媒体。

例如一次小学语文公开课上，老师请一名学生在黑板上写课题，这个学生小小的个子跷着脚，字越写越高，老师笑着说："你这是'一行白鹭上青天'啊！"

下面胆大的学生接话问："老师，他的字要是往下倾了怎么说啊？"老师反问："你们认为呢？"下面有学生接道："一江春水向东流。"精彩简捷、恰到好处的语言，营造出上下互动的课堂氛围，取得良好的教学效果。

4.巧妙应对教学突发事件

教学是双边活动，教学双方处于错综复杂的关系中，教学过程会由于意外情况而出现新的变化。例如当学生提出一些令老师意想不到的问题或因一个问题的讨论而出现喧哗的现象时，老师该如何处理以使课堂教学正常进行呢？这就需要教师具有应变能力、教学机制和语言艺术，能根据出现的新情况和学生的接受能力灵活地调整教学语言，用机智的语言巧妙应变，最终从容不迫地驾驭整个课堂教学。灵活而恰当地运用教学应变语，要求教师有敏锐的发现问题的能力与敏捷的思路，善于顺着学生考虑问题的思路找出症结所在，因势利导，运用恰当的教学语言点醒"梦中人"，三言两语使学生恍然大悟，从而使教学活动顺利进行。这要求教师要充分考虑学生的接受能力，对症下药，冷静机智，耐心和蔼，善于点拨调控，切不可因教学陷入困境而手足无措，指责学生。

上海特级语文教师万永富在讲授屠格涅夫的《麻雀》时，老师问："麻雀妈妈是怎样跟猎狗搏斗的？"学生说："这只老麻雀不一定是妈妈，也可能是爸爸。"万老师先是一怔，继而问道："同学们想一下，这个老麻雀到底是爸爸还是妈妈？"学生热烈讨论，万老师让他们讲出道理。一个学生说："因为我们小时候都是妈妈守护在身边，爸爸到外边干活，我想麻雀也应该是这样。"万老师听完，热情表扬了这位学生，并表示自己同意这样的意见。

万老师在教学中遇到突发的棘手问题，不发作也不正面回答，而是把问题反弹给学生，让学生讨论之后，再因势利导地做出正确解释。教师反守为攻的应变方式非常巧妙地解决了课堂教学中的突发事件，使课堂教学得以正常进行。

（二）促进学生能力发展

爱因斯坦曾经说："一个人的智力发展和他形成概念的方法在很大程度上是取决于语言的。"教师教学语言艺术的高低，不仅影响教师教学任务的完成、教学效果的优化，而且影响学生多方面能力的发展。教师使用规范的语言，对学生智力的形成和发展、语言习惯的培养、思维方式的培养、审美能力的培养都有重要的作用。

1.促进学生思维能力的发展

语言是思维的工具之一，是思维的物质外壳，是人类最重要的传递信息、交流情感的中介材料。语言和思维如影随形，相辅相成。思维决定着语言行为的内容和形式，语言表现着思维的动机和品质。因此，教师的语言水平直接反映着教师思维水平的高低。学生透过教师高超的教学语言艺术，可以探知到教师的思维进程，学习到思考问题的良好方法，体验到思维过程的快乐，从而激发思维兴趣，同时还能提高思维能力水平。

在教学中，好的语言会促进学生思维的发展：直观描述的教学语言以及生动形象的教学语言会促进学生形象思维的发展；理论概括的教学语言会影响学生抽象思维的发展。教师使用规范的语言，可以引导学生在思考问题、表达思想时严格地遵守逻辑，准确、严密地进行推理，做出正确的判断，从而有效地培养学生正确的逻辑思维。教师的机智语言能够活跃学生的思维，从而推动学生思维的敏捷性和灵活性的发展。

例如在一次文章小练笔中，教师发现有相当一部分同学对"美"的理解是不全面的：有的说"美"贵在永恒，不被时代淘汰；有的说"美"贵在合乎潮流，哪怕只是昙花一现。于是教师用一篇寓言开头讲解："彩虹看到弧形的石桥，向它说道：'我的大地上的姐妹，你的生命比我长久。'石桥回答：'你那样美，你在人们的记忆中必然是永恒的。'"在引导学生讨论之后，教师总结道："我认为彩虹和石桥都是美的。彩虹美在壮烈灿烂，美在短暂；石桥美在默默奉献，美在长久。美的内涵是丰富的，她的外延又十分广大。她丰富多彩，无所不在。我们不能因为有彩虹在，便鄙夷脚下的石桥；也不能因为踏上石桥，便不愿抬头看天上的彩虹。美，绝非一个简单的判断句所能包容。我们应积极地发现身边的美，包括美的事物、美的人格、美的生活、美的思想。不能因为喜欢蓝天的辽阔便排斥绿地的生机勃勃，不能因羡慕轰轰烈烈而忽视默默无闻。应在自己生活的时时刻刻中，自觉地追求美的语言、美的行为、美的心灵，用美的标准要求自己……"在讲解中，教师用具体的实例引导学生用辩证的思维一分为二地看待问题，有效地促进了学生逻辑思维能力的发展。

2. 促进学生语言能力发展

教师的教学语言不只是传授知识的工具，还是榜样——教师给学生做出了运用语言的最直观、最有效的榜样。教师的教学语言对学生语言习惯与能力的影响是日积月累、潜移默化的。教师语言要在语法、语用上起到语词、语汇含义的确认及其相互关系的区分，以及语句组织、语词运用的方法、规律的示范作用，在语言实践上起到语言运用方向和基本原则的示范作用。实践证明：学生受到言之成序、言之有理、言之动性、言之生趣的教学语言的长期熏陶，就会逐步产生对语言的浓厚兴趣，养成良好的语言习惯，进而在潜移默化中促进学生语言能力逐步发展，使之能够正确地运用词汇、语音、语调、语法等清晰地表达自己的思维和内心世界，并掌握灵活运用语言的本领，从而达到出口成章的效果。

（三）培养学生的审美情趣

苏霍姆林斯基指出："教师的语言带有审美色彩，这是一把最精致的钥匙。它不仅开发情绪记忆，而且深入大脑最隐蔽的角落。"优秀教师的语言具有美学特征，它包括准确简洁美、情感体验美、启发激励美、动态节奏美和幽默谐趣美。在教学过程中，教师的语言艺术有助于培养学生的审美情趣。一方面，教师艺术化的语言能够提高学生的审美意识和审美感知力；另一方面，教师审美化的语言能够提高学生的审美表达能力。

1. 提高学生的审美意识和审美感知力

教学艺术高超的老师其语言具有共同的特点：声音清亮，具有穿透力，听来十分舒服；语言丰富多彩，运用自如；简洁明确，生动形象，很有魅力；感情完全投入，声调的轻重缓急、高低快慢、抑扬顿挫的变化，总让人变得那么自然、那么优美……他们的语言犹如诗歌语言一般的精练，小说语言一般的生动，散文语言一般的优美，戏剧语言一般的传神、优美。教学语言本身就是十分丰富的审美材料。爱美之心，人皆有之，教师的语言艺术能引起学生的美感，将语言艺术融入教学过程中，使教学成为学生审美和欣赏美的对象，引起学生的审美感受。在教学活动中，教学语言的表达、教师的讲话速度及重音的变化等会给学生以美的感受；教师的行为美，如板书、手势的优美，都会给学生以美的熏陶。学生在完美的教学情境下，逐渐学会感受美、欣赏美、创造美，必将促使他们自觉地、积极地提高自己的审美意识和审美感知力。

2. 提高学生的审美表达能力

教师的语言比一般人的语言具有更高的美学价值。在教育教学过程中，教师为达到最佳效果而有效地调动自身的语言素养，娴熟恰当地使用各种语言技能、技巧，从而使语言本身的审美属性得以充分体现，教师艺术化的教学语言在潜移默化中促进学生审美表达能力的发展。

教师的语言美包括两个方面：一个是内容美，一个是形式美。内容美是指教师的语言深刻而富于哲理，充实而又含蓄，有令人豁然开朗的启迪性。形式美是指教师在遣词造句和修辞上显示高超的艺术，不满足于一般的规范化语言，要锦上添花，努力使自己的语言有建筑美、色彩美、音乐美。许多优秀教师的语言都具有语言美，富于审美性。因为它美，所以才动人；因为它美，所以学生才模仿；因为它美，所以学生才创造。教学语言的内容美和形式美令学生在欣赏的过程中陶醉不已，心旷神怡，引导学生主动尝试用审美化的语言表达自己的所思所想，逐步提高自身的审美表达能力。

第三节　教师运用语言技能的艺术性及教学活动意义分析

一、教师运用语言技能的艺术性

（一）情景烘托中的艺术性

创设情境是一种常用的教学方法，目的在于营造一种氛围，使学生更好地进入学习状态。一提起创设情境，有些教师很自然地想起相关的辅助器材，如多媒体教具、教学道具等。事实上，教师仅用语言就可以创设情境，烘托课堂氛围，激发学生的学习兴趣。

用语言创设情境有以下方法：

1. 要善于联系学生最常见的事情

教师在创设情境时，应该选取学生最常见的事情、场景，使他们产生共鸣。如果叙述他们不熟悉的事情，既达不到激发学生学习兴趣的目的，又要花费时间解释所叙述的内容，可谓得不偿失。

2. 要善于联系学生最感兴趣的事情

创设情境是为了烘托课堂氛围，激发学生的学习兴趣，因此教师应该联系学生最感兴趣的事情创设情境，比如结合时下最热门的话题，结合班级中最近发生的事情，结合学生经常谈论的内容等。

3. 要善于充分结合教材

教师所创设的任何情境都应该是为教材服务的，因此，教师在备课时一定要抓住教材的特点，使所创设的情境与教材内容契合，避免出现"两张皮"的现象，以致给学生不准确、不正确的引导。

4. 创设情境时应尽快进入主题

教师在创设情境时一定要尽快进入主题，去除不必要的铺垫，避免绕圈子。有些教师为了激发学生的学习兴趣，绘声绘色地讲了很多情境，但没有集中主题，使所讲内容离主题过远。一旦学生的思路出现教师没有预想到的情况，就很难拉回主题，而且浪费了宝贵的课堂时间。因此，教师在创设情境时一定要用最短的时间进入主题，避免出现离题万里的现象。

5. 情境要紧抓时代特点

教师在创设情境时，一定要紧抓时代特点。所描绘的情境应该尽量贴近时代，这样才能使学生产生置身于其中的感觉。有些教师在用语言创设情境时，所描绘的场景过于久远，学生们无法想象，就难以使他们产生亲切感，不能很好地体会教师所要讲述的内容。

（二）悬念设置中的艺术

"悬念"作为一种心理活动，是由于对所解决问题未完成而产生的心理不满足。在教学中，教师可以根据学生喜欢刨根问底的心理特点，适时创设一些富有戏剧性的"悬念"，将教学过程转化为学生不断追求、探索知识的心理需求过程。

有了疑问才有思索，才能激起学生主动学习的热情。教师应根据教材内容，抓住学生好奇心强的心理特点，精心设疑，制造悬念，用语言把他们带入一个神秘的境地，使他们处于一种"心求通而未达，口欲言而未能"的不平衡状态，进而引发他们的探索欲望，促使他们主动参与学习。下面具体介绍设置悬念的方法。

1. 适时激起疑问

疑问能造成学生的心理困惑，引发认知冲突，进而产生好奇心。教师在课堂上适时地用语言激起疑问，可以使学生因疑生趣，以疑获知。

这种通过语言设置悬念的方法，打破了学生原有认知结构的平衡状态，使学生充满热情地积极思考，将他们推到了主动探索的位置上。

2. 问话要巧妙、灵活

语言是一种艺术，设置悬念的语言更要讲求艺术性。一个恰当的、耐人寻味的问题可以点燃学生思维的火花。如果教师设疑的语言不够巧妙，如白开水一样平淡无味，就完全不能发挥聚焦学生注意力的作用。

3. 故意"露出马脚"

在教学过程中，教师故意设置学生易犯但又意识不到的错误方法和结论，可以让学生的思维产生错与对之间的交叉冲突，产生悬念，引导他们找出错误的原因。

（三）反问中的艺术

反问是引发学生思考的一种教学语言。反问又称反诘、诘问，只问不答，使学生的思考从老师的反问中开始，逐步深入，直至解开心头的疑惑。

例如在教授《苏州园林》一课时，有学生突然向教师提出问题："为什么文章说假山的堆叠，可以说是一项艺术而不仅是技术？"

教师想了一下，说："因为'艺术'包含着'技术'，'艺术'追求的层次比'技术'更高。文章的意思是说：假山的堆叠，不是简单地放置或黏合，而是要让人觉得有艺术性。联系下文的'或者是重峦叠嶂，或者是几厘小山配合着竹子花木，全在乎设计者和匠师们生平多阅历，胸中有丘壑，才能使游览者攀登的时候忘却苏州城市，只觉得身在山间'，我们就知道假山的堆叠艺术追求的是让人觉得这是真真正正的山。"

尽管这位教师费了很多唇舌解释，也解释得很透彻、很详尽，但仍然有许多学生听得一头雾水，不知其所以然。因为学生不是通过自己的探索得到的，没有动脑，所以没有全心投入，教学效果自然不尽如人意。

同样是这个问题，另一位教师的处理方法就完全不同。一个学生问："'假山的堆叠，可以说是一项艺术而不仅是技术'一句中的'艺术'和'技术'能互换位置吗？"

面对学生的提问，语文教师没有直接回答，而是说："这位同学很注意思考，能发现这一问题实在难能可贵。为什么'是一项艺术而不仅是技术呢'？"

学生听了开始窃窃私语，相互小声讨论。教师不动声色地看着学生讨论片刻后，有学生举手回答问题："我查了字典，'技术'是指有关生产劳动的经验和知识，也泛指操作方面的技巧；而'艺术'是指富有创造性的方式、方法。艺术是以技术为基础的。"

"句子中的'不仅'表明技术和艺术是递进的关系。"

此时，教师给出提示，引导学生进一步思考："大家再读一读下面的句子，想一想假山是怎样堆叠的？设计的目的是什么？"

学生听了教师的提示后想了想说："两个'或者'句告诉我们，如果单讲究技术的话，假山堆叠的时候就会杂乱无章，也不会用竹子花木等配合，就难以让人产生真实的山的感受，而讲究艺术则恰恰相反。"学生的回答五花八门，各具特色。他们在语文教师的反问中积极求索，通过独立阅读、分析，自己得出答案。这个过程是锻炼学生学习能力的过程，也是知识形成的过程。

在教学过程中，学生经常会提出问题。有些教师面对这些问题喜欢采用直接解答的方式，把答案直接交给学生。这种做法虽无不可，但没有给学生留下思考的时间，也没有给他们独立解决问题的机会，长此以往，学生容易滋生依赖性和惰性。与此相比，反问是一种更好的方法，把学生提出的问题再"抛"给学生，引导学生思考，让他们尝试自己解惑答疑。教师的这种语言方式会收到截然不同的教学效果。

通过上面两位教师的语言比较，人们不难看出：第一位教师的语言虽然清晰、明了，但把学生置于被动学习的地位，我有激发他们主动思考；第二位教师的语言简约、明了，虽然没有回答学生的问题，却只用了短短几句话就引发了学生的思考，把他们推到学习的主体地位上，让他们自己解答问题，教师语言艺术的魅力由此可见。

教学中应用反问的具体方法如下：

1. 在学生思路顺畅时设置反问

有时学生的思路过于顺畅并不是件好事，他们很可能忽略了某些问题。此时，教师可以针对某一点提出反问，让学生已放松的思维再次紧张起来，这有助于排除学生的潜在问题，避免他们出现不必要的错误。

2. 在学生思维逻辑混乱时设置反问

在学习某些问题时，学生的思维可能出现逻辑混乱。教师在此时提出反问，可以帮助学生厘清思路，引导学生跟着教师的提问一步步走下去，学生就会在脑海中建立清晰顺畅的思路。

3. 在难点、重点处设置反问

教师可以在教材的难点、重点处提出反问，这样能够加深学生的印象，使他们对重难点知识有更深的理解。

4. 在教师准备不足时设置反问

学生经常会在课堂上提出一些问题，这些问题可能让教师一时之间难以回答，如果直接回答"不知道"，会丧失在学生心目中的权威性。此时教师不妨提出反问，把"烫手的山芋"丢回给学生，让他们自己寻找答案，然后教师可以准备充足后再解答学生的问题。

（四）成功运用谜语的艺术

谜语是一种特殊的教学语言。在教学中，教师把富有哲理性、科学性的谜语，巧妙而恰当地引入课堂，会激发学生的学习兴趣。

这种方法根据学生的年龄特征激发他们的学习兴趣，既能调动学生的学习积极性，使他们的好奇心和求知欲由潜伏状态转入活跃状态，又能启迪学生的智慧，陶冶他们的情操，使他们的思维和推断能力得到发展。此外，对于活跃课堂气氛、调剂学习情绪也有很好的效果。但是，如果谜语过多，会造成学生思维疲劳，出现事倍功半的负面效果。

谜语导入法能激发学生的思维，充分调动学生学习的积极性和主动性。

湖南省某中学的刘老师在教学《神奇的眼睛》一课时，先给学生出了一个谜语是："上边毛，下边毛，中间一颗黑葡萄。"

学生对此表现出极大的兴趣，刘老师顺势导入新课。

浙江省某小学的许老师在教学《我的手》时导入的谜语是："一棵树，五个杈，不长叶子不开花，会写会算又会画，靠它建设现代化。"

学生很快就猜到是"手"，然后许老师又让学生做一做手的游戏，说一说手的用途，学生不仅对学习"手"产生了浓厚的探究兴趣，同时也体会到手的灵巧，许老师顺利地导入新课。

又如许老师在教学《流动的空气》一课时，先给学生朗诵了一首唐诗："解落三秋叶，能开二月花。过江千尺浪，入竹万竿斜。"

许老师对学生说："这首唐诗就是一个谜语，你们猜猜看，谜底是什么？"

学生通过一句句分析猜出是"风"，然后他们把"风"这一自然现象和自己丰富的生活经验密切联系起来，找到了大自然中风的足迹，对风的认识逐步加深。

再如许老师教《空气》一课时，给学生出了一个谜语："看不见摸不着，无颜色无味道，动植物一刻离不了，看谁猜得准又快。"

当许老师说完谜语后，学生自然进入猜测谜语的最佳状态，有的学生不假思索地说"空气"，有的学生还问："空气怎么是这样的？动植物为什么离不开它呢？我们人类如果没有空气就不行吗？"

这个谜语源于学生的生活，是可利用的资源，也是学生科学探究空气的源泉。此时，一种探究科学的热情在学生心中油然而生，他们很快就进入了对新课的学习中。谜语导入法不但提高了学生的学习兴趣，还培养了学生合理想象的科学素养。

教师在教《蜘蛛》一课时，先出示谜语："南阳诸葛亮，稳坐军中帐，排起八卦阵，单捉飞来将。"让学生猜谜底，然后导入新课。

还可以通过让学生猜谜语"黑汉本领强，浑身闪闪亮，入炉放光热，工业好食粮——煤"及"大地冰雪谁融化——太阳能"等，导入新课"矿产资源""太阳能"等。

总而言之，猜谜语是学生感兴趣的活动之一。教师充满神秘的话语，可以让学生精神振奋，对课堂产生浓厚的兴趣。

（五）模仿中的艺术

模仿激发法是指在教学过程中，教师依据自己对文章的理解，通过有声语言或借助一定的道具，用动作、神情等手段，形象生动地表现教材内容，激发学生积极学习的兴趣，激活课堂氛围的一种课堂语言管理方法。在课堂上，教师运用模仿组织教学，可以促进学生的身心感受，激发学生学习的兴趣，提高他们的积极性，使学生踊跃参与到教学活动中来。在课堂上运用模仿激活课堂氛围时，应注意以下问题：

1. 模仿要符合学生的心理特点

模仿是一种教学艺术形式，是运用语言、动作、神情等表现手法调动情感，以最迅速的方式、最生动的形式使信息直接渗入学生大脑的方法。学生由于年龄原因，都好说好动，喜欢模仿，但不同年龄阶段的学生对模仿的需求不同，因此模仿的手法要形式多变，将学生引向一个妙趣横生的语言世界，诱导、激发学生积极的学习情绪。

2. 模仿不能流于表面形式

在教育教学实践中，有的教师由于对文本没有深入研读体会，或没有进行细致的教案设计，仓促进行模仿教学，产生了事与愿违的效果。这种模仿教学表面上看起来课堂气氛活跃，但只流于形式，达不到教学的预设效果。

3. 不能滥用模仿激发法

模仿激发法不是任何课文都可以运用的。一般来说，只有故事性比较强、人物形象比较鲜明的文章，才可以考虑运用模仿激发法。

在教学中，只要教师注意了以上问题，精心设计模仿教学，定会使课堂妙趣横生，让学生在欣赏惟妙惟肖的模仿表演的同时，深入到课文中，理解文章的深层内涵。

生动有趣的语言模仿可以极大地激发学生的学习积极性，活跃课堂气氛，因此教师应善于用之。灵活运用模仿激活课堂氛围的方法如下：

1. 单纯的有声语言模仿

在教学《狐假虎威》一文时，有位教师诵读课文，对于不同的动物给予了不同的语言特色。比如：狐狸在说话时，就用尖声尖气的声音；而老虎说话时，则用低沉粗犷的声音。学生听得聚精会神，一会儿哈哈大笑，一会儿万分紧张，完全被教师精彩的模仿吸引住了。

单纯通过语言的魅力激发学生学习积极性的方法，需要教师有很强的语言表现力，不同的角色用不同的语音、声调，用惟妙惟肖的表演使学生迅速进入课文情境之中。

2. 有声语言与肢体动作结合的模仿

在教学《小猴子下山》一课时，某教师一边用生动有趣的儿童语言阅读课文，一边用肢体表示小猴的动作，如用手"掰玉米""捧桃子""抱西瓜"，假装把东西放在肩上"扛着往前走"等。一年级的小学生在兴致盎然地倾听和观看老师模仿表演的同时，区别了"掰""捧""抱""扛"等不同的动作，对词义加深了理解，大大提高了学习兴趣。

这种方法是指教师在用惟妙惟肖的语言进行叙述的同时再加以形象的肢体动作进行辅助，这样能更好地吸引学生的注意力，更好地调动课堂气氛。

3. 有声语言与多媒体结合的模仿

有位英语教师在课堂上常放录音给学生听，然后模仿录音或电影中的精彩对话，用流杨、自然的语言，略加一些小动作（如果有条件的话，再配上一些小道具），生动、形象、逼真地再现录音或电影中的场景，以此激起学生学习英语的热情。

随着多媒体走进课堂，教师可以充分利用多媒体超越时空限制的特点，进行惟妙惟肖的模仿表演，使课堂教学变得生动、活泼、感染力强，让学生产生身临其境的感觉，从而提高学习兴趣。

（六）抽象概念中的艺术

很多学科中的概念虽然一字之差，但意义相差甚远。比如物理上的"速度"与"速率"，前者是矢量，既有大小，也有方向；后者是标量，仅指大小。再比如力臂是指"转轴到力的作用线之间的（垂直）距离"，而不是指"转轴到力的作用点之间的距离"。这些例子要求教师在语言的科学性、准确性方面要特别注意。

自然科学的性质要求教师注意语言的逻辑性。比如在讲"光的反射"时，不能说"入射角等于反射角"，而应说"反射角等于入射角"。因为反射角的大小是由入射角的大小决定的，两个角之间具有因果关系。

在不违背科学性、逻辑性的前提下，教师应尽量用学生容易掌握的语言描述科学规律，把一些抽象问题具体化，提高学生学习自然科学的兴趣。教师在教学过程中，需要注意语言抽象化的三点要求：

1. 以观察和实验区分抽象与具体化

一些老师在语言上缺乏严谨性，常会给学生带来错误的认知。例如有的物理教师将"物质的密度"讲为"物体的密度"，很显然，这是不科学的。因为密度是物质的一种性质，物质不同，密度一般不同。这样抽象的讲解，会让学生产生"密度是物体的一种性质"，"物体"不同"密度"不同的错误认识。

2. 摒弃死记硬背法

在涉及重要的概念和规律时，有些教师情不自禁地要求学生课后将其记住，最好背诵下来。这样一来，部分学生便会毫不思索地将其"记"下来，而不注重理解和应用。虽然培养了学生的记忆思维，却忽视了培养学生应用知识解决实际问题的能力。这种抽象记忆法是学生学习的一大禁忌。

教师在教学过程中的主导作用指教师的教学语言在很大程度上具有启发性和引导性，通过具体事例，引导学生的思维方向和学习方法，使他们能把抽象的概念和规律转化为可以理解和应用的能力。

3. 用形象的比喻和趣味性增强对事物的具体认知

把抽象的概念具体化，可以用形象的比喻提高趣味性，从而提高学生的具体认知。

例如对欧姆定律"导体中的电流与导体两端的电压成正比，与导体的电阻成反比"的讲解，教师采用找"主干"、添"枝叶"加"限制"、明"条件"的方法为学生进行分析，加深他们的理解与把握。

首先，找主干。电流跟电压成正比。

其次，添枝叶加限制。电流是导体中的，电压是导体两端的，电阻是导体本身的。

最后，明条件。欧姆定律只适用于同一导体或同一段电路。

这样就可以增强学生对定律的理解。

再比如学生对"原子的结构"并不熟知，教师做出如下比喻：原子就像桃子，桃核相当于居于原子中心的原子核，果肉相当于核外的电子。这样一来，学生可以借助桃子熟悉的"模型"，理解抽象的"原子核结构"了。

教师的教学水平由知识水平、教学方法和教学语言三个主要因素决定，三者缺一不可。因此，提高教学语言水平值得每一位教师重视。教师平时在精心钻研教材的基础上，还应该多注意加强语言文学修养，关注生活细节，在讲解抽象的概念时，尽量用学生容易感知的具体事物呈现出来，使课堂教学得心应手，妙趣横生。

1. 善于联想

抽象的定理、定义等概念性知识是客观存在的，教师必须要严肃地对待它，但让学生干巴巴地接受，就有可能达不到教学效果。让知识具体形象起来的途径之一是利用丰富的联想力，把此知识和彼事物联系起来，通过具体直观的事物，让学生轻松感知、理解和把握。

2. 广泛阅读

教师平时要大量地、有目的地阅读有关报纸、杂志等，注意搜集、积累具体形象的素材，如阅读散文、小说、诗歌、科普读物等，从中搜集、积累与学生联系密切的，又有一定科学价值的素材。另外，在日常生活中注意观察与学生生活紧密相关的学科问题，通过科学、合理的具体化，使之成为可利用的学科材料。

3. 善于钻研

教师除了要学习本学科知识之外，还应学习自然辩证法、教育学、心理学、语言学、逻辑学等学科，并将它们的思想方法与教学实际相结合，从而提高自身的理论修养。只有教师的素质提高了，才能使课堂语言表达更加生动、准确、条理清楚，富有哲理性和感染力。

4. 把赞美落实到位

在课堂教学中，教师把爱心、尊重、微笑、激励带进课堂，创设一个宽松平等的学习环境，非常有利于师生之间的互动、交流与合作。

教师的情感对学生有直接的感染作用，教师的情感语言应建立在心理相容和情感共鸣的基础上。这就要求教师的课堂教学语言要富有情感，根据课堂教学的实际情况运用语言技巧，创设轻松、和谐的情境。

抽象的知识总会给学生一种空洞的、看不见摸不着的感觉，容易让他们丧失学习的兴趣，产生逃避心理。教师应努力转化抽象知识，让它们以学生容易接受的"面孔"出现，从而提高教学效率。

（七）趣味教学中的艺术

每位老师都想让自己的课堂出现这样的教学情境：教师讲得有趣，学生学得有味，让学生有"唯恐聆听之不周，不知铃声之即响"之感。要想达到这种境界，需要教师具有独特的语言艺术魅力。

课堂教学是实施素质教育的主渠道，教师良好的教学语言艺术是提高课堂教学质量和效率的重要保证。在整个教学过程中，语言艺术是灵魂，只有在良好的语言艺术基础上，理想的教学效果才能得以实现。

要想达到这样的效果，应该做到：时刻注意增强语言的趣味性，让学生一字不漏地听进去。

那么，如何使课堂语言充满趣味性？

1. 趣味性提高可从语言的变化能力入手

首先，声音的变化。声音的变化是指教师讲话的语调要有轻重缓急、抑扬顿挫，这些变化在吸引学生注意力方面具有显著效果，可以使教师的讲解、叙述更具有戏剧性。讲话速度的变化是吸引学生注意的重要因素。当教师从一种讲话速度变为另一种速度时，学生分散的注意力会马上重新集中起来。在讲解或叙述中适当加大音量、放慢速度，可以起到突出重点的作用，如果再加上手势、表情的变化，效果会更好。

其次，语句的停顿。停顿在特定的条件和环境下传递着一定的信息，也是引起学生注意的一种有效方式。在讲述一个事实或概念之前做一个短暂的停顿，能够有效地引起学生的兴趣。在讲解过程中插入停顿，可以起到同样的作用。

2. 趣味性教学可从提高语言的感染力入手

在学习过程中有意设置困难，激起学生的疑问，充分发挥教学语言的启发性和感染力，也是激发学生兴趣的重要方法。因此，教师要善于激发学生，引导他们发现问题、解决问题。

除了以上介绍的方法之外，还要求教师在平时教学中多练习，不断提高语言的感染力，尽量让学生想听、爱听，从而形成有魅力的课堂语言。

二、教师运用语言技能开展教学活动意义分析

科学技术迅猛发展的今天，社会的各行各业都在经历着前所未有的变革，教师所从事的教育事业也不例外，特别是在国家实施新一轮的课程改革后，最先做出反应的是教师，教师要迅速抓住课改的主旋律，从被动变为主动，改变以往教学中存在的不合时宜的传统和常规。社会的发展越来越注重人性化，教学要以培养学生的健全人格为前提。新的课程改革和教育理念都注重强调"以人为本""关注学生个体""尊重学生主体"等，这些新的教育教学理念呼唤教师要迅速转变自身的角色。作为教育教学中一个极其重要元素的课堂教学语言，也毫无疑问地要与时俱进。

（一）有利于提高教师课堂教学语言的艺术性

教学语言是教育教学活动的基本依托和存在形式。语言教学很大程度上是一种情感过程和生命过程。

艺术其实是个极其富有魅力的字眼儿，它带给人的是全身心的愉悦。如果说课堂教学本身就是一门艺术，那么，它首先表现出来的就是教学语言的艺术，教学效果的好坏是和教学语言密不可分的。苏霍姆林斯基曾鲜明而深刻地指出："教师的语言修养在极大的程度上决定着学生在课堂上的脑力劳动的效率。"

我国伟大的思想家、教育家孔子曾经说："工欲善其事，必先利其器。"如果将"课堂教学"比作"事"，将"教学语言"比作"器"的话，如何利其器将是每一位教师都面临的一个难题。教学语言本身是一门学问，里面蕴含了许多科学性、规律性的知识。如何提高教学语言的艺术是有一定规律可遵循的。

（二）有利于营造课堂气氛，提高教学效率

课堂教学所面对的文本，相对于日益发展的科技信息，显得有些枯燥无味，

因此学生在学习过程中很容易丧失学习兴趣。教师如果想让教学取得成功，就要用自身的人格魅力把学生吸引到课堂上。教师的课堂教学语言要有抑扬顿挫的激情，要彰显幽默风趣的机智与才华，在此基础上语言简约利落、优美流畅。学生在充满审美意义的课堂上学习，注意力会更加集中，思维会非常活跃，求知欲望大大增强，学习的兴趣被激发，此时学生的学习是主动的，他们一边欣赏老师的语言，一边获取知识，在语言的艺术氛围中实现了和老师的思想、情感交流，学习效率自然会不断地提高。

失败的教学中，学生的学习是消极被动的，是被灌输的对象，是书本的奴隶。教学始终不能忽视的是，教学对象是一群有个性的、生动活泼的、充满生命活力的独特个体，教师的任务是让这些鲜活的个体扬长避短，经历自己独特的生命体验，而不是让所有的学生在教育的熔炉里锻造成整齐划一的模型。每个人都有自己特定的生活环境、成长背景、情感世界与精神世界。课堂教学要求教师在运用教学语言时，需要讲求艺术性。课堂教学中，师生之间是一种平等的对话关系，这样学生的学习才会由被动转变为主动，从而将文本的内容理解得更加透彻。

例如在分析小说中的人物性格时，教师没有必要苛求学生要有统一的看法，应当允许持不同的看法。以外国小说《项链》中的玛蒂尔德为例，有的学生会根据文章的表述得出玛蒂尔德是一个爱慕虚荣的女人这样的结论，有的学生会就玛蒂尔德偿还项链这一点挖掘她诚实、质朴、守信、吃苦耐劳的一面，还有人争辩她去参加舞会不光是爱慕虚荣，也是她热爱生活、有所追求的写照。因此，教师在课堂上要善于把问题抛出去，引导学生自由民主地发表观点，教师把握学生讨论的动向，及时点拨规范语言，这样做既拓宽了学生的思维空间，又鼓励了他们个性化的思考和表达。

（三）有利于提供语言示范，形成教学风格

教师，是为学做人的模范，是表率。教师的行为，尤其是语言，起着重要的示范作用。心理语言学的研究认为，社会语言范型对学生语言发展具有重大的影响。学生的语言范型就是教师语言。一般来说，人们学习语言获得语言能力，大都是通过观察和模仿，在有强化条件下进行的，而学生模仿的主要对象无疑是承担着教书育人任务的教师。特级教师斯霞曾说："教师的语言应该成为学生的楷模，要使学生学会普通话，说话口齿清楚，咬字正确，声音响亮，语言完整，简短扼要，用词确切，那么，教师自己首先要做到这些。""我们绝不可低估教师语言对学生语言的影响，这也是一种'潜移默化'。"特级教师于漪说："教师带领学生学

习规范的书面语言，如果自己的口头语言生动、活泼、优美，就能给学生以熏陶，大大提高学习效果。"

在教学中，教师要逐步形成自己的教学风格。教学风格是指教师在长期教学实践中逐步形成的、富有成效的、一贯的教学观点、教学技巧和教学作风的独特结合和表现，是教学艺术个性化的稳定状态之标志。形成独特的教学风格是一名教师走向成熟的重要标志。教师的教学风格是否形成，要看他的教学语言是否形成风格。教师依靠语言吸引学生，凝聚学生的注意力，教师也正因为有了准确完美、幽默风趣的语言，才成为学生学习的榜样，受到学生的尊敬和爱戴，才能开启学生情感和智慧的大门，形成良好的学习风气。学生在好的语言环境中学习成长，学生的语言能力会随之提升，正所谓"蓬生麻中，不扶而直"。受到良好语言熏陶的学生学习热情高涨，这会给老师带来精神上的满足，一种良性的相互激励的态势就会自然形成，其发端是教师艺术化的教学语言。

（四）有利于培养个性主体，表达人文关怀

新课程改革更加注重"以人为本"，教学要体现人文关怀。教育是培养人的活动，文学即人学，能让学生在审美的氛围中快乐地学习，感受祖国语言文字的无限魅力，应是教育工作者的追求。教师的责任就是让课堂充满人文关怀。

第四章 教师语言技能培养策略探究

第一节 预习环节：教师导入语运用技能

一、导语的作用

导语是开场白，是为了引导、启发所运用的语言。好的导语能把分散的思维聚拢起来，能给人以启迪，也能提高人们活动的积极性。就课堂教学而言，一节课的成功，关键在于是否调动了学生的学习积极性，而导语正是激发学生学习兴趣和求知欲望的一个重要环节。甚至可以这样说，好的导语可以让教师的教学活动达到事半功倍的效果。

（一）激发学生兴趣

教师设计的导语如能使用贴切、精练且符合课文情境的语言，则能激发学生的求知欲望，引发他们浓厚的学习兴趣。有位老师在上《项脊轩志》这一公开课时，为了缓解学生因听课老师多而紧张的情绪，设计了猜谜语导入新课的方法。他在黑板上写下"衣锦还乡"，让学生猜明代一位作家的姓名。这一举动很好地调动了学生的兴趣，使他们纷纷投入到思考中。没多久就有学生猜到答案是归有光，没猜到的学生也在那一刻恍然大悟。教师的这一导语设计赢得了学生们热烈的掌声，也为教师赢得了介绍作者的最佳契机，使课堂教学在轻松自由的氛围下有效地进行下去。这一设计也很好地印证了一句俗语：兴趣是最好的老师。学生只有对所学内容产生兴趣才能学有所得、学有所成，因此教师应根据教学的需要，采用适当的导语设计，或使用富于表情的语言，或叙述一件事，或展示图片、播放音乐等，以此来激发学生的兴趣，使学生在愉快和谐的氛围下做到有效、深入地学习。

（二）开拓学生思维

"我们已经知道磁体或电流的周围有磁场，而磁场对放入其中的磁体有力的作用，既然电流能产生磁场，那磁场对电流有没有力的作用呢？今天我们要对此做一个探究。"优秀物理老师陈丽秋在上"磁场对电流的作用"时，设计了这样的导语，紧接着通过实验演示证实了磁场对电流有力的作用。"那我们不禁要问，磁场对电流的作用力是怎样的？这个力的方向与哪些因素有关呢？"陈老师提出问题后让学生分组讨论，这一举措不仅让学生巩固了已学知识，更重要的是开拓了学生的思维，让他们学会如何进行知识迁移与拓展。这个例子很好地证明了好的导语能启发学生的思维，开拓其思维的广阔性和灵活性。思维是各种能力的核心，课堂教学对培养学生的思维能力应尤为重视。鉴于此，教师可以在导入新课过程中，采取多种形式，如采用设问、讨论、质疑或制造悬念等，这些形式都能启发学生思维，开发学生智力。因此，导入新课也是一种培养学生思维能力的创造性活动。它不仅能够启发学生从不同的角度来思考问题，还能培养学生思维的灵活性和广阔性，使学生在思维过程中体会到思维的乐趣，保持高昂的学习兴趣。

（三）集中学生注意力

优质的导语能集中学生的注意力，这一点是有目共睹，或者说毋庸置疑的。导语是教师在一个新的教学内容或教学活动开始时，为引导学生进入学习所使用的一种教学手段。无疑，教师设计导语有一个很明确的目标，就是集中学生的注意力，让学生能很快进入教学行为。带着这一目的进入课堂的教师，会根据课文的具体特点或当时具体的情境等设计适宜的导语，因为老师们都十分清楚：只有把学生的注意力集中到自己这里，他们才有可能学到知识；只有学生对导语产生兴趣，因导语集中注意，才能促进课堂教学的双向交流，为教学内容的有效讲授做铺垫。

（四）创造课堂活跃气氛

一堂优秀的课绝非教师一个人一讲到底，即使他的水平再高、知识再渊博。课堂需要的不仅是老师，更需要学生的参与和互动。好的导语能活跃课堂学习氛围，激发学生学习的积极性。一位物理老师在讲授圆周运动向心力公式的应用时，课堂一开始便给大家做了一个魔术表演。他拿出自制的"水流星"装置（一个一次性透明塑料杯、一米左右长的细绳，在杯口处均匀打三个小洞，用细绳系好），往杯内倒半杯水，然后开始表演。"水流星"在竖直面上下运动而一滴水都没有流出。这一现象让学生的情绪立马高涨起来，随后老师让学生上台演示，并在表演结束后不失时机地抛出了问题："水流星"在最高点时，杯口朝下，为什么水却没有流下来？在这类导语的引导下，学生们很乐意也很容易投入到思考与讨论中，课堂气氛也必然会活跃起来。在教学实践中，无论什么样的导语，只要用得规范、符合教学情境，都会给学生创造出轻松、活跃的氛围。

（五）明确学习目的和要求

一堂课的开讲，犹如小提琴演奏，第一个音符就定下了乐曲的基调。有经验的老师非常重视导语的设计，他们不是哗众取宠般只为吸引学生注意，而是要让其所设计的导语在集中学生注意力的同时揭示教材本质问题，他们用简洁的语言引导学生迅速了解一节课的教学目的、主要内容、学习重难点等。好的导语可以对教学起到画龙点睛的作用，使学生一开始就能明确学习任务。"有研究表明，当教师花一点时间与学生讨论他们在这一节课要达到什么教学目标或这一节课的活动结构安排，或教师清楚地下达指令告知学生将要做什么时，学生的注意力会更加集中，也会试着合理地分配自己的注意力"。而告诉学生教学目标及安排的最佳时机就是一节课的开始，所以教师要在导语中把这些信息都传递给学生。因此，有效的导语新课可以明确学生的学习目的和要求，为学好新知识营造良好的氛围。

二、导语的类型

现实中我们经常看到，因为立场不同、角色不同，人们对待同一件事物会做出不同的反应，就像"一千个读者眼中就会有一千个哈姆雷特"一样。导语设计也是如此，它没有固定的方法，即使是同一篇课文，不同的教师也会使用不同的方法。教师根据所教学生的整体特点，结合教学内容、教学情境，采用灵活多样的方法设计导语。而随着教学技能的日趋完善，教师所使用的导语类型也越来越多。按教师口述形式的不同可将导语分为单向表述式导语和双向交流式导语；而按导语表现形式的不同来分，则可以把导语分为形象性导语、情感性导语、趣味性导语和知识性导语。导语分类的方式还有很多，这里主要从上述两个方面加以阐述。

（一）依据教师口述形式的不同分类

口头表述是教师进行课堂教学最基本的表述形式，而单项表述和双向交流又是教师口述的两个最主要的形式。随着发挥学生主体性地位呼声的提高，双向交流的方式逐渐转为教师口述形式的重点。不论哪一种形式，它都是不可或缺的，都对教学行为有着不可取代的推动作用。

1. 单项表述式导语

单项表述式导语，顾名思义是以教师一个人口述为主的导语，它主要包括演讲、朗诵、叙述等形式。这种导语主要适用于语文、历史、政治、英语等富于情感或意境的课堂教学。教师通过有感染力的演讲、有节奏的朗诵或者简单的平铺直叙向学生传递文章表达的情感、内容，为学生把握整篇文章的基调起到很好的指导作用。

比如有位老师在教授《荷塘风起》时所使用的导语："大自然，这个充满母性色彩的名字，包裹了多少美妙的感动！当我们走进大自然的怀抱，沐浴着温暖的阳光，呼吸着清新的空气，聆听着潺潺的溪水，欣赏着醉人的绿色时，微风拂面，鸟儿欢唱，看万山红遍、层林尽染的景象是何等的心情！今天就让我们走进大自然的怀抱，一起去探寻颜元叔笔下的那一汪荷塘。"这一导语运用排比、拟人等修辞手法，语言细腻柔美，韵味十足，让学生很容易沉浸其中，体味大自然的美妙与醉人。毋庸置疑，它也为学习《荷塘风起》奠定了感情基调。其实这样的例子在课堂教学中比比皆是，因为它能最简便、快捷地向学生传递文章表达的内涵与意蕴。

很多优秀的一线老师使用单项表述式导语之所以能取得很好的教学效果，是因为他们会视具体课文的需要、学生的特点而使用。如果教师面对的是一群年级较低、知识储备不足的学生，使用这种方法很可能会适得其反，让学生搞不清楚状况。这也就提醒教师们，在使用单项表述式导语时一定要选准课文、选对学生；口头表述时把握正确的节奏、语调。只有这样，才能让单项表述式导语充分体现它的效果。

2. 双向交流式导语

双向交流式导语主要是指在导语中融合着师生之间的交流，多以对话的形式出现。在课堂上常见的提问、讨论、辩论等互动方式都是这类导语的表现形式。这类导语能加强师生之间的交流，使教师直观地感受学生的学习情况。与此同时，它还能调动学生的兴趣、集中学生的注意力。教学中这类导语使用范围广、频率高，可以说被教师们熟练使用。下面就举个例子简要地说明一下：在一节生物课开始时，教师让每一位学生用右手手指轻轻按在左手腕桡骨右侧，摸到脉搏后，教师向学生说明脉搏跳动与心脏跳动是一致的，然后要求每个学生数一下自己每分钟脉搏跳动的次数。半分钟后停止，分别统计每分钟脉搏跳动 80 次及 80 次以上的人数，70 ~ 79 次的人数，60 ~ 69 次的人数，60 次以下的人数。统计完毕之后，教师问："为什么大家都静静坐在教室里，而每个人的脉搏跳动次数却如此不相同呢？"同学们回答不出来，默不作声。教师说："这就是我们本堂课的教学内容：心率和心动周期。"在互动中，学生自然而然地由最平常的脉搏转向对心率和心动周期的学习，这一深入浅出的方式，为教学赢得了轻松自由的氛围。

综观这两类导语，双向交流式明显比单项表述式导语适用范围广。不过，无论使用哪一类导语，教师都要视课文具体的类型、情境，学生的整体水平、心理素质等做设计。教师的巧妙设计、灵活运用是教学成功的必要条件。

（二）依据导语表现形式的不同分类

表现形式是事物表现出来、被人们感知的外部形式。针对多种多样的导语，根据教师使用时呈现出的外部特征，主要将导语分为以下四类：

1. 形象性导语

形象性导语是教师所使用的通过有形象感的方式导入教学的一类导语，比如做实验、呈现实物、展示挂图、播放视频以及使用能够引起学生头脑中形象活动的语言活动等。这类导语的最大特点就是直观、明了、清晰，易于学生理解。

2. 情感性导语

通过创设一些能够激发学生学习热情的情境，如采用多媒体或教师使用极具激情的语言等，引发学生对教学内容产生激情的导语被称为情感性导语。情感性导语主要分为三类：情境式导语、情节描述式导语和悬念式导语。

（1）情境式导语

学生情感的触发，往往与一定的情境有关。因此，教师在设计导语时可以根据教材的具体特点创设情境，让学生置身于特定的情境之中，深入体验教材内涵。著名语文特级教师李吉林在教授《卖火柴的小女孩》一课时设计了这样一段导语："除夕之夜，天冷极了，小女孩又冷又饿又累，她孤零零地在雪地里走着，最后就坐在了墙角里。这样冷的天，坐在雪地里，那该多冷啊！于是，她擦着火柴来取暖，借着微弱的火柴的光亮，她展开了美妙的幻想。"教师富有情感的语言，把学生带入课文悲惨情境的同时让学生看到了一丝希望，增强了课堂交流的艺术效果，使学生的思想得到了升华。

（2）情节描述式导语

教师运用生动的语言或者借用其他手段创设情境，对课文的情节进行直接描述的导语被称为情节描述式导语。这类导语主要适用于情节性较强的课文，能把学生的兴趣直接引到课文上来，使学生的思想感情产生共鸣，有一种吸引学生亟待接触课文的诱惑力。有一位语文老师在上《海滨仲夏夜》时就采用了这样的导语："我很喜欢听《军港之夜》这首歌曲。大家如果愿意，和我一起唱，好不好？"学生高兴地答："好！"于是教师起音，师生一起唱歌。歌声甜润，旋律优美。大家沉浸在那静悄悄的大海美丽的夜色之中，回味着那甜美的微笑。随着歌声的停止，教师根据歌词的内容，对大海进行绘声绘色的描述，然后问学生："你们有谁见过大海吗？如果没有，我们现在就跟随作家峻青一起去领略大海的壮观景象吧！"随之教师在黑板上写出《海滨仲夏夜》的课题。教师使用生动且富有情感的语言，描述并创设了与课文相似的情境导入新课，自然而然地把学生带入课文所描述的情境中，学生仿佛身临其境，从而更好地把握课文的整体基调。

对情节描述式导语还需强调一点，教师对故事性较强的课文也多采用这种方式导入新课。他们把课文中描述的情节用自己的话概括总结出来，以故事的高潮或转折点为切入点，让学生带着兴趣走进课文，为学生把握课文内容创造条件。这类导语很常见，这里就不再举例说明了。

（3）悬念式导语

悬念式导语通过疑问、矛盾、问题等形式，调动学生思维活动的积极性和主动性，激活学生的求知欲。这类导语很容易让师生之间产生思想共鸣，使课堂教学趋于艺术化。

3. 趣味性导语

兴趣是最好的老师。学生只要对所学的内容感兴趣，自然而然地就会去听、去学、去思考。而一节课调动学生兴趣的最佳时机就是导入阶段，因此现在越来越多的教师开始使用趣味性导语，即一种通过不同方式激发学生兴趣的导语，力求在传递知识的同时，为课堂营造一个轻松自由的氛围。运用多媒体手段创设极具趣味的情境或通过讲故事的方式导入新课，在教学实践中颇受教师的喜爱和追捧。因为这类导语符合学生的接受心理，教师可以借此加强与学生之间的互动与交流，同时营造活跃的课堂氛围，进而推动课堂教学的有效进行。所以，能熟练地运用这类导语便能达到一箭三雕的作用。

4. 知识性导语

知识性导语注重基本知识的传授，教师通过对教学知识的使用来改变学生的知识水平和认知能力，以直接提高学生对课文的感知与理解。教学中经常使用的知识性导语主要有三类：

（1）复习式导语

温故而知新是人们坚信的一种观点。我们所学习到的新知识又有哪一样不是从旧知识那里发展而来的呢？复习式导语就是在导入新课时，组织学生复习以前学过的知识，并对那些对新课学习有帮助的旧知识加以概括，从新旧知识的联系中抓住它们的不同点，并适宜地提出即将研究的问题。

（2）背景介绍式导语

为了让学生对文章有更准确的把握，很多教师通过导语向学生介绍课文所反映时代的背景。因为他们认为文章是客观事物和社会生活的反映，教师开篇介绍背景，不仅可以反映当时的社会生活，表达作者思想，还能丰富学生的知识，扩大学生的视野。

（3）依文解题式导语

依文解题式导语应该说是一种更为直接地通向课文内容的导语。教师不用什么特别的技巧进行设计，而是直接分析题目进入课文。语文老师翁君君的《师说》导语设计就是这类导语的代表："说，是古代论说文的一种，是申说事理的文章，有的偏重于叙事，如柳宗元的《捕蛇者说》；有的偏重于抒情，如周敦颐的《爱莲说》；有的偏重于说理，如韩愈的《马说》。今天我们这篇课文是偏重于说理的'说'。"这则导语从题目中的"说"切入，教师分析"说"的风格，让学生对这一文体有了更直接、明了的认识。

第二节　授课环节：教师讲授语运用技能

"讲授"在《现代汉语词典》中被解释为"讲解传授"。它是指教师以语言为载体，向学生传输知识信息、表达思想感情、启迪学生心智、指导学生学习和调控课堂活动的一类教学行为。简言之，就是教师在课堂教学中以全班学生为对象，系统讲解和传授科学文化知识的教学行为。

一、讲授的作用

讲授曾一度被认为是教师根据主观愿望向学生单方面灌输知识的行为，也因此有段时间让教师上公开课的时候"谈讲色变"，没有人敢使用，也没有人愿意使用。讲授真的就一文不值吗？答案必然是否定的。随着人们对教学过程认识的加深，人们发现讲授的作用愈发不可取代。它用精练的语言准确地提示教学内容的重点、本质特征和知识间的内在联系，在潜移默化中使学生学会运用已有的知识同化新知识，并逐步掌握认识问题和解决问题的方法。

（一）充分发挥教师的教育功能

语言讲授是教师最常用的一种教学行为方式。"三分之二律"对于很多教师是不陌生的，美国教学研究专家弗兰德斯在大量的课堂观察研究基础上提出：课堂时间三分之二用于讲话，讲话时间三分之二是教师讲话，教师讲话时间的三分之二是向学生讲话而不是与学生对话。这一理论也被我国的专家证实，也就是说，讲授平均占课堂时间的65％。教师借助讲授向学生传授课文知识以及在潜移默化中影响学生的人生观、价值观。学生在教师的讲授中，不仅接受了知识，还可以感受到清新的学术见解、深邃的思辨哲理、丰富的情感意念和独特的气度风范，潜移默化地受到感染和熏陶，吸取智慧和力量，使智商和情商都得到开发，讲课的效应甚至可以影响到他们未来的事业和整个人生。很明显，讲授不仅是对学生进行智育，也在一定程度上完成了德育。因此我们说，讲授充分发挥了教师的教育功能。

（二）快速大量地传授系统知识

教师都是经过专业训练、拥有相对丰富和扎实基本功的人。他们往往能站在本学科的前沿来理解课程的教学内容，懂得抓住学生的基本特点进行教学活动，对于较难理解的文章，教师讲课能结合实际做深入浅出的讲授。因此，在同等的时间里，学生从讲授中获得的信息量远远大于通过自己阅读所得。讲授除了传递的信息量大以外，它的传递速度也非常快。教师通过近距离的单向信息传播，能在干扰较少的状态下将信息快速地教授给学生，使学生对教学内容的理解与接受有最直接的感触，推动他们更深入地学习。

（三）及时提出、解决课堂问题

语言讲授之所以成为教师偏爱的教学方式，除了上述两个优势外，它还能让教师方便、及时地向学生提出问题，指出解决问题的途径。有问有答，教学才能有序地进行。除了教师提问，学生也可以很自如地在教师的讲授过程中提出自己的疑问。在很多名师访谈录中，经常会听到一些老师说"学生的回答让我出乎意料""我备课时完全没有注意到这个问题""学生这一新奇的观点让我突然有了新的想法"等。讲授可以让教师在发现问题后当机立断、随机应变，对内容、方法、进程等做出相应调整，因为它不需要太多的形式束缚。

二、讲授的类型

讲授在教学实践中可以说是一种最基本、最常用的课堂教学方式，几乎所有教学活动都离不开它。也正因为如此，讲授形式变得灵活多样。多样的表现形式究其根本主要有四类：讲述、讲解、讲读与讲评，下面将一一介绍。

（一）讲述

讲述是指教师在向学生叙述教材内容、叙述事实材料或描述所讲对象时所采用的一种方式，更是教学中传播知识的首要方式。教学中，需要把知识产生的经过即学科中所涉及的自然界和人类社会中的现象发生发展变化的过程讲给学生听，需要把人物的经历讲给学生听，需要把某种方法、技巧教给学生，需要把使用方法传给学生。所有这些，都离不开教师的讲述。

（二）讲解

讲解是向学生解释和论证原理、公式概念和定理规则等，讲析和解说合在一起，称为讲解。教师可以通过口头讲解阐释概念的内涵和外延、分析现象或解释事物成因。

讲解在教学中出现的频率很高。教师通过这种方式可以教授任何学生未知的事物，因为讲解的内容基本上都是必然成立的事情，它是传递知识的一种很快捷的方式。

（三）讲读

讲读是把读、讲、练等一系列活动结合起来，达到对某一材料的理解。这种方法的主要特点是讲与读交叉进行，既有教师的讲与读，也有学生的讲与读，关键是"讲读结合"。这就要求教材和资料的可读性要强，教师必须重视并认真指导学生进行有效的阅读。讲读方式主要运用于文科教学中，因为讲读要求讲与读的结合，强调对情感的把握，这也就使其使用范围有了限制——主要针对情感性较强的文章，如《背影》中包含着深厚的父子之情，教师通过讲读可以让学生对文章有自己的把握并对文章进行更深入的体味。所以说，讲读可以加深学生对这类文章的理解。

（四）讲评

教师采用口述方式评价判断好坏美丑、成败得失，称为讲评。讲评在讲授的过程中经常使用。讲评最能体现教师的个人意见和观点，具有较强的教师主观色彩。

三、讲授艺术运用方法

讲授虽然是教学中最常用、最普通的教学方式，但并不意味着怎么说都行。教师要想吸引学生的注意力，出色地完成教学任务，学会艺术地运用讲授方法是不可或缺的。

（一）语言生动简练

语言是思维的外衣、交流的工具。课堂讲授主要是凭借语言传授知识，教师必须重视讲授语言艺术。它要求教师除了要达到最基本的清晰、流畅、准确、通俗易懂及速度适中等标准外，还要注重达到精练生动的美感享受。这就要求教师在讲话时句子尽量要短，一句一句地把意思说清，但又不能琐碎，使人抓不住要领，更不能带口头语，老是"啊""是吗""懂不懂"等，让人听得厌烦。除此之外，教师还要注意使用抑扬顿挫的语言，避免使用平庸呆板的话语，语言不生动让人产生形同嚼蜡的感觉，这样不利于教学的有效进行。语言生动简练是对教师有效教学最基本的要求，也是教师随着阅历经验的积累以及练习次数的增多所能完善的。

（二）讲授清晰确切

一堂课45分钟，教授哪些知识、怎样安排教学顺序等，教师都必须心中有数。否则，想到哪儿说到哪儿，学生会厘不清线索，抓不住要点，这也必然导致教学目的难以实现。因此，教师要把自己精心设计的教学过程清晰确切地讲授出来，才能使学生在学习中真真切切、透透彻彻地把握教师所教知识。

（三）设疑激发兴趣

讲授的吸引力主要来源于讲授时的设疑激趣：只有设好疑，才能促使学生去解疑；唯有激发兴趣，才能吸引学生去听讲。设疑与激发兴趣，是一个问题的两个方面，要相互结合才能使课堂教学更具吸引力。

（四）恰当使用留白

在中国绘画语言中有一个概念叫"留白"，就是说在绘画作品中留下相应的空白，使方寸之地亦显天地之宽。人们常说"不着一字，而形神俱备""无声胜有声"，也是这个道理。把这个概念借用到课堂教学上来，就是要求教师在课堂的讲授中一定要留给学生适当的思考时间，如果教师在课堂上只是一味地讲授，即使讲得再好恐怕也不能说是精彩。那么，怎样才能留出时间让学生自己思考呢？首要问题就是必须弄清在课堂上什么该讲、什么不该讲，以及什么时候该讲、什么时候不该讲。这除了受教师自身水平的影响外，更重要的还是要吃透教材和学生。

（五）情感交融充沛

讲授不是照本宣科、平铺直叙。艺术的讲授更注重教师的以情感人，因为人是感情动物，很容易被周围的情绪感染带动。一个死气沉沉的课堂真的只是学生的问题吗？这恐怕与教师脱不了干系。所以，为了调动学生的激情，教师更应该在讲授中投入自己的感情，只有教师投入了，才有可能带动学生投入。

讲授除了运用以上方法，还应适当结合一些体态语。教师自然的面部表情、适度的走动以及舒适的服装搭配等都能使课堂氛围变得自然轻松，为教师的讲授创造良好的条件，提高讲授效果。

第三节　提问环节：教师提问语运用技能

一、教师提问语运用的作用分析

（一）激发学生学习动力

教师在正式讲述教学内容之前，可以设计一些恰当的与课文内容有关的问题，这些问题可以不要求学生去回答，其目的只是让学生认识到自己的不足，产生学习的欲望。这种欲望实际上就是学生学习的动力。

（二）促进学生思维的发展

问题是思维的表现形式。问题就是个体在进行满足其需要的认知和实践活动过程中，由于主客观要素的缺损和障碍而使活动中断时所派生的一种需要。这种需要使人力图觅取有关要素使缺损得以弥补，障碍得以排除，使活动的过程及其所涉及的要素完整化，以达到需要的满足。教师可以根据教学内容的需要，结合学生原来掌握的知识，在教学过程中设置一系列需要学生思考才能解答的问题，学生在解决教师提出的问题时，就要进行思考。学生解决问题的过程就是思维的过程，因为思维总是指向于解决某个问题，思维的过程主要体现在解决问题的过程中。教师提问的方向性、目标性、指导性，可以控制与调整学生思维发展的速度；根据教学目标的需要，不断调整问题的难易程度，以加速或延缓学生思维发展的进程。因此，教师提问是学生思维发展的动因。

（三）调控教学过程

教学过程是一个影响因素众多、处于动态变化之中的系统。要想引导这样一个复杂的、不断变化的系统，实现既定的教学目标，教师就必须不断地依靠反馈信息来调节教学。课堂提问就是教师获取这种反馈信息的有效手段之一。通过课堂提问可以获得学生学习情况的反馈，但这种反馈必须是实质性的反馈。比如为了了解学生对干洁空气这部分知识掌握的情况，教师就可以直接提问学生："干洁空气中的主要成分各有什么性质？"回答这样的问题学生可以直接对着课本念，但是究竟理解得怎么样就无法知道，所以这只是一种形式上的反馈。如果把提问改成："假若大气中分别缺少了氧气、氮气、二氧化碳、臭氧，那么将会出现什么情况？"回答这样的问题学生就不能对着书念了，学生必须在理解的基础上才能解决这个问题，这样的反馈才是一种实质性的反馈，才可以作为教师对教学过程调控的依据。学生对问题的回答是教师获得反馈信息的重要途径，这样的反馈信息通常情况下可以收到意想不到的教学效果。通过学生的回答，教师得到了反馈信息，及时调整教学进程，学生之间也得到了信息的交流。

（四）引入功能

这种提问一般是在开展新课的时候提出的，能够起到复习旧课、引入新课的作用，使新旧知识能够紧密联系。一位物理老师在讲"声音的产生和传播"时，一上课就提出了这样一个问题："同学们听过器乐合奏吗？舞台上的乐器有长的、圆的、金属的、竹子的，有吹的、拉的、打的，它们构造各异，但是都能发出美妙的声音。同学们注意过没有：为什么这些乐器都能发出声音？乐器的发声方式不一样，但是却有一个共同的现象，这种现象是什么呢？"同学们争先恐后地回答："振动。"那么，这一课要讲述的主要定理——物体在振动时发出声音，就自然地归纳出来了。

（五）引起无意注意

如果教师的提问巧妙、新奇，或者与学生的兴趣爱好相符，就容易引起学生的无意注意。当学生解决了教师提出的问题后，如果教师不继续提出问题，学生就会感到任务完成，无所事事，也就容易分心，这一点在小学低年级的学生中尤其突出。课堂提问还能引导全体学生集中注意力，强化有意注意。教师不断地提出新的要求，学生的有意注意也就容易保持了。即使个别不注意的学生，在宁静的气氛中也会有所发现。或者教师对不注意的学生发出"重复式"提问，以"提问"组织教学比点名批评的方式更艺术、更和谐，更有利于教学活动的进行。

二、提问的类型

课堂提问的类型多种多样，可从不同的角度进行划分。综合优秀教师提问艺术运用实践，从以下三个方面对课堂提问进行分类，目的在于通过对课堂提问类型的分析，更好地根据不同的教学内容、教学目标和不同层次的学生，精心设计课堂提问，提高课堂提问的艺术，发挥提问在培养学生思维能力方面的积极作用。

（一）根据问题的思维层次、思考水平的高低分类

1.记忆性问题

这是一类学生凭记忆能够回答的问题，通常以是什么或怎么样的形式出现。例如立体几何中直线和平面有关的一系列判定定理和性质定理，学生如果不能熟记，这一章的证明和计算将难以掌握。教师不时在课堂上进行提问并要求学生复述，是促使学生熟记的有力手段。这种提问主要是引起学生回忆再现所学知识，起到防止遗忘的作用。但是这类问题的思维层次低、思考水平不高，只是在了解检查学生基础知识掌握的情况方面有积极的作用。

2.思考性问题

这类问题是要学生通过对已有的知识进行加工，通过比较、归纳、分析、综合才能回答的问题，通常以为什么、有什么异同的形式出现。例如当学生分别学习了约分和通分的知识后，理解往往分割地停留在"两种过程""两种方法"的浅层认识上，教师可以适时地提出问题："比较一下，约分和通分有什么异同点？"让学生悟出尽管约分与通分过程不同、方法不同，但都是分数基本性质的运用，只不过所取的角度不同……这样的问题能把学生的思维引向深层，引向概括。这些问题在得到解答以前，单凭记忆性的知识一般是不能回答的。解答此类问题，要求的思维层次较高，要经过分析、综合、比较、分类、抽象、概括等才能回答，这对思维能力的培养起到较大的促进作用。

3.探索性问题

这是一类要求学生在原有知识经验的基础上，根据所给条件进行创造性思维

才能回答的问题。答案往往具有多元性，问题的句式也是多种多样的，没有固定的模式，可以给学生以广阔的思维空间。例如，当学生学习了有关圆面积的知识后，教师可以向学生提问："你能从圆面积公式的推导方法想出圆柱体的体积推导方法吗？"当学生认识了有限小数后，为了引导学生从"有限"联想到"无限"，教师可以追问学生这样一个问题："从有限小数的意义里，你能反过来理解无限小数的意义吗？"这种向相反方向的试探可以使学生产生新的思维角度。有这样一道应用题：甲乙两个工人生产同样的零件，原计划一天一共生产 350 个。由于改进技术，甲的产量提高了 40%，乙比原计划多生产 50 个，这样两人一天实际共生产 480 个。甲乙两人原计划各生产多少个？教师可以在学生准确感知题意以后发问："这道题有四个条件、两个问题，你们看，哪些条件之间紧密联系着？哪些条件与问题之间紧密联系着？看谁找得快，找得准。"学生就能迅速地在题目的数量关系之中做各种探索、权衡和沟通，通过条件问题之间自由往返的反馈调节，发现各种联系，形成解题思路。这类问题思维层次较高，对于培养学生的思维能力有很好的作用，特别是发散性思维和创造性思维。课堂教学中，应当设计一定比例的探索性问题，培养学生思维的发散性、灵活性、变通性、独创性。

（二）根据提问的形式来分

1. 设 问

教师精心设计问题提问学生，其特点是教师将问题提出后，并不要求学生回答，由教师自己来回答，目的在于引起学生的回忆和思考。设问常用于复习课，着眼于培养学生多向思维的能力，起到巩固知识的作用。设问也常用于引入新课，其作用是设置悬念，以激发学生的学习热情和求知欲。这种设问，通常是把一节课的重点设计与日常生活密切相连，与学生有强烈愿望的问题联系起来。比如在讲授《光合作用》这一部分内容时，与其直接问学生"光合作用的场所在绿色植物的哪一部位？"或"光反应的场所在叶绿体的哪一个部位？"不如先问学生"进行光合作用需要哪些条件？"或"光反应的顺利进行需要哪些条件？"在学生回答出"光"后，再通过"光靠什么物质来吸收？""色素分布在哪里？在叶绿体的什么部位？""所以，光反应的部位在哪儿？"一系列问题引导出正确答案。教师可以通过问题串进行设问，既告诉学生应该怎样提出和分析问题，又教会学生思考和解决问题的方法。

2. 疑 问

疑问是由教师设置疑点、提出问题，让学生通过一定时间的自主思考，或通过学生之间的相互讨论，再由学生回答问题的过程。由于教学过程受诸多因素的限制，学生在学习过后可能会有一些疑点，每一节课留一点时间让学生及时把问题提出来，教师进行有针对性的释疑，能使所教的知识更为完善。教师在回答学生问题时，可根据问题是否带有普遍性考虑个别或当众作答。如果学生的提问是已经讲授过的，或者是很简单的问题，教师也应该营造一种亲切和谐的气氛并进行耐心讲解，使学生有疑敢问，把疑难问题解决掉。

3.追问

教师把要传授的知识或要解决的问题分解成一个个小问题，一环扣一环系统地提出来。教师提问时的语气较急促，问题与问题之间的间隙时间较短，能创设紧张的气氛，训练学生敏捷、灵活的思维品质。追问能使学生持续集中注意力，刺激他们积极思考，有利于学生全面掌握知识的内在联系，这样的问题还有利于培养学生思维的灵活性、敏捷性等良好品质。

4.比 较

就是教师在所提的问题中，综合讲一些能够进行比较的内容，进行比较性提问，引导学生在比较中得出合适的结论。例如教学《泊船瓜洲》这首诗，为了让学生体会王安石精心选词炼字的好处，教师可提出这样的比较性问题："要把江南冬去春来的情景表达得生动形象，是用'春风又绿江南岸'好，还是用'春风又过江南岸'好？"这样在问题中引进一个与原诗大意相近的句子，就为学生提供了一个进行比较的条件，学生通过对"绿"与"过"加以比较认识，便能体会出王安石精心选词炼字的绝妙。又如契诃夫的《装在套子里的人》，这篇小说最精彩最成功的地方就是塑造了"套中人"别里科夫这个典型形象，因此，讲授这篇课文时一定要让学生明白别里科夫这个"套中人"形象的典型意义是什么。所以，在引入新课时，要让学生有一个"典型"的印象。我们可以借助"阿Q"这个人物形象，向全班同学提出一个问题："同学们，你们知道阿Q这个人物吗？"这个问题会引起学生的兴趣，学生对于阿Q都有很深的印象，都可以说出自己印象中的阿Q。这时再转入正题，讲述苏联社会里有一个极力使自己与世隔绝、不求进取的人，我们称之为"套中人"。从"阿Q"引出"套中人"，这样的开头突出了重点，学生印象比较深刻，从而引发他们的学习兴趣。比较提问的基本特点，是为要求学生理解的对象提供可做比较的事物，借以打开学生的思路，帮助学生在比较异同中认识事物，理解问题。

三、提问艺术运用方法

课堂提问是教学的有效手段之一，也是教学过程的重要环节。它不但可以用来组织教学、反馈教学信息，而且对于培养学生的思维能力、创造能力都有很大的好处，因此课堂提问有着不言而喻的重要性。但是，如何提问才会使学生乐于思考、积极回答呢？教师在设计问题时应该注意到以下几个方面：

（一）提问语言要清楚简洁，目的要明确

教师在提问时语言要表达清楚，问题的指向要明确，范围要适当，概念要清楚，不要产生歧义，避免那些似是而非、模棱两可、冗长啰唆、容易引起学生误解的问题。如果概念、指向不明确，会使人无所适从，让学生有"丈二和尚摸不着头脑"的感觉，不知如何回答是好。只有问答双方都了解了问题的意思，才能使提问教学活动有效地进行。比如问："哪一个词用得好？"不如问："哪一个动词用得好？"问："本文分几段？"不如问："本文分为哪三段？"因此，教师的提问要简洁，使学生听后，能够快速、清楚地了解其意，能够把问题记在心里。

（二）提问语言要有启发性，要能唤起学生的思维

课堂提问首先要吸引学生的注意力，激发学生的学习兴趣和学习欲望，唤起学生的思维。因此，教师的提问语言要富有启发性，要能促进学生思考，不要问简单的"对不对"，要能够调动学生学习的主动性，集中学生的注意力，引导他们积极地学习。

（三）提问语言要具有鼓励性，要能够鼓励学生积极主动地发问

教师不仅要教学生知识，更重要的是教会学生学习。在课堂提问中，教师不仅要设计出精巧的问题，更要鼓励学生提出问题，从学生的提问中了解学生的学习情况，以便于教师调整教学进度，改变教学内容，提高教学效率。例如有个老师讲文言小段《偶烛》时，教师让学生概括一下短文的中心。一连站起来四个学生，说出的答案都不够准确，第五个学生回答正确后高兴地坐下了，而前面四个学生却茫然若失地站在那里。老师见状马上又补充说："没有前烛已经照明的基础，后烛也不能发出更明亮的光芒，第五个同学答对了，是在前面四个同学的基础上形成的，前四个同学对大家得出正确结论也有贡献，如果第五个同学是后烛，那么前面四个同学是什么呢？"同学们都齐声回答："是前烛。"大家都笑了，随着老师的手势，前四个同学都高兴地坐下了。从这个例子中我们可以看出，教师对学生回答问题时给予恰当的鼓励，在课堂教学中具有重要的作用。

（四）提问语言要具有引导性，要能够引导学生自己解决问题

学生是教学的主体，是教学的最终目的。在课堂提问中，教师提出问题，就是在帮助学生发现问题，然后通过点拨、启发等各种手段来引导学生自己解决问题，使学生真正受益。课文教学中遇到生词，老师问学生："这是什么意思呢？请大家自己在字典中查一查。"学生纷纷查字典，不一会儿，有人大喊没查到这个词。这时，老师仍然不教查字典的方法。突然，一个同学大声说找到了，这个同学拿起字典介绍了页数，并自信地把注释完整地读了一遍。到这里并没有结束，老师接着让他告诉其他同学自己是怎样解决问题的。那位同学详细地介绍了他查找的经过，介绍中带着喜悦和自豪。这位老师的可贵之处，不是教给学生现成的知识，而是通过提问引导学生自己去解决问题，给学生一个动手、思考的时间和空间。

（五）提问语言要有趣味性，拉近与学生的距离

提问设计要富有情趣和吸引力，使学生感到有趣和愉快，在愉悦中接受教学。在基础教学阶段，趣味性的提问能寓教于乐，启发学生思维，使整个教学过程变得和谐而又轻松。

古人云：学起于思，思源于疑。可见，设疑是多么的重要。课堂提问是组织课堂教学的中心环节，在课堂教学过程中教师创造性地设计提问，有意识地为学生发现疑难问题、解决疑难问题提供桥梁和阶梯，有助于点燃学生思维的火花，激发他们的求知欲望，使课堂提问真正成为培养学生创造能力的桥梁、火种与催化剂，让学生在思维情境中学会思维，在探究问题中学会探究，在提出问题中学会思考。

第四节　巩固环节：教师小结语运用技能

一、结语的作用

俗话说：编筐编篓，重在收口；描龙绘凤，重在点睛。"收口"和"点睛"便是结尾的神圣使命。教学的开头十分重要，人们普遍比较重视和讲究。教学的结尾与开头一样至关重要，也是一种艺术和创造，对教师完成教学目的有重要的作用。

（一）综合、概括课堂知识

著名教育家尼洛夫·叶希波曾说过："通过总结学生在课堂上所学的主要事实和基本思想来结束一节课是很有好处的。"这里所说的好处即教师把所教授的知识经过整理归纳，使学生可以厘清头绪，明确重点，掌握难点。这样有利于学生深入理解课文，把握全文，达到举一反三、实现知识迁移的目的。

例如特级教师于漪在教《茶花女》时这样结尾："祖国如此伟大，人民精神如此高尚，一朵茶花能容得下吗？能！为什么能呢？这是由于作者运用丰富的想象，进行巧妙的艺术构思，不断开阔读者的视野，由情入手，而景、而人、而理，水乳交融。"

（二）使课堂知识条理化、系统化

一般情况下，每堂课的教学内容都会很丰富，有时教学内容不是很集中，这就需要教师在课堂结束时及时地进行整理，使课堂知识条理化、系统化。利用授课结束前几分钟与学生的谈话，把本节课的内容做一番梳理，把脉络搞清楚，这对于巩固、强化课堂上已学的知识是很有必要的。例如一节语文课，阅读分析既要涉及文章的结构特点，又要涉及语言特色，学生的理解存在于阅读分析的过程中，还来不及形成一种系统的、明晰的认识，需要通过小结，使学生头脑中形成系统的认识。按其知识的内在规律，有机组合排列，形成明晰的条理，也便于学生记忆。

（三）拓展思维，引导探索

当今社会，教材内容信息量很大，教材内容普遍偏多，教师在上课的时候不能面面俱到都讲得很清楚，主要是围绕教学的重点与难点进行，侧重讲清事物的实质、规律及其内在之间的联系。可以在结语中根据内容设计几个综合思考题，让学生自己去探索。例如生物课上，讲完心脏之后教师可以提出几个问题：为什么左心室的心肌比右心室心肌厚？为什么……这些问题与讲课内容息息相关，留给学生去思考分析，教师给予必要的启发和指导，会使学生兴趣倍增，思路大开。

（四）再置新疑，促进新、旧知识衔接

课堂结尾可以以旧知识为基础做延伸，有时可以布置思考练习作业，其目的是帮助学生巩固记忆和运用所学知识，培养能力，激发继续学习的兴趣。例如语文课堂上经常会出现小说篇目，其中不乏章回小说。章回小说有一个突出的特点，

就是在每回的结尾处铺设新的疑团，使故事异峰突起，迫使读者不忍释手。效法这种创作技巧，在讲课的结尾设计一个或者几个富于启发性的问题，造成新的悬念，让学生"且听下回分析"，既可唤起学生新的学习动机，又可吊起学生"胃口"，使其翘首待望新课学习，如讲完心脏的血管后，接着提出：右心室的血液到哪里去了呢？左心室的血液又通过什么血管到何处呢？这就为肺循环和体循环一节的讲述巧设了铺垫，使新、旧知识间得到有机的衔接。

一个好的课堂结语，必须是在深入钻研教材、了解学生、研究教学方法的基础上设计出来的，它是一项重要的备课内容。教师如果没有丰富广博的知识，不能精通学科的专业知识，没有较好的教学业务能力，是不可能设计出好的课堂结语的。也就是说，只有业务能力强、教学水平高的教师才能设计出好的课堂结语。

二、结语的类型

课堂教学小结不是教学过程的简单重复，而是从教学目的出发，对教学重点和难点的及时整理回忆。在这一过程中，教师仍然起着主导作用，学生可以按照教师的指示进行总结，也可以师生一起总结。在实际的课堂教学中具体采用什么方法，需要教师根据教学内容的性质和要求来决定。教学结尾的类型可大致分为以下几种形式：

（一）归纳总结型

这是一种最常用的结尾方式，即从讲述的事实出发，经过概括总结，得出一般结论。这种课堂小结与提要，容易在学生头脑中形成完整的知识结构，它可以从内容和形式两方面进行，力求多角度、多形式、有深度、有创新，而不是前面教学内容的机械重复、简单再现。例如教授《荆轲刺秦王》这一课，对荆轲这一人物形象的分析可以归纳为："他（荆轲）为太子丹策划，劝说樊於期，易水壮别，特别是荆轲刺杀秦王，都充分表现了荆轲是一位英雄。他具有勇敢、沉着、反抗强暴的性格，向来为我国人民称颂。"这一结语，将荆轲刺秦王的故事脉络厘清了，又突出讲到了荆轲的人物性格特点，这样就可以让学生记住荆轲这一人物形象。又如一位生物老师在讲《血管和心脏》一课时是这样收尾的：本节课主要讲心脏结构及生理，要求同学们掌握心脏的结构及心肌、四个腔室、瓣膜、心壁厚薄等。同时，要理解什么叫心率、心动周期等概念，这是一段典型的总结归纳式结语，它将一节课的教学目的、重点难点明确地告诉了学生。

（二）前后呼应型

课堂教学是一个有机的整体，开头、中间、结尾常常是环环相扣，步步相连的，收尾必须与开头的导语相呼应，并为下一节课埋下伏笔，使整个教学过程前后连贯，首尾相通。例如教学《荔枝蜜》时，导语是："大家很害怕蜜蜂，因为它能蜇人，蜇了人很痛。那么，我们能不能因蜜蜂蜇人而在心里贬斥它呢？为此，我们看一看散文家杨朔同志对蜜蜂的认识过程是怎样的吧。"与之相对，教师可这样设计结尾："学习了《荔枝蜜》这篇散文，我们深受启发，作家对蜜蜂的认识是由不喜欢到喜欢，其最终的赞美之情溢于言表。蜜蜂蜇人是它的防卫本能，正因如此，方显出它的个性和力量，也才显得可爱。更可贵的是，蜜蜂能够酿蜜，为人类做贡献，精神崇高。因而我们要爱蜜蜂，更要向那些像蜜蜂一样酿造生活的人学习。"这样的结语，照应了开头，前后贯通，把教学推向高潮时便戛然而止。学生沉浸在对蜜蜂一样的人的敬仰之中，进一步理解了文章的主旨和意义，正可谓"言近而指远"。

（三）师生对话型

设计结语的时候也可以采用师生对话的形式，归纳教学重点或难点。这种方式的好处在于将老师要讲的结语内容引导学生说出来，加强了师生之间的互动交流，有利于活跃课堂气氛，能够训练学生的概括总结能力，加深学生对课文的印象。

（四）发散思维型

在课堂教学的最后，教师需要引导学生运用已掌握的知识，从课文内容出发向课外拓展迁移，让他们自己去获取知识，鼓励学生从不同的角度、运用多种方法去思考新问题，探求新知识，做到举一反三，触类旁通。例如《卖炭翁》一课将结束时，教师引导学生思考：卖炭翁卖炭是为了"身上衣裳口中食"，可是他的炭被太监们抢走了，他该怎么办？学生们热烈讨论，气氛很活跃。有的学生说他呼天抢地，生活无望，半匹红绡一丈绫，既不能做衣服御寒，又不能换成粮食，他只有自寻死路；有的学生说他当场愤怒到了极点，拼命反抗，不让太监拖走炭车，最后同太监打了起来；有的学生说他赶老牛破车回到破窑内，冷冷清清，孤单一人，越想越不是滋味，活不下去了，撞墙身亡；有的学生说是官逼民反，他再也不烧炭了，揭竿而起，走上了杀富济贫的道路……正在学生畅所欲言的时候，教师就结束了讨论，让同学们将自己的想法以《卖炭翁的炭被抢了之后》为题写在作文本上。这种结语能够刺激学生主动探求，能够让他们对所学的课堂知识进行充分的想象，积极思考，有利于培养学生的创造力，训练他们的多项思维，加深对课堂知识的理解。

（五）作业练习型

就是教师将快要下课时布置作业练习来总结教学作为结语。常用的语段是：下面布置作业，请完成课后练习题。布置任务，也是布置作业的一种方式，同样也可以作为结语的一种方法。例如一位实习物理教师在讲《电磁振荡》这节课时，课文内容还没有讲完，下课铃响了，于是他便说："什么叫阻尼振荡和无阻尼振荡？请同学们课后预习书本，下一课我要提问，还有课后练习题作为今天的作业。"用布置作业的方式作为课堂结语是常用的，当讲课刚好讲完一个小课题时，下课铃响了，还有一个知识点没有讲，这时就可以用与下一课题有关的思考题来结课。例如在讲《磁现象的电本质磁性材料》这一课题时，如果刚刚讲完前一个内容就下课了，教师就可以用以下结语："这节课我们学习了磁现象的电本质。关于磁性材料的知识，请同学们思考：什么叫磁性材料？磁性材料分为哪两种？他们各有什么用途？"如果下课铃响的时候教师正在讲解，也可以根据讲课内容灵活地提出下一层思考题，比如"以上讲述的是要选择能够表现主题的材料，是不是能够表现主题的材料全部都可以用呢？请思考，下课！"再如讲浮力课时，正在演示"氢气球脱手后上升"这一实验时，下课铃响了，教师可以用如下结语："吹了空气的气球是否有浮力？请同学们思考，下课！"

三、结语艺术运用方法

课堂结语是教师必备的一项教学技能，是教学过程中非常重要的一环。它的作用、形式以及注意事项有很多，各学科特点的不同决定了结语不可能有同样的标准。结语运用恰当，能够使课堂教学起到事半功倍的效果，教师要在实践的过程中不断地进行探索、研究。

（一）结语要有概括性

好的结语应该具有精要的概括性。无论教学容量多么庞大，文章结构如何复杂，教师都必须引导学生用精练准确的语言归纳全文的思想内容，概括文章的写作特色。例如《故乡》的结语："现在我们看看作者是怎样塑造闰土这个形象的，塑造这个形象的目的是什么，反映了怎样的现实。从刚才的分析中，我们可以看出闰土是一个典型的中国农村的贫穷农民。他靠出卖苦力谋生，辛苦操劳，却终因身受天灾、苛税、兵、匪、绅的多重压榨，陷入饥寒交迫中。作者通过对他外貌、语言、神情前后的对照描写，满怀同情地描写了他从一个活泼、天真、聪明、伶俐的小英雄变成了一个麻木、迟钝、苦不堪言的木偶人，通过这一形象的塑造反映出当时旧中国农村的衰败和农民生活的极度贫困以及精神上麻木愚昧的共有特征。"

这里教师的结语不仅全面地概括了闰土形象的特点，而且揭示了这个人物形象的典型意义，并且由此推出本文的主题，使学生通过这节课的学习对人物形象及文章的主题有深刻而又完整的认识。

（二）结语要有条理性

教师上完课后，学生会感到知识庞杂，这也重要，那也重要，理解负担重，记忆负担也重。他们一般并不考虑知识的归纳整理，只是学到哪里就复习到哪里。因此，新课讲完后，教师应该使用条理化的语言，把本节课的知识由繁到简进行归纳整理，因此好的课堂结语应该具有严密的条理性。课堂结语是与课堂导入语相互对应的一对范畴，是对课堂导语的自然巧妙的回应，是激发学生兴趣、引导学生学习的必然结果。假如教师结束时把课堂导语撇在一边，顾左右而言他，势必导致课堂教学过程的不完整，影响实际教学效果，给教师的课堂教学设计带来一些负面影响。教师只有使用条理化的语言，对课堂知识进行归纳梳理，前后呼应，才能使整个教学过程善始善终。

（三）结语要有针对性

每节课都有着明确的教学目标，教师在做课堂结语的时候必须针对教学内容和学生的特点，因文、因人制宜，具有鲜明的针对性。凡是学生难记、难理解、难掌握及容易发生错误的地方，教师在做课堂结语的时候都应该阐明。例如除数是两三位数的除法，重点是两位数除多位数的计算法则，难点是掌握试商的方法，教师抓住这几点来进行课堂小结，就能使学生对所学知识有一个非常清晰的印象。

（四）结语要有引导性

课堂结语不能由教师包办代替，要立足于引导学生，让学生参与其中，展现出获取知识的思维过程。例如，教学分数的基本性质，课末教师出下面两道思考题，引导学生回顾总结：①分数的基本性质是怎样推导出来的？②分数的本质有什么作用？学生通过阅读教材，相互讨论，各抒己见，使同学们弄清了这两种问题。这样进行课堂结语，可以让学生由感性认识上升到理性认识，可以更好地指导学生练习。

（五）结语要有趣味性

充满情趣的结尾能有效地激发学生学习的动机，使学生的身心得到放松，浓厚的学习兴趣得到保持，这样的课堂教学结语非常的形象生动，趣味盎然，非常受学生欢迎。

结语是课堂教学的重要一环，其作用、形式及注意事项甚多，由于各学科特点不同，在实际教学过程中不可能有统一的模式，教师应该在实践中不断探索与创新。教师需要加深对课堂结语重要性的认识，不断提高设计课堂结语的水平，发挥课堂结语在教学过程中的重要作用。

第五章 教师语言技能培养策略探究

第一节 教师表扬与批评语运用技能

一、教师表扬用语运用技能分析

（一）表扬语言的特点

表扬语言作为教师的法宝之一，其特点有赞赏性、指引性、真挚亲切性和振奋人心性。

1. 表扬语言的赞赏性和指引性

赞赏性指的是赞美、赏识、认同。表扬行为的发生是以认同为前提的，不认同的赞赏行为通常会被人认为是阿谀奉承。在教学过程中，教师认可了学生的某种行为才实施表扬，这种表扬行为不应该是空穴来风、无中生有。教师的赞赏性行为可以激发学生学习的积极性、思考问题的严密性。所以，赞赏性是表扬的本质特点之一。

指引性是指表扬语言有一定的指示、引导作用。教师表扬学生时往往针对的是学生的行为，由此传达给学生一种信号，这一行为是非常正确的，如此做就能得到认可和表扬，于是被表扬者可能就加强这种意识，其他人也在自觉或不自觉间开始学习、模仿。因此，可以说指引性也是表扬的本质特点之一。

2. 表扬语言的真挚亲切性

只有真实的赞美才最打动人的心。陶行知说过："真教育是心心相印的活动，唯独从内心发出来的，才能达到心的深处。"教师也须用自己真挚的情感去打动学生，激发其向上的动机。老师的表扬必须真心诚意，没有一丝矫揉造作，才会亲切自然，更具有感染力和亲和力。在教育教学中，有很多这样的事例，一句真挚的表扬，一句亲切的赞美，会给学生带来极大的快乐，甚至可能会影响这个学生的一生。

对于教师的表扬话语而言，如果不是情真意切的感情流露，也很难与学生的心情相呼应。现在有不少课堂表扬话语浮光掠影、轻描淡写，仅用一些"不错""好"之类的简单反馈词语，来敷衍学生的认真思考、积极参与，怎么能激发学生学习的积极性呢？古人云"良言一句三冬暖"，要想对学生的表扬有感染力，就不能对学生的回答只做简单笼统的评价，如"你思考问题很深刻""你的回答很能获得我们大家的认同""你的回答具有一定程度的感染力"等一些具体的反馈语句不是很有感染力吗？一位同学曾说："如果我上课被老师提问写生字，却没写好，老师一般会要求我回去写三遍，可是有时候写了三遍还是记不住，那怎么办？我的方法就是在笔记本上多写几遍，下次上课之前给老师看，老师每次都会在我的本子上写着'你很有耐心，学习也有恒心，这样下去，你会有很大的提高的'。其实我也知道，字学会了才是我的目的，老师的表扬语言不是主要的，但是老师的一句话，确实可以鼓舞我的信心。"事实证明，只有用情、用心去表扬学生，才能取得意想不到的教育效果。

3. 表扬语言的振奋人心性

优秀教师布劳斯有一段话甚为简洁而精辟："赞美永远都不是多余的，尤其是对于那些从未有人赞过的学生来说，一次真诚的赞美，可能胜过一万次严厉的责备。有时，老师的鼓励与赞美虽然只是短短的几个字，但正是那几个字却能够给学生带来足够的信心和勇气。"

马尔克姆·戴尔凯夫是苏联一位知名的职业作家，小时候他是个非常胆小害羞的孩子，几乎没有朋友，也没有信心，总觉得自己什么事情都做不了。他的母亲曾有一次在大街上恶狠狠地教训他："真是蠢得一无是处！"

有一天，他所在中学的英语老师——布劳斯太太给全班同学布置了一道作业，她要求学生们回去读一篇小说，然后写一段文字。戴尔凯夫认真完成了作业，现在他已经想不起当初他写的内容和老师给他的分数了，但他仍清清楚楚记得，并且永远不会忘记老师给他的评语中的那四个字——"写得很好"，正是这四个字，改变了他的一生。

之后，戴尔凯夫在读书的业余时间又写了许多小故事，每一天他都把自己的作品带到学校，交给布劳斯太太。老师对这些稚嫩的作品则给予了鼓舞人心的、满怀真诚的评价，而那短短几个字的评价恰恰是戴尔凯夫当时所需要的。正是那四个字给了他信心和勇气，使他成为一名出色的作家。戴尔凯夫坚信，如果没有当初布劳斯太太在他的作文空白处写的那四个字，那么他现在所拥有的一切都不会发生。他后来还告诉布劳斯太太，在他的办公室里，他曾经接待过一位年轻姑娘，这位姑娘每天学习到深夜，就为了得到一张中学的学位证书。现在她拿着证书来到他面前寻求他的帮助和建议，因为他是个出色的作家。他把自己从布劳斯太太那里得到的信心与勇气又传递给了这位姑娘，现在这位姑娘已经成为一名作家，并且成了他的妻子。

优秀教师布劳斯太太对戴尔凯夫的表扬，就像甘甜的雨露，滋润着一棵几近干枯的小树苗，形成一种积极向上的力量，长成参天大树。苏霍姆林斯基曾说："教师无意间的一句话，可以造就一个天才，也可以毁灭一个天才。"他还为此对教师强调说："你在任何时候都不要给学生打不及格的分数，请记住：成功的欢乐是一种巨大的情绪力量，它可以促进学生好好学习。让我们用真诚、爱心对学生多几分赞美，少一些批评、指责，在他们人生道路上，为了他们的进步、进取，教师要学会赞美学生。"我们不难看出，案例中布劳斯太太对学生的表扬是真诚的，是发自内心的。正是这种发自内心的、亲切自然的表扬话语振奋了戴尔凯夫的内心，并且像路灯一样照亮了他的道路，从而改变了他的一生。同时，这一份赞美性的表扬话语也指引着他以此为路标，去影响别人。由此，我们不难体会到表扬话语的赞美性、指引性、真挚亲切性和振奋人心性的特点了。

（二）表扬语言的类型

按照不同的维度可以将教师的课堂表扬行为分为不同的方式。比如德韦克基于其能力观理论以及在此理论基础上所做的实践理论，并通过观察亲子之间互动和儿童角色扮演的有关研究结果，认为成人对儿童所实施的批评、表扬基本可以分为三种类型：个人取向、过程取向和结果取向。

个人取向的表扬包括对儿童能力的表扬和表扬儿童的好行为或有价值行为等，它是对儿童做出的一种整体性判断，反映了儿童的人格特质，指向儿童本身。个人取向的批评如"你真笨！""你这个孩子真坏！"等，个人取向的表扬如"你真聪明！""你真是个好孩子！"等。

过程取向的批评、表扬主要指的是对儿童在完成任务或行为过程中的努力程度或所运用的策略进行反馈，指向行为的过程。过程取向的批评，如"这个任务你仍然没有完成，你应该再尝试用其他的方法做一做""你在完成该项任务的过程中不够努力"等，过程取向的表扬，如"这种解决问题的方法很好，你还能想出其他可行的方法吗？""你在做题的过程中很努力"等。

结果取向的批评、表扬当然反映行为的客观结果，指向具体行为的适宜性，前者如"这可不是完成任务的正确方法""你这道题做错了"等，后者如"你做对了9道题""你取得了一个好成绩"等。

在此我们依据不同的划分标准对其进行不同的类型划分。

1.按表达形式划分，表扬可分为口头表扬、书面表扬

（1）口头表扬

口头表扬就是通过教师口头上直接发出的认同、赞赏性的话语来对学生进行表扬。这种表扬是在与学生面对面的条件下进行，教师可以直接流露出对学生的那种赞许、热情与真诚，学生也能很直接地感受到老师对他的表扬与鼓舞。这是大部分教师所采取的方式，这种表扬具有直接性，而且应用起来十分便捷，同时还可以立即看到成效。

在老师的充分信任和期待下，学生便愈加希望得到老师的表扬。在得到了老师表扬的情况下，会产生一种心理强化。学生在这种表扬环境中增强了表现欲和自信心，也更加喜欢他们的老师了，继而形成一种良性循环，这也印证了一句话："亲其师则信其道。"

（2）书面表扬

所谓书面表扬就是借助书面语言对学生进行表扬，这是一种无声的沟通。语文教师可以在批改学生的作文、日记时，在评语中表扬学生。给学生写评语一贯是语文老师常用的方式，但是这并非意味着只有语文老师才拥有此特权，其他各科老师都可以在批改学生作业时写上评语，或者以其他的特定符号，如笑脸等来对学生进行表扬。每位老师也可以把表扬语写在纸条上，交给学生，还可以通过书信来表达对学生的喜爱与肯定……相对于口头表扬来说，虽然少了那种直接性和及时性，但它却也具有自己的独到之处。书面表扬有利于表达说话者的情感，更能引发学生的共鸣，也使学生感受到老师对他的重视与认可。因此，某些表扬语用笔写出来比用嘴巴说出来更能打动人心，触及学生的内心深处。下面这个例子便能反映这个问题：

学生A是个非常贪玩的男孩，学习成绩较差。期中考试之后，学校举行乒乓球比赛，他在全班无其他人参加的情况下报名了，并且一路过关斩将得了年级冠军。老师在他获得冠军的当晚递给他一张纸条："你是机灵、聪明的男孩，要不然乒乓球冠军也不可能属于你。如果能把乒乓球台前的专注移一点到学习上，优异的成绩一定会让你更潇洒！"没想到这小小的纸条真的改变了他，期末检测时，他彻底甩掉了落后的帽子。听他爸爸说，那天，他捧着老师写的小纸条坐在书桌前沉思了很久。

从中我们不难发现：小小纸条，大大魔力。没有大张旗鼓的表扬，没有敏感

心理的反抗，有的是老师的推心置腹、情真意切的表扬与期待，换来的是学生的无言接受、奋发向上。由此我们可以说，书面表扬是教师语言艺术表达中不可或缺的一种形式。

2. 按表扬的场合划分，表扬可分为公开表扬和私下表扬

表扬可以当众进行，也可以私下进行，教师可以根据具体情况具体对待。

（1）公开表扬

公开表扬是在公众场合下对学生所进行的表扬，比如在教室里当着全班同学的面对被认可者进行表扬。对做了重大好事的学生，表扬的范围要广泛一些，可在班级甚至年级中进行表扬。对一些低年级学生，公开表扬效果较好。通常腼腆、自卑、内向的一类学生，尤其后进生更需要表扬，表扬所起的作用也会更加显著，对他们应大张旗鼓、当众称赞。

（2）私下表扬

私下表扬是相对于公开表扬而言的。私下表扬是在有极少数人参与的环境中对学生所发出的表扬语言。对于一些敏感的同学来说，这是一种较为恰当的表扬方式。另外，对一些高年级学生，因为思想相对成熟，想的问题更多一些，有时教师在身旁低声的称赞可能比在全班面前表扬更令他感到愉快，这样做会避免他陷入被同学议论、讥讽的尴尬境地。

3. 按表扬的对象划分，表扬可分为个体表扬和集体表扬

（1）个体表扬

个体表扬是教师针对某一个或几个有突出表现或成绩的学生所进行的表扬。个人表扬常常会激发个体的积极性和创造性，使个人置于榜样地位从而产生成就感。在班上树立先进典型、表扬学生个体实际上是肯定个体身上的某一行为或品质，受表扬的学生实际表现应确实比班里一般同学突出，付出的努力多，或是具有某些需要肯定的特点。表扬这一个体，既是肯定赞扬了这一学生个体的行为，又给其他同学树立了榜样，提供给大家一个目标，激励同学们为之努力。所以，个体表扬不仅对学生个体起到积极促进的作用，也是对集体的一种促进。

（2）集体表扬

所谓集体表扬是表扬学生所在的一个整体，集体表扬能增强团体成员的归属感和合作意识。经常过多表扬个人而忽略集体，特别是一些靠集体取得的成绩仅记在某个学生身上，就会打击绝大多数学生的积极性，使没有受表扬的学生产生消极抵触情绪，受表扬的同学被集体孤立起来，造成学生间的不团结。经验告诉我们，表扬一个学生所在的集体，比表扬这个学生本身的教育结果更好。即使在表扬某个学生时，也要强调他是为校、为班级争了荣誉，放在班级表扬，做到表

扬一人鼓励多人。所以，集体表扬是表扬语言应用的一个重要类型。

（三）表扬语言艺术运用方法

表扬是教师手中的一件法宝，却并非是无往不利的。这一法宝在运用中存在有效表扬和无效表扬。

1.适时性的表扬方法

所谓适时性就是在恰当的时候不失时机地做出行动。我们都知道，高明的厨师其高明之处不在佐料，而是火候，表扬也是如此。表扬要起到它应有的作用，就需要抓住时机及时表扬。当一件先进事例发生时，教师应做出积极的反应，及时给予肯定和表扬。

学生学习过程中得到的每一次鼓励和表扬，都对学生形成良好的思想行为起着积极的促进作用。这个时机把握得不好，会起到相反的作用。如果表扬过早，学生容易产生骄傲自满的情绪，有时甚至会使事情半途而废；如果表扬迟了，时过境迁，学生良好的思想行为会因得不到强化而消退。适时表扬会起到好的作用，"人类本质中最殷切的需求是：渴望被肯定"，后进生更是如此，他们渴望得到认同，更奢望得到老师的表扬。在教育教学中，我们发现最有实效的表扬不是锦上添花，而应是雪中送炭。对于学生，老师要去发现甚至是挖掘他们身上的"闪光点"，抓住时机给予表扬，让学生的渴望变成现实。譬如某学生连续几次迟到，今天早到了要及时表扬；又如某学生上课从未主动发言回答过问题，今天这样做了，教师应及时表扬鼓励。在教师的适时表扬中，后进生能积极地认识自我，获取更多的战胜困难的勇气和信心。一次适时的表扬也许就带来一次心灵的震撼，很可能会改变学生一生的命运。因此，要变表扬为动力，就必须抓准时机，适时表扬。

2.适度性的表扬方法

所谓适度性的表扬方法，就是说表扬应该准确、讲究分寸。教师在实施表扬时要实事求是，既不夸大其词，也不轻描淡写，既不吝惜表扬，也不滥用表扬。教师的表扬要坚持以事实为根据，掌握好表扬的度，讲究表扬的分寸。

表扬对于促进学生的发展成长而言具有很重要的影响，这已经是不言而喻的事实了。比如一个老师在某一个场景下表扬了一个学生，该生可能就开始喜欢这个老师，并且越来越喜欢他的课，他在这门课上的成绩就会提高，成绩进步越大他就越有成就感，进一步强化了他的自信，从而形成一种良性循环。因此，教师一定不要吝啬自己的表扬，因为这份表扬可能就是学生期待已久的，就是开启学生奋发向上的一把钥匙。反过来说，是不是表扬越多越好呢？有的老师认为"油多了不坏菜"，多表扬总是没错的。然而，物极必反，过犹不及。一味地滥用表扬的话，受表扬的同学要么骄傲自满、自以为是，要么惶恐不安，担心自己没有老师表扬的那么好，要么认为老师是在故意夸他们，有一种上当受骗的感觉……如此一来，表扬也就起不到应有的作用，就产生了无效表扬。

3. 多元性的表扬方法

表扬是一个复杂的语言沟通过程，是师生交互作用的过程。表扬效果的好坏不仅取决于表扬的内容，而且取决于表扬所存在的环境及表扬的形式。不同的学生对同一种表扬方式的反应不同，所以表扬语言运用时要存在多元性，即因人、因时、因地采用不同的表扬方式。表扬的方式应丰富多彩，不拘一格。

第一，公开表扬。在全班同学面前，以热情、公正的语言赞扬学生，尤其是后进生取得的成绩，促成其自我肯定以及他人的肯定，增强其自信心，同时语言间也鼓舞着众学生之心。

第二，私下表扬。对于心理敏感或者高年级心智成熟的学生，通过找其个别谈话，肯定其成绩与进步，对其进行充分的表扬，由此达到激励其再接再厉的目的。

第三，多种奖励式表扬。运用贴小旗、填成绩表、写黑板报、写表扬评语、写表扬信等方式表扬学生的成绩和进步，或者进行物质奖励，对低年级的学生，这种方法更加实用。

显然，对待不同的学生表扬的方式也不相同。比如：对待自觉学习而且行为习惯良好的学生，可采用引导性表扬语"假如你……你会更优秀"；对待成绩差但很努力的学生，可采用鼓励表扬语"虽然你只……但是你在某一方面很优秀"；对待性格外向的人，表扬则不公开，私下里表扬给他一个人听，同时指出一些不足，以便其取得更大进步。

4. 全面性的表扬方法

教师在表扬语言的使用过程中，要兼顾学生整体中存在的不同因素，做到公平公正、因材施教，同时也要兼顾学生个体的各个方面的进步。

（1）公平公正、因材施教的全面表扬

教师的表扬话语虽然不是包治百病的灵丹妙药，但至少应该是一剂良药。教师多给学生一些表扬，学生将会长久地沐浴到灿烂的阳光。每一个学生都是平等的，他们应该享受平等接受表扬的权利和机会。因此，教师的表扬应该着力于每一个学生，而非只是针对学习成绩优秀的学生。在教育教学中，一定要体现表扬的公平性。另外，进行表扬绝非一项简单的工作，一定要注意表扬的艺术。教师应根据学生的不同特点，使表扬因人、因事、因地、因时而异，充分发挥表扬的功能，使表扬真正成为学生良好思想品德形成的催化剂。

苏霍姆林斯基说过："要让每个学生在学校里抬起头走路。"在日常工作中，尽可能去表扬每一个人，细心留意每个学生的闪光点，找准机会，让学生，尤其是有自卑感、对老师有排斥心理的学生能切实感到老师对他的期待与尊重。

（2）扩大范畴、大小并重的全面表扬

我们的教育培养的是全面发展的人，作为一种重要的教育手段，教师表扬的范畴应涉及学生学习、生活、心理的方方面面。一些班主任仅局限于对考试分数高、课堂表现好的现象给予表扬，而很少关注学生发展成长过程中的微小进步。实际上，在班主任和学生的交往过程中，学生学习上的进步、思想品德的提高、良好生活习惯的养成、偶然的闪光行为等，都在教师表扬的范围内。除此之外，教师表扬学生时，不要只重视大的方面，而忽视了学生微小的进步，应该做到大小并重。在日常生活中，有些事情在班主任看来是微不足道的，但对于学生来说，也许他们已经尽了最大的努力，所以教师在发现学生的优点和长处时，不论大小，都要给予肯定和表扬。

5. 具体性的表扬方法

表扬要指出具体表扬的行为，解释表扬的原因，要讲出受表扬学生取得成绩的过程和细节，切忌空洞无物。只是不断重复使用"不错""很好"之类的概念性词句，久而久之这种表扬对学生就失去了作用，甚至会使他们产生排斥心理。所以，在表扬过程中，教师要做到就事论事，表述清晰，应根据情况进行具体性表扬。

6. 深度性的表扬方法

表扬不应停留在表面上，而应深度挖掘。有时学生做了一些好事，或取得了一定的成绩，他们自己却不一定能清楚地认识其重要的意义。这时教师的表扬就不应就事论事，只停留在事件本身，而应进行深入分析，挖掘其意义，应使被表扬者知道自己受表扬的"所以然"，使其他学生也从中受到某方面的教育。例如在学习过程中，有的学生解答疑难问题往往速度较快，答案正确，而大部分同学却不能如此，因而教师就要注意分析其解题方法、思路，对其可取的方法、思路予以肯定、推广。同时，鼓励学生快解、巧解疑难，以培养其敏捷的思维能力，而不是只停留在答案做得是否对这些表面现象上。

爱因斯坦说过："别人赞美我思维能力强，有创新精神，我一点儿都不激动，但如果谁赞扬我小提琴拉得棒，我一定会兴高采烈。"同样地，教师的表扬行为不要总是停留在学生众所周知的优点上，而是要去挖掘学生身上一些鲜为人知的优点，这样不仅能表现出教师的独特眼光，还可以让学生得到一些新的肯定，效果当然不同凡响。

二、教师批评用语运用技能分析

（一）教师批评用语的特点

批评的语言艺术是做好批评教育工作的重要因素，苏霍姆林斯基曾说过："语言是争取人们灵魂的坚强战士，一切都取决于教师的话语怎样。有的话语像患病的小孩那样瘦弱难看，有的话语像枯草的影子一样没有力量和感情，有的话语则像永恒的星辰那样光辉灿烂、永不熄灭，为人类指引着道路。努力使你的话语成为指路的明灯吧！"

批评语言一般来说，具有以下几个特点：

1. 动之以情

学生犯错后的心理状态是呈封闭性的，抑制了师生思想信息的双向交流，教师无法把握学生的内心体验和真实思想，因而打破心理封闭，形成开放状态，成为学生接纳老师观点的必由之路。白居易云："感人心者，莫先乎情。"批评是呼唤学生心灵的一种教育方法，应该像和煦的春风，在温暖万物的同时使其苏醒、生长。从教师口中道出的批评应怀有真诚、理解、尊重、信任和爱护学生之情，才能使学生的封闭性心理开放起来，学生才会乐于接受。别林斯基说过："充满爱的语言，可以使劝说发出熊熊的火焰和热。"情感是语言在表达过程中的乘号，语言中充满情感，会使语言的感染力成倍地增加。批评是需要感情做基础和先导的，学生能够真切感受到老师是与他站在同一战线，而非敌对性质的简单批评。老师真的是为他好、期待着他的改正与进步。由此引起学生感情上的共鸣，学生才会放下戒备，敞开心扉，正视自己的错误并愿意去改正。所以，艺术性的批评语言必然有动之以情的特点。

2. 晓之以理

教师批评学生的目的在于使其从不同的角度来重新审视某一事物，即希望学生接受正确意见。学生在行为上存在这样那样的毛病、缺点，根源往往在思想意识上，所以在运用批评语言时往往是摆事实、讲道理，以理服人，点出学生所犯错误的本质，晓之以理，让学生从主观上认识到自己的错误，促使学生转变思想，提高认识，使问题得到解决。

3. 导之以行

批评语言是有指向性的，是针对学生的某一种错误而进行的，其目的是引导学生行为的正确性。《史记·孙子吴起列传》中有言："善战者，因其势而利导之。"意思是说，善于指挥作战的人能够根据战争的态势加以引导而取得胜利。对于老师而言，这种"因势利导"也是运用批评语言时的必备良策。在指明、分析学生所犯的过错之后，巧妙地对其进行必要的引导，从而实现批评的真正目的。

（二）批评的类型

批评的类型大致可分为表扬式批评和幽默式批评两种。

1. 表扬式批评

表扬与批评是教育语言的两种不同的形式，如能把它们有机地组合在一起，就能收到意想不到的效果，于是就有了表扬式批评的存在。批评是一件让人不乐意接受的事，从表扬入手，有助于将谈话建立在友好的气氛中，使学生认识到老师不是故意在挑他的错，这样心情就会放松，坦然面对错误。老师在批评时先表扬学生的闪光点，然后再委婉地指出学生的错误所在，这种先扬后抑的批评方式即可称作表扬式批评。

例如人民教育家陶行知任育才小学校长时，有一次在校园里散步，发现一名叫王友的学生正在用土块砸一个比较弱小的同学，他马上制止了王友的行为，并且让他放学后到校长室。放学后，陶先生来到校长室，发现王友已经在门口等候多时了。陶先生态度和蔼地掏出一块糖果送给他，说："王友同学，这是奖给你的，因为你按时来到这里，而我却迟到了。"王友在怀疑的目光中接过糖果时，陶先生又掏出了第二块糖，说："这也是我奖给你的，因为当我要求你不要再打人时，你立即就住手了，说明你很尊敬我，谢谢你。"王友不好意思地接过糖果。紧接着，陶先生又掏出了第三块糖果放在他手里，说："我调查过了，你砸同学，是因为他欺负女同学，你是在打抱不平。这说明你很正直，有跟坏人作斗争的勇气。"王友被陶先生的言行感动了，哭着说："陶校长，你打我两下吧。我错了，我砸的不是坏人，是我的同学，我不对！"陶先生满意地笑了，随即又掏出了第四块糖果："为了你正确地认识错误，我再奖给你一块糖果……我的糖果奖完了，我们的谈话也该结束了，你可以走了。"然后，陶校长和善地摸摸王友同学的头，没再多说一句话，送他离开了校长室。

在这里，作为一校之长，陶行知没有摆出高高在上的派头，也没有声嘶力竭地吼叫，而是在充分调查的基础上，尊重王友的人格和尊严，以诚相待，通过微小的四块糖果，以表扬的方式委婉地提出了批评的意见，使批评有了甜味。这种独具匠心的批评艺术触动了王友，收到了非常好的教育效果。

表扬式批评在应用中也要注意其艺术，要巧妙地指出"美中不足"。有的老师在批评学生时也先用肯定赞扬的原则，但在赞扬之后却来了一个明显的转折，如"你这个阶段进步很快，但是上课时注意力不太集中……"时间一长，学生一听"但是"就反感，认为老师前面的表扬是虚伪的，只是为后面的批评做铺垫，这种先扬后抑式的批评根本达不到预想的效果。

2. 幽默式批评

德国著名演讲家海因·雷曼说过："用幽默的方式说出严肃的真理，比直截了当地提出更能为人接受。"提起批评人们总认为是件严肃的事，却忘了幽默可以成为批评者和受批评者之间的润滑剂。教育家斯维特洛夫认为："教育最主要的，也是第一位的助手，就是幽默。"幽默可以使批评语言软着陆，它以笑声代替批评，以诙谐化解尴尬。

说话风趣幽默的鲁迅，批评学生也别具一格。例如他曾批评一位名叫川岛的学生，说川岛不该把大部分时间花在谈情说爱上。鲁迅在送给川岛的《中国小说史略》扉页上写道："请你从'情人的怀抱里'暂时伸出一只手来，接受这干燥无味的《中国小说史略》。"鲁迅批评起来诙谐得如同相声一般，还有诗歌的韵味和意境。

鲁迅的批评让人忍俊不禁，又深受教育。看来，教师的批评语言也不必都得严肃认真，幽默诙谐的作用也不容小觑。

（三）批评语言艺术运用方法

陶行知有一句话："你这糊涂的先生！你的教鞭下有瓦特，你的冷眼里有牛顿，你的讥笑中有爱迪生。你别忙着把他们赶跑。你可要等到坐火轮，点电灯，学微积分，才认他们是你当年的小学生？"有人说："不要轻易批评、责怪或抱怨他人，如果非要不可，就必须注意方式方法。"我们所谓的批评不是辱骂，不是讽刺挖苦，不是打击报复。批评的目的是为了终止一种错误倾向，改正一种错误行为，帮助学生确立正确的发展方向。为了做到陶行知所提出的要求，我们必须掌握批评艺术，让教师的批评变得易于接受，甚至可以说，让教师的批评变得温暖起来。那么，教师应该如何运用教学批评艺术呢？

1. 有理有据、就事论事的批评方法

"没有调查研究就没有发言权"。教师在使用批评语言之前必须充分掌握事实，有理有据。

有这样一个故事：在一幢无人居住的房子外，一只鸟儿每天总是准时光顾，站在窗台上，不停地以头撞击玻璃窗，虽然每次总是无功而返，但它始终坚持不懈，每天总要撞上十来分钟才离开。于是，人们便猜测这只鸟大概是为了飞进那个房间。然而，鸟儿站立的窗台边另一扇窗户是开着的，人们就得出结论，这是一只笨鸟。后来，有人用望远镜观察，发现鸟儿撞击的玻璃上沾满了小飞虫的尸体，鸟儿每天都吃得不亦乐乎！

人们不加调查，只凭着自己的思维定式去判断那只鸟儿是笨鸟，而结果呢？事实却大相径庭。这就启示教师在批评教育的时候不能光凭事情的表象和自己的主观臆断，而要查明真相，有理有据，才可以对学生展开批评。否则，学生可能蒙冤被批评，一切都可能与教师美好的期望背道而驰。

另外，教师批评学生时，不要翻旧账、老账新算，要针对学生实际，就事论事地进行批评，力求切中要点。有些老师在批评学生时喜欢"揭底"，喜欢老账新算。只要学生做错了事，就将学生一年甚至是几年前犯的错误一一列举出来，让学生无地自容，这样的老师是学生最反感的。批评教育学生，千万不能将"事"与"人"或"此事"与"彼事"搅缠在一起。另外，有些老师在批评学生时，常用"促膝长谈"的方式去苦口婆心地感化学生，常常是"旁征博引""娓娓道来"，而这时大部分受批评教育的学生的耳朵、脑子就自动"关闭"了，教师的苦心批评教育就成了无用功。

2.含蓄委婉、真情实意的批评方法

印度著名诗人、哲学家泰戈尔曾经说过："不是铁器的敲打，而是水的载歌载舞，使粗糙的石块变成美丽的鹅卵石。"真正的批评语言应是水的载歌载舞，轻柔、舒适，而又能在最短的时间内直达学生心底。有时候学生犯错了，如果对他劈头盖脸就是一顿语言斥责和采取简单粗暴的批评，这不但不能奏效，甚至可能起反作用，学生不但不接纳老师的批评，反而造成了师生情感上的对立，导致错上加错，犹如火上浇油。所以，艺术性的批评语言在于其中多了点人情味，少了点火药味，以含蓄委婉的方式，给"苦口的良药"穿上一身"糖衣"。教师在批评的时候可以融入风趣、幽默的语言，不仅可以开启学生的心扉，而且能让学生认识自己的错误并进行改正。

3.适时适地、因人而异的批评方法

选择不同的时间、地点以及不同的方式对学生的错误进行批评指正，所收到的效果是不同的。要做到艺术的批评，教师应适时适地、因人而异。

（1）适时适地

学生犯了错误，并不是在任何情况下、任何时候的批评都能奏效的，教师应当根据问题的实际情形，把握好批评的适宜时机，安排好批评的最佳时间。如果对批评时间把握不当，不但达不到教育的目的，反而会引起教师与学生之间的隔阂。比如遇到学生之间吵架之类的突发事件，教师更不能为"急于求成"而对学生进行批评。因为学生正当吵架之时，常常会失去理智，因而对批评教育采取排斥态度，此时的批评将毫无意义，弄不好还会适得其反。正确的做法是，先让学生冷静下来，待到恢复"常态"，对自己的错误有了一定认识后，再进行批评教育，学生就会容易接受。因此，教师批评学生时要善于选择批评的最佳时机。

批评学生，一定要注意场合，最好不要在大庭广众之下批评，要有所回避。学生年龄越小，教师越要注意这一点。因为学生的身心尚未发育成熟，心理较脆弱，承受能力有限，而自尊心又较强，如果在大庭广众之下挨批评、遭讽刺，他们的自尊心就会受到伤害，容易失去自信，或与老师产生对立情绪，甚至发生冲突。如果时常在公共场合挨批评，也容易使学生对老师的批评教育充耳不闻、漠然视之，批评的效果就会大打折扣，甚至会出现负效应。因此，教师批评学生应当尽量选择在人少的地方，以利于师生之间倾心交谈、坦诚相对，减轻学生的心理压力，避免伤害其自尊心。如果为了扩大教育范围，确实需要当众批评的，也要事先同批评对象商量一下，说明这样做的好处，使其愿意与老师配合。如果批评是在办公室里进行，最好让学生坐下。你让他坐下了，他会感到与你的心理距离一下子拉近了，也会感到老师对他的尊重，觉得老师并未因为他犯错误而对他另眼相看，老师是真的希望他健康成长。同时，让学生坐下来说，也体现了老师平等、民主的教育观、学生观。在这种平等、民主的氛围下，学生容易接受老师的批评，教育的时效性将得到提高。

（2）因人而异

俗话说："一把钥匙开一把锁。"教师在批评学生时，不可以采用千篇一律的方式，同表扬一样，批评教育学生也要因人而异，依据学生的个性特点，采取不同的批评方式。例如：对自尊心较强、性格内向的学生，教师应用温和含蓄的语言，逐步深入，让他们逐步适应、逐步接受；对于性情机敏、疑虑心较重的学生，教师的批评可采用间接提醒或暗示的方法，使之一点即通，点到为止；对于脾气暴躁、个性刚强的学生，要诚恳地指出问题，全面、辩证地分析问题，批评过程中要耐心听取学生的发言，在综合考虑的基础上对他们提出希望和要求；对于惰性心理、依赖性心理较强或犯了错误总怀侥幸心理的学生，可采用是非明确、感情强烈、措辞尖锐的批评，严肃地指出问题所在，触动他们的思想，使之受到震动。

第二节　教师说服与劝导语运用技能

一、教师说服用语运用技能综合分析

教师担负着教书育人的光荣使命，即在传授知识、培养能力、开发智力的基

础上，还应对学生进行思想品德教育、情感态度价值观教育。而教育语言就是根据德育任务，在有目的地对学生进行思想品德教育过程中所运用的语言表达形式。其中，教师掌握说服语言艺术对完成学生思想品德教育的任务十分重要。

"说服，就是通过信息的传递，去影响他人的观念或行为，达到预期的目的，说服是人类传播行为的一个重要方面。"教育中的说服是"向学生进行思想品德教育的最基本的方法。它通过摆事实、讲道理，向学生讲清楚社会主义道德品质的规范和标准，使学生掌握社会主义道德品质的基本内容和要求，对于对错、好坏、美丑，有一个基本正确的认识，使学生了解怎样才能成为有理想、有道德、有文化、有纪律的社会主义新人，并为成为德才兼备的社会主义建设者和接班人而积极努力"。以下就说服语言的特点、类型以及艺术运用方法来探讨教育中的说服语言。

（一）说服的特点

1.幽默性

幽默，是最智慧的艺术之一。千百年来，幽默艺术一直颇受人们的青睐，更容易让人接近。作为一名教师，要说服学生，对学生进行思想品德教育，偶尔增加点幽默感，会收到意想不到的效果。教学中的幽默关键在于巧妙地揭露事物的内在矛盾，造成既出乎意料又合乎情理之中的令人含笑不止、回味无穷的效果，笑声中大大改善了教育气氛。

教师用幽默方式进行说服教育，表现出对学生的总体肯定，充满希望，师生之间的关系融洽和谐，受教育者自己也在脸发烧的同时，内心蓄积其悔过自新的动机。当然，在说服教育中，幽默只能是一种补充成分，太多的幽默有时会弄巧成拙，这是教师在教育中应该注意的。

2.适度性

说服教育一定要把握好度，语言要简洁明了。学生的注意力是有限的，如果教师在说服的过程中花费太长的时间，语言冗长，不仅不会达到说服的效果，还会使学生不服教师所说的话，进而跟老师对着干。著名作家马克·吐温有一次在教堂听牧师演讲。最初，他觉得牧师讲得很好，使人感动，就准备捐款，并掏出自己所有的钱。过了十分钟，牧师还没有讲完，他就不耐烦了，决定只捐一些零钱。又过了十分钟，牧师还没有讲完，他于是决定，一分钱也不捐。到了牧师终于结束长篇的演讲开始募捐时，马克·吐温由于气愤，不仅未捐钱，还从盘子里偷了2元钱。这个故事告诉我们，刺激过多、过强或作用时间过久，会引起心理极不耐烦或逆反的心理现象，心理学称之为"超限效应"。这种超限效应在我们的教育中时常发生。

比如教师在说服教育中，有时会出现这样的情况：第一天，教师将某位学习成绩差的学生叫到办公室进行了说服教育，让他从思想上抓紧起来，好好学习。过了一天，教师害怕昨天的说服不顶用，又一次将学生叫到办公室重复说服了一次。这样的重复教育，使学生极为不耐烦，讨厌至极。其实，第一次教育时学生可能已经接受了老师的意见，并下决心好好学习，但是学习得有一个过程，如果教师紧接着又找学生，说不定会给学生增加负担，进而厌烦教师的教育，甚至演变成反抗心理，这样教师就好心办了坏事。由此可见，教师的说服教育不能过度，应恰到好处，点到为止，这一点对于高年级学生尤为重要。

3. 亲切性

苏霍姆林斯基曾说："教师的语言修养在极大程度上决定着学生在课堂上脑力劳动的效率。"而教师在进行思想品德教育时，他的语言修养更能够很好地影响学生。亲其师，信其道，教师的语言具有亲切性，即教师作为一个具有亲和力的人来教育学生、说服学生，更能够赢得学生的尊敬和信任，从而接受教师的教育。有的教师教学水平一般，但是他有较强的亲和力，不仅在课堂上很容易与学生融在一起，在课下也能很好地跟学生进行交流，这样既可以协调师生关系，又可以从各方面教育学生做一个思想品德高尚的孩子，这反过来又可以增强学生的学习积极性。有亲和力的老师课上、课下都能够以朋友的身份出现在学生面前，这样对学生进行说服教育时会收到很好的效果。

（二）说服语言的类型

青少年阶段的学生正处于世界观、人生观形成时期，在这个阶段特别需要给予正确的引导和教育。在不同的情况下，面对不同的学生，所使用的说服语言是不同的，即便是面对相同的学生，如果教育目的不一样，使用的说服语言也是不同的。

1. 根据说服对象划分

"心理学的研究表明，一个人对人或对事的态度，与他的气质、性格、能力等个性特征都有一定关系。"这就告诉我们：作为教育者，一定要研究每个学生的个性特征，要根据自己掌握的情况有针对性地进行说服教育。根据教师在工作中面对的说服教育的对象，我们可以将说服语言分为以下两类：

（1）集体性说服语言

"集中地对大多数学生进行比较普遍的说服教育，是要把许许多多的方面结合起来，如将班级里好的方面或者差的方面、正面的或者反面的进行大众化讲解。"找合适的机会对全班级的学生进行教育时，教师的语言不能有针对性，要说出大家的共性，让全班学生乐于去接受这种说服。

（2）分散性说服语言

"分散说服是对个人不同的情况进行分析说明，特别是对一些犯错误而又不能意识到错误的学生，在说服教育时更需要注意方法的正确性，要说到他们的'心坎'里去"。枯干的禾苗需要雨水，但疾风暴雨会把它摧毁；娇嫩的幼芽需要阳光，但一阵暴晒会使它枯萎，教育亦是如此。对于大多数学生，教师如果对他们的缺点直言不讳，往往会使他们难以接受，甚至导致学生产生逆反心理和对立情绪。"数子十过，不如赞子一长"，所以我们在说服学生时，语言的使用一定要恰当，教师不妨用"放大镜"观察他们言行中的闪光点，在实施说服教育时既肯定他们的成绩，又恰当指出问题，给被说服者一个"超过事实的美名"，让对方得到心理上的满足，使其在较为愉快的情绪状态中接受劝说。

2. 根据说服目的划分

"在学生中进行说服教育，根本目的就是进行思想品德教育，使学生接受或改变某种观点、信念。明辨是非和善恶，提高觉悟，从而指导实践"。那么，根据说服教育的目的，我们可以将说服语言分为以下几类：

（1）指向性说服语言

根据学生思想品德教育内容与要求有计划地对学生进行启发教育，使之接受这些教育要求，形成正确的思想道德信念。教师在教育时所使用的语言要符合学生的心理特点，用适合学生年龄阶段的语言进行说服教育。例如面对小学生，为了弘扬中华民族传统，启发学生加强道德修养，学校进行孝敬父母道德启蒙教育，并自编孝敬父母启蒙教育读本，开设启蒙教育课，开展孝敬父母主题班队活动等，从广义上说都是一种说服教育，都是通过提供丰富的事实和道理去启发学生思考、指导，让学生接受"少年儿童必须从小养成孝敬父母的良好品德"这一道德教育，形成"孝敬父母"信念，养成"孝敬父母行为习惯"。教师对这类学生进行启蒙教育，就不能使用过于书面化的语言，而应该多运用生活语言，即便是课本中的语言也要写得直白化，可以多插入一些图画语言，让学生能看懂学校说服教育的主题思想。

（2）辨析性说服语言

目的是对学生在思想道德认识方面存在的模糊不清或不稳定的道德行为进行说服教育，帮助学生分清是非善恶、美丑与正邪，消除模糊认识。教师不能运用强迫性的语言让学生去分清楚什么是好坏、什么是美丑，这样会引起学生的反感，教师要懂得应用幽默的语言，让学生在笑声中得到教育。

（3）矫正性说服语言

目的是根据学生思想品德错误认识和错误行为进行说服教育，启迪学生认识错误、改正错误。每个学生都不会想听到老师对自己负面的评价语言，可是有些调皮的、爱犯错误的学生，如果老师不给予有针对性的说服教育，他们是无法认识到自己的错误的。这时教师在说服时，就要注意自己的语言运用，虽然是在指出学生的错误，但一定要委婉，不能伤害学生的自尊心。

（三）说服语言艺术运用方法

波尔得列夫曾经说过："说服，就是教育者对受教育者的意识、感情和意志施加影响，目的是在他们身上形成而后巩固优良的道德品质，消除他们性格和行为中的不良特征。"它的特点在于教育者十分重视向受教育者进行正面教育，循循善诱、启发自觉、以理服人，充分调动受教育者的主观能动性。教师在说服教育中，面对的学生不同、面对的情况不同，那他采取的说服艺术方法就会有所不同。

1. 针对整个班集体的说服语言应用方法

运用语言文字进行集体的说服教育是最常用的方法，当然面对不同的情况，教师可以采用不同的语言运用方法。

（1）讲述法

讲述法即向学生叙述、描绘有关品德事实的经过、发展过程，形成学生有关品德的丰富的感性认识，如讲故事、模范先进事迹宣讲等。例如学生在上学过程中经常会产生厌学、逃学、弃学的情况，让很多教师十分头疼，如果教师在遇到这种情况时，不是找学生进行训斥，也不是让学生叫家长，而是在班级里多给学生讲一些古代刻苦学习的故事，如汉代的朱买臣一边砍柴一边读书、晋朝的车胤没有灯就捉萤火虫装在纱袋里照明读书的例子，将这些故事的主要情节都详细地讲给学生听，尤其是故事中的主人公经过努力学习获得成功的情节更要清晰地展示在学生面前，相信学生幼小的心灵会被这些感人的故事所触动，从而将自己的心思重新放到学习上。

（2）讨论辩论法

讨论辩论法是在教师指导下，由全班或小组成员围绕某个德育中心课题各抒己见、相互学习，经过充分讨论，得出正确结论以提高思想认识的一种方法。

（3）报告讲演法

报告讲演法是比较系统地向学生论述、论证、分析某个德育课题。它涉及的问题比较深广，所需时间也较长，可由教师或校领导来做，也可请校外战斗英雄、劳动模范、科学家来做，高年级还可组织学生演讲。人们都说孩子的学习是从模仿开始的，随着年龄的增长，学生的自学能力在逐步提高，但是模仿却始终发挥着很大的作用，学校经常作一些具有正面影响的、对学生有说服教育作用的报告讲演，可以提高学生学习的积极性，也可以增强他们的思想品德建设。

2. 针对个人进行说服教育的方法

（1）谈话法

谈话法就是教师找那些有缺点或错误的学生在某一个地点进行交流。这一方法是师生间双向的交流，不是教师对学生单向的训导。在处理学生问题时，教师找学生谈话大多是实施追问式的查询和命令式的训诫，很少给学生开口的机会，对于学生的申辩和反驳，往往视为狡辩和顶撞。总之，只有教师的说教，没有师生的对话，没有情感的交流，没有心灵的沟通，这样的说教是不能让学生心悦诚服。教师要做一个积极的聆听者，以尊重的态度，站在客观的立场上，让学生尽情倾诉。然后，教师再根据学生的性格进行相应的说服教育，这样的教育才是有效的。

（2）示范法

榜样示范就是指在学生面前呈现一定的范例，可以是著名的人物，也可以是自己班级的同学，让学生敬仰和模仿范例或者以优秀品德的正面人物去影响学生的思想、情感和行为，以达到教育的目的。

（3）暗示法

暗示法就是教师在面对有错误的学生时，不是直接指出他的缺点并强制他改正，而是通过说其他人或其他事，来暗示该学生，其实真正错误的是自己，应该改正的也是自己。

二、教师劝导用语运用技能综合分析

（一）劝导语言的特点

1. 针对性

人们的社会意识决定于社会存在，并反映人们的社会存在。每个人由于具体的生活、教育、家庭情况不同，他们在思想、行为上的问题就可能不一样，在日常生活、工作、学习中的性格、心理状况及变化等主观情况也可能不一样，这就决定了教育者在教育过程中必须根据受教育者的实际情况制定教育目标、方法、方式和手段，以增强教育的针对性和效果。疏导教育是在教育双方信息的双向交流与沟通的基础上展开的，教育者可以充分了解受教育者的实际思想情况，针对不同的问题、不同的性格、不同的心理变化等方面的情况以及他们产生的原因，有针对性地采取措施把受教育者的错误思想引向正确的轨道。

2. 情理性

"疏导教育过程中的情包括情绪和情感，是一种不同于人们的认识过程的教育资源，是通过态度体验来反映客观现实与人的需要之间的关系，在教育过程中发挥着重要的作用。疏导教育过程中的理是思想认识，是通过形象或概念来反映客观事物，是一种不同于人们的情绪和情感的教育资源，在教育中也发挥着重要作用。"在疏导教育中，由于提倡受教育者敞开心扉、畅所欲言，在自己的意见、看法、要求充分表达出来的同时，也必然伴随着人们的喜怒哀乐等情绪情感。因此，疏导教育的语言要将情和理结合起来，使疏导教育的过程成为一个情理交融的过程。

3. 逻辑性

思想品德教育非常复杂，并非一句两句话就能完成对学生的疏导。疏导语言既要有总体设计，又要有分步计划，紧紧相扣，步步深入，打通一个个关节，并把学生的思想有意识地引导到积极的方面上来。教师在面对一个学生时，不能漫无目的地教育学生，而是要针对学生的问题做好充分的准备，面对学生时，随着交流的进展，循循善诱，使学生不仅知其然，还要知其所以然。

（二）劝导语言的类型

任何一种教育语言都有不同的类型。疏导语言作为"疏"与"导"高度结合与统一的教育语言，它也是以不同的表现形式呈现在学生面前。

1. 从疏导的形式上来看，疏导语言主要分为集体疏导语言与个别疏导语言两种

（1）集体疏导语言

"集体疏导是针对一定数量的群众进行的疏导，目的是解决组织内的矛盾和群体的突出问题。集体疏导的形式很多，有沟通协商、民主讨论、干群对话、问题发生现场的疏导等形式"。在教育过程中的集体疏导教育就是教师针对一定数量的学生进行的疏导，目的是解决学生内部的矛盾和突出问题。面对集体的教育疏导语言需要有一定的针对性，面对不同的矛盾冲突，教师要用不同的语言来疏通和引导学生。比如：当师生之间有矛盾时，教师不仅要掌握好说话的艺术，更重要的是教师的话语要符合实事求是、功过分明的原则；当学生在课堂上调皮、搞恶作剧时，教师一定不能"金刚怒目"式批评，而应以充满深情的语言对学生进行教育，显示教师的宽容和爱心。当然，在课堂上如果遇到学生泄气的情况，教师可以举一些小例子来疏导学生的情绪。

（2）个别疏导语言

"个别疏导是针对个别人进行的疏导，其形式主要有个别谈话、个别访问、书信谈心等形式，着眼于解决个别教育对象的思想和行为问题"。学校教育过程中的个别疏导教育就是教师针对班级里的某一位有问题的学生所进行的疏通与引导，以解决学生思想和行为上的问题。个别疏导语言具有灵活性，教师在教育实践中，会遇到许许多多不同性格、不同背景的学生，教师面对不同的学生要采用不同的疏导方式。

2. 从疏导的手段上来看，按"导"的不同方式分为分导语言、利导语言、劝导语言等多种类型

（1）分导语言

分导语言就是教师针对某些情绪激烈的学生而进行分散而导、分步而导时所使用的语言。分散而导就是针对班集体中的学生共同存在的思想问题，教师采取分散的办法，逐个进行教育指导，通过解决每个学生的思想问题来解决共同存在的思想问题。分散而导的语言需要根据不同学生的不同性格、不同背景选择适合学生的语言形式来进行疏导，最终达到整体教育效果的目的。分步而导是针对某个学生的思想问题，按照轻重缓急，有步骤地加以引导。教师要分析学生思想问题形成的主要矛盾与次要矛盾，矛盾的主要方面与次要方面，分步骤循序渐进地逐步解决，教师面对不一样的矛盾，所采用的疏导语言应该有所不同，有所侧重。

（2）利导语言

利导，即因势利导。利导语言就是教师抓住有利的教育时机和事件，顺势展开深层次、宽辐射引导时所使用的语言。这种择机而发的疏导语言，能取得水到渠成的教育功效。这里的教育时机和事件，可以是名人轶事，可以是班级里某个学生的事件，也可以是校园里、大街上随处可见的典型的具有教育意义的事件。教师面对这些事情时，就要想到是否能与学生的思想相结合，并用一定的语言去联系起来教育学生。

（3）劝导语言

劝导是教师以事实和道理做论据，引导学生认识错误思想和行为产生的不良后果，规劝其放弃原有的错误思想，回到正确的轨道上来。劝导语言要时刻与学生的错误思想相连，面对不同的学生、不同的错误，教师所采用的语言是不同的：有的学生自尊心强、承受能力差，教师劝导时就应该用温柔的语言与其聊天；有的学生抗打击能力强，教师心平气和地劝导他，让他认识到错误是不可能的，这时，就需要针对学生的情况用一些强制性的语言进行劝导，但这种强制性语言是有针对性的，绝不能伤害学生的心灵。

（三）疏导语言艺术运用方法

为使疏导语言达到好的、预期的效果，教师必须重视疏导语言艺术运用方法和技巧的选择，力求做到因势利导，循循善诱。教师面对的学生不同，学生遇到的思想问题也不同，教师在教育方法的应用上就应该做到因人而异、因事而异。

1. 直言点拨

教师根据学生思想上存在的问题，抓住实质，要不厌其烦地给予指点，使学生明白事理，解除思想障碍或克服不良言行。直言点拨是一个很好的方法，直接指出问题所在，既能很好地解决问题，又不浪费时间，是教师常用的一种疏导方法，但是这种方法并不适合所有学生。有些学生心理比较脆弱，如果教师直接地指出该生的问题，会伤害他的自尊心，不仅起不到教育的效果，还会产生逆反心理。例如从身体发育看，高一学生正处在青春发育期，他们更加渴望与异性交流，但又掌握不好分寸，一不小心就有早恋的现象，这些问题困扰着教师和家长，不知该如何对学生进行疏导教育。教师应该抓住学生缺乏对异性的了解这一实质，对学生予以正确引导，让学生以非常坦诚的态度去面对。

2. 借题发挥

有时候，利用直言点拨的方法进行疏导教育往往效果不好，这就需要教师寻找其他的方法。借题发挥是针对学生的实际，教师抓住某个有利于教育的话题巧妙地进行引导，让学生提高认识，走出误区。

3. 巧言暗示

有的学生对存在的问题比较敏感，不便直言点拨，教师为保护学生的自尊心而不愿直接挑明，于是便巧妙地运用暗示的方法旁敲侧击，进行疏导。巧妙的暗示语言若运用得当，会犹如春风一样吹开学生的思维之窗，收到事半功倍的效果。

4. 反弹琵琶

教师每天面对着各式各样的学生，他们存在的问题也五花八门，有些问题用寻常的方法难以解决，这就需要教师换个思路想问题。教师可以根据学生中存在的问题，从反面进行延伸，正话反说，使它的荒谬或危害更加突出，给学生以警示的作用，并产生风趣、幽默的效果。

第三节　教师鼓励与引导语运用技能

一、教师鼓励用语运用技能的分析

"鼓励多用于集体场合。教师要以充满感情而有感染力、号召力的语言和动人的事例，来激发学生的热情。要以昂扬豪迈、节奏明快的语调，来激发学生的情趣，使学生情绪高昂、精神振奋地去做好一件事或开展某种活动"。教师在学生的人生征途上，是一个不懈的激励者，不管是对自己喜欢的学生，还是那些缺点和错误较多、顽皮不太讲理的学生，教师都要进行有力的鼓动。鼓励语言的价值在于使学生克服畏难情绪，将学生的潜能激发出来，并以语言把学生将要达到的目标描绘出来，鼓励学生为了目标积极奋斗。

（一）鼓励语言的特点

1.感染性

教师面对的学生各式各样，有聪明的、听话的、懂事的，也有迟钝的、顽皮的、蛮不讲理的，教师要想将所有的学生都教育好，那么在进行鼓励教育时，其语言一定要能够说服学生、感染学生，让学生在听到教师的语言后可以受到心灵的触动，并朝着积极向上的方向发展。富有感染力的鼓励语言需要做到生动形象、清晰和谐、通俗易懂，才能激发学生的兴趣，给学生留下深刻的印象。

2.激励性

心理学家威廉·詹姆士曾说过："人类本性上最深的企图之一，是期望被钦佩、赞美、尊重。"也就是说，每个人都有渴望被众人认同、称赞的内心需要，如果我们顺从这一心理，就能唤醒学生主人翁的意识，激发他们的内在潜能，使之昂扬奋进。基于这一认识，教师在鼓励学生时，语言一定要充满激励性。

有位学困生，学习不努力，经常翻墙逃学，虽然经班主任教育，但转变很小。一天他翻墙进校被领导发现送到班里，同学们议论纷纷。班主任了解到他来校迟到，当时校门口正统计各班迟到人数，他怕影响班级荣誉，又怕耽误上课，就翻墙了。这时班主任便对全班同学说："过去王小明同学翻墙，今天又翻墙，但这不是简单的重复错误。过去他是向外翻，是逃避上课去玩；今天他是向里翻，是为了学习，这中间有进步。试想，这样下去，我们大家谁能不相信他一定会成为好学生？"老师的话使他激动得流下了热泪，以后他上进的步子越来越大。不管怎么说，他都是迟到了，批评他是有理由的。可班主任却来了一番激励，话语非同一般，效果自然良好。

3. 情感性

教育心理学的研究表明，情感性的语言比单纯的理论性话语更能收到好的教育和教学效果。教师在鼓励学生积极参加某项活动前进行的动员性演说，一定要带有一定的情感，教师要将自己的情感与活动融在一起，学生才能从中得到触动，引发参与活动的激情，达到鼓励的效果。

（二）鼓励语言的类型

俗话说："响鼓也要重槌敲。"即使素质很好的学生，教师也要用重槌敲打，他们的人生才能发出震耳的轰鸣。鼓励，就是一种很好的鼓槌。总结一下善教者的成功之路，就可以发现，他们的鼓励主要是通过语言来实现的。这些教师运用具有激励性、感染力的语言鼓励学生去做好某件事或积极参加某项活动。这里的鼓励语言主要包括口头语言、身体语言和书面语言。

1. 口头语言鼓励

口头语言鼓励是教师教育中常见的一种类型。当学生不积极地做某件事或参加某项活动时，教师就要用具有鼓励性的话语去鼓励学生行动起来。在这里，教师要根据学生不同的心理、不同的想法，采用不同的鼓励语言，语言应有的放矢，最终达到激励的效果。口头语言又分为两种语言类型：有号召力的语言和动人的事例。

（1）有号召力的语言

鼓励学生的语言要字字含情、句句动魄、扣人心弦、撼人心扉。在表达过程中，语言要通俗、干脆，不能拖泥带水，语音也不能太低，要有气势。当然，要想达到号召的效果，必须有一定的前期工作，教师要对班级的学生状况有一个大致的了解，号召性语言要与学生的情况相吻合，尤其是面对一个崭新的班级时，教师尤其需要做好充足的准备。

一位新班主任走进教室，同学们热烈鼓掌，他激动不已，作了如下的讲话："同学们，感谢大家的信任！既然大家用掌声向我表示欢迎，我想大家一定会在工作中给我大力支持的。我听有的同学在下面说：'老师，就等你新官上任三把火了！'这使我忐忑不安。不过，在我看来，我们不存在三把火的问题。因为，我们前任班主任已经把火烧起来了。所以说，我面临的工作，不是烧三把火，而是继承与创新的问题。所谓继承，是因为班级已经有了好的规章制度可供我们'萧规曹随'；说创新，是因为，时过境迁，我们将面临新情况、新问题，需要我们去对症下药。如果说要烧火的话，那不是三把火，而是全班四十七把火。为了这难得的学习生活，希望同学们都燃烧起来，既照亮自己，也照亮别人！我讲完了，谢谢大家，请多关照！"（教室里响起了阵阵掌声）

为什么新班主任会赢得学生的阵阵掌声，那是因为新班主任的话语赢得了学生的支持，教师的几句话干脆有力，巧妙地将"三把火"引申为"四十七把火"，表现出老师对同学的信任，激发了全体学生的主人翁责任感。

（2）动人的事例

有时候，教师的鼓励单靠有号召力的语言无法激起学生的情趣，无法振奋其精神去做好某件事或参加某项活动，还需要通过别人的事例来感化、触动学生的心灵。列宁说得好："榜样的力量是无穷的。"榜样可以使人受到鼓舞、干劲倍增，可以使学生有方向、有目标。榜样是引导人们前进的一面旗帜，教师要适应青少年学生善于效仿的心理特点，运用榜样的力量去鼓励学生，这比单纯的号召语言更有说服力。

冬天来了，天寒地冻，同学们不太愿意到寒风中去锻炼，文体委员的催促几乎没什么效果。班主任面对这种情况，走进教室大声地问了几个问题：

"你们想象刘翔那样跑得快吗？""想！"同学们齐声回答。

"你们想象百岁老人那样身体健康吗？""想！"

"你们想象奥运健儿那样站上领奖台吗？""想！"

在一片欢乐的回答声中，教师大声号召："那么请大家不要间断冬季的体育锻炼！"同学们应声跑出教室，并高兴地参加体育锻炼。

这就是榜样的力量，学生们有了学习的对象，他们为了向榜样人物靠近，就会主动去做好以前不想做的事情。

2. 身体语言鼓励

美国心理学家艾帕尔说："人的感情表达由三个方面组成：55%的体态、38%的声调及7%的语气词。"成功的演讲者除应善于运用"讲"说服听众外，还应配以身体动作、姿态的"演"去征服听众，这样和谐统一、相得益彰的演讲更能起到出神入化的效果。教育中，教师对学生进行鼓励教育时，同样是一次很好的演讲，配有表达激情的体态语，更能够征服学生，激励学生去积极地开展某种活动。

教师鼓励的身体语言主要有体态语言和表情语言。

体态，包括动体态和静体态。教师的体形、服装、发式等属于静体态，教师追求和谐得体的衣着打扮，使学生感到亲切，便于师生的沟通。而点头、拍肩、握手、手势等则属于动体态，在鼓励学生时，教师的动体态具有更强烈的作用。教师站在学生的面前鼓励学生投入某项活动时，要有一个演讲者的风范，在说到激动点时配有果断有力、干脆利落的手势语，更能激发学生的积极性。

教师在鼓励学生时，表情语也是不可或缺的身体语言，因为教师的鼓动教育也是教师与学生进行思想交流的过程，教师运用各种表情可以加强语言的表现力、感染力。例如：谈起社会丑恶现象时应带有深恶痛绝的表情，无声地鼓励学生弃恶向善；鼓励学生积极地参加学校的各项活动时，教师要笑逐颜开，表现出对活动的美好憧憬。

3. 书面语言鼓励

教师用书面语言调动学生的积极性，可以通过书信的形式，也可以通过操行评语的形式。不管是书信还是评语，教师都应用真诚的肯定和赞美来有针对性地进行正面引导和暗示。古语说："良言一句三冬暖。"教师鼓励的力量是无穷的，一条让学生感动的评语，一封触动学生心灵深处的信，其威力是无穷的，其影响是深远的。

有一位教师要外出参加一个为期 10 天的会议，这正是期末考试的最后 10 天，学生的学习任务很重，班级评比积分也进入竞争的最后冲刺阶段，其中还有"万米长跑比赛"等几项大型活动。身为班主任的这位老师在这个时候离开实在是不应该，可是会议又不能不参加，出于对学生的信任，教师走之前留下了一封给全班同学的公开信：

同学们，我非常感谢你们两年多来取得的显著成绩，我们获得的荣誉都凝聚着同学们的汗水和心血，这将成为大家日后漫长人生之路的骄傲。同学们，现在又有一个丰富光荣历史、创造美好辉煌的好机会——搞好这学期最后 10 天的工作。很遗憾的是，这 10 天如此重要的任务要交给大家来完成，老师要出去开会 10 天。怎么样，害怕了吗？作为班主任，我是很遗憾的，但是我不担心。因为我信赖这个有光荣历史的班集体，我相信大家会圆满地完成这 10 天的任务。同学们，明天分手，10 天后再见。我将在千里之外遥祝大家战果辉煌！

同学们看到信后，激昂慷慨，摩拳擦掌，纷纷表示要为班集体争光，结果这 10 天的任务完成得很好，成绩优异。

"公开信"是教师与学生谈话的书面语言，由于语言纯朴，入情入理，显示了热情鼓励、充分信任、正面疏导的巨大作用。教师不是为写信而写信，教师说的每一句话都充满对学生的信任，并处处在赞美学生的能力，所以达到了鼓励的效果，可见书面语言威力无穷。

（三）鼓励语言艺术运用方法

鼓励语言的类型有很多，教师应该如何将这些鼓励语运用于实践，通过激越的感情、优美的词语，去激发学生积极性，振奋学生的精神，激励他们去开展某种活动或做好一件事呢？这就需要我们来探讨一下鼓励语言艺术的运用方法。

1. 以言简意赅的名言警句鼓励学生

一个口号就是一个行动纲领，就是一个奋斗目标，就是一面指引前进的旗帜。在教育中，教师也应该树立一个口号，鼓励、激励学生好好学习。这里的口号也就是我们所说的一些名言警句，教师可以为学生讲这些名言的来历，让学生在情境中得到启发，奋发精神，积极地投入到学习甚至是学校的活动中来。

教师的鼓励是需要艺术的，同样的一句名言警句，不同的教师使用会产生不同的效果，也许会成为学生的耳旁风，听过就忘，也许会深深地刻在学生的心里，成为人生的格言，就看老师的鼓励语效果如何。

2. 以别具一格的广告语鼓励学生

我们都知道，广告语的一个最大的特点就是吸引观众的眼球。一个好的广告总会带有那么几个亮点，而这亮点又恰好符合观众的心理需求，可以引来观众的关注。那么，教师的教育语言又如何呢？是否也可以采用这种方式去满足学生的心理需求，来达到鼓励的效果？

冬天这个寒冷的季节，学生都不想出教室，于是每天锻炼的习惯也就在寒风中终止了。有一位班主任利用广告语的特点，模仿电视广告的声音说：

"你们想增强记忆力，提高学习效率吗？""想！"同学们齐声回答。

"你们想头脑敏捷，变得更加聪明吗？""想！"

"你们想体格健壮，身材健美吗？""想！"

"个子矮的同学想长高点吗？""想！"

"发胖的同学想减肥吗？""想！"

在一片欢乐的回答声中，教师大声号召："那么请大家坚持冬季体育锻炼吧。"

这位老师动了一点脑筋，变换一下方式，效果就很理想。学习效率、聪明、身材健美、减肥、长高，这些都是现在学生的心理需求，教师抓住了这一点，从满足学生的需求出发，再引向教师鼓动的目的所在，这样很容易激发学生的兴趣，所以这位教师的鼓励是成功的。

3. 以表达激情的体态语言鼓励学生

教师在鼓励学生积极地去做好某件事或参与某项活动时，不仅可以用语言来激励，而且老师平时的一个小小的身体的变化都会给学生以鼓舞，激励他们准备去干或者继续去干某一件事。这些体态语言可以是教师对学生表现认可地点头，可以是教师对学生的鼓掌表扬。在课堂上，学生没有勇气站起来说出自己的想法，也许教师在学生肩膀上轻轻地一拍，都会给学生以鼓舞，激发他大声说出自己想法的勇气。比如有些老师教育学生的秘诀就是多给学生鼓掌，不管是课堂上还是运动场上，不管是校内还是校外，只要看到了学生的进步，教师就会带动其他的学生给以掌声的鼓励。课堂上，学生回答对问题，给以掌声，回答错了，同样给以掌声，因为毕竟学生站起来了，比起那些不敢站起来大声说话的学生，他就有很大的进步。也许，我们每一名教师在教育学生时都可以采用这种方法，这是一种鼓励性教育，是被大多数教师和学生认可的教育。在当今社会，所谓的挫折性教育已不适合学生的心理。

鼓励语言作为教师教育语言的一种，对激发学生的兴趣、振奋学生的精神、鼓励他们积极地做好某一件事情有着重要的作用。教师要应用好这一教育艺术，通过鼓励给学生以生活、学习的方向。

第六章　教师交际语言技能培养策略探究

第一节　教师交际语言技能运用具体策略：家庭访问

一、家访工作方法与步骤

家访主要是指学校教育工作中班主任采用上门走访、电话或短信等方式，与学生家长及时联络，相互了解情况并探求学生教育问题的一种沟通模式。家访是教师与家长保持联系的常规性的工作之一，也是学校教育与家庭教育相结合的重要途径。通过家访可以争取家长对学校教育工作的支持与配合，能多方面地获得相关的信息来促进学校的教育教学及学校建设管理等方面的工作。教师通过家访，不断征求家长意见，争取家长的理解、支持和配合，共同营造和谐的育人环境，才能有利于学生的健康成长。虽然通信工具不断更新，人与人之间的沟通越来越方便，但作为班主任，仍需要走进学生家中，进行有效的家访。家访一定要围绕事先确定的目的进行，最好请任课老师陪同。一方面，显得较有诚意与重视；另一方面，也可以加强老师与学生之间的联系。教师在家访中要有诚心和爱心，讲话要注意方式，要多表扬孩子的长处和进步。如果教师对家长抱有诚心，对学生拥有一颗爱心，那么，家长必然会成为教师的朋友。家访工作要注意以下几点：

（一）重视家访工作

班主任是学校与家庭的纽带，家访是班主任密切与学生家长联系的一种最常用的方式，勤于家访、善于家访是班主任带好班级的诀窍之一。作为新生班的班主任，在最初的班级管理中要有计划、有步骤地对学生的家庭进行普访。通过普访，对全班学生的家庭情况有个大概的了解，与家长建立联系。每次家访最好事先与家长约定，不做"不速之客"，以免使家长因教师的突然来访而感到不自在。通信工具的普及也为班主任与学生家长联系带来了便利，班主任只要勤于与家长联系，注重家访工作，学校教育与家庭教育就能很好地结合，就能为学生的健康成长创造良好的客观环境。

（二）家访目的要明确

家访的作用在于了解、反映学生情况，争取家长的配合，使学校教育与家庭教育结合起来，共同搞好教育工作。根据不同情况，班主任应主动到学生家中进行家访，言及其中利弊，经过双方分析，达成共识。众所周知，只要是教师家访，家长都会往坏处想，认为如果不是孩子表现不够好，老师不会"无事不登三宝殿"的。这就要求教师家访目的要明确，事前要做好充分的准备工作，内容要具体且真实。

（三）精心选择家访时机

有利的时机是家访成功的重要保证，如学生生病在家时，学生取得优秀成绩时、后进生有很大进步时、学生家长遇到困难时、以及学生犯了严重错误时进行家访，效果都是最好的。如果遇特殊情况要速访，对个别学生根据需要还要常访。

（四）采用"三方会谈"的家访模式

"三方会谈"是指家访时让学生在场，家长、老师、学生在一种温和、平等、轻松的气氛中"三方对话"。这种模式既可增强师生之间的信任，消除不必要的疑虑，同时可以给学生讲话的机会，有利于消除消极因素，保证意见的准确性和教育措施的针对性。

（五）及时做好家访记录

每次家访后，班主任要及时写出详尽的家访记录，把家访过程、家访达成的共识、家访中受到的启发及家访中发现的问题一一记录下来，并根据学生在校内的学习、行为表现，结合家访中掌握的资料，及时反馈，对学生重新分析评估，制定新的教育方案和措施，不失时机地对学生进行深化教育。

二、语言表达与沟通方式

家访时的谈话是最讲究技巧方式的。因为家访是有明确目的、有准备的一次沟通活动，大部分家访是"三方会话"，不同角色、不同心态的三方共处一地一室，要创设温和平等的会话环境，更要讲究语言表达的方式技巧。

（一）多肯定，少批评

肯定学生是家访中最佳的语言表达方式。大部分家长都愿意参与、配合学校对学生的管理，希望自己的孩子在学校是个乖孩子。如果教师在家访过程中对孩子在学校的表现多些肯定，如有的学生学习成绩不太好，但他的表现不错，肯乐于助人；有的学生学习好，但不爱劳动，团结同学差一点；有的学生学习中等，但有一定的组织管理能力……那么，教师与家长就谈表现、学习、组织管理方面的长处。当然，应当实事求是，适可而止，避免使个别学生家长产生骄傲自满、沾沾自喜的情绪，从而直接影响学生。同样，对于有问题的学生进行批评也是应该的，更具有针对性，但在与家长交流的过程中，应当注意语言的婉转，把握一个分寸，以免挫伤学生和家长的自尊心，使学生产生逆反心理，适得其反。

（二）多鼓励，少指责

鼓励是一种有效的谈话方式，通过鼓励可以激发学生的积极性和自主性，克服困难，增强学生奋发进取的信心。当然鼓励也要适可而止，以避免学生骄傲自满。对于有错误的学生应该指出其问题所在，语言表达要具有针对性。对于青少年学生的健康成长则更应注意分寸，不能遇事不分析原因，不了解情况，一味指责学生，挫伤学生的自尊心，产生逆反心理而适得其反。这就要求教育者应善于发掘学生的每一个闪光点，要用发展的眼光看问题，充分调动学生的积极性，正确认识自身存在的问题，促使学生健康发展。

（三）宜全面，忌片面

"三方会谈"时，双方都要正视问题，特别是教育者不要单纯指责学生的过错，甚至借机"告状"，推卸责任。对于谈话的内容更应一分为二，抓住问题的关键，做到晓之以理，方可使学生信服。与家长交谈时心态要平和，就事论事。真实反映孩子在校情况，核实在家表现，认真听取家长的意见，与他们达成共识，诚恳要求家长努力配合。所有谈话都要讲求必要的技巧，使家长感受到你的真诚，使孩子感受到你的亲切，从而达到家访的目的。

（四）宜启发，忌埋怨

家访应在和睦的气氛中开展，谈话内容始终围绕主要目标，在沟通过程中要客观、充分地分析问题、认识问题并商讨解决问题的途径。尤其不能埋怨或教育家长，更不能指责家长不尽职、不尽心。家访不是告学生的状，更不是推卸责任，而是共同商讨存在的问题，有针对性地加以分析和研究，给予学生和家长思考的空间。如果能使沟通话语具有一定的启发性则是更为理想的家访方式。只有掌握了科学有效的家访方式，方能收到良好的家访效果。

（五）多理性，少意气

教师与家长的地位是平等的，没有高低之分，有的只是一个共同的目的——希望孩子各方面表现出色。教师在家访时要讲究语言技巧，在家长面前一味地大谈学生的不是，容易引起家长的情绪波动，对子女进行蛮横的指责或粗暴的痛打，这样不但达不到教育的目的，反而容易引起学生对老师的反感和对立情绪。对于成绩差的学生若谈及他在班里及年级的分数和名次，容易使家长感到失望，使学生感到没有进步的希望，往往会使学生厌恶或者弃学。对中学生的早恋现象也不要大惊小怪，更不要在家长面前过分渲染。针对具体情况具体对待，有的可以敲警钟，促其醒悟；有的可以通过父母和风细雨的交谈引导，切不可火上浇油，捕风捉影地在家长面前大肆渲染。交流中切忌各执一词，互相指责。尽量避免家长与学生当场发生冲突，要与家长携手帮助受教育者度过困惑的青春期。

第二节　教师交际语言技能运用具体策略：工作交谈

教师家访的对象是学生和家长，工作交谈时的对象是同事、领导，甚至是自己的亲人和朋友。工作交谈涉及教师工作和生活两方面，这两方面具有举足轻重的地位。同时，工作交谈也是新课程所强调的教师间合作的体现。

一、工作交谈的作用

工作交谈充斥着教师平日的工作和生活，很普遍，很常见。这种司空见惯的语言交际之中同样蕴藏着无穷的宝藏，虽不明显，但却实实在在地存在着。

（一）有利于教师释放压力，保持健康的心态

教师面对家长的高期待，学校布置的各项任务，社会各界的关注，自身的生活处境等，其压力是可想而知的。工作交谈为教师释放压力提供了一个平台，在

交谈中可以说出自己平常工作和生活中遇到的困难和难题，一起交流，共同探讨。压力的释放有助于教师保持健康的心态，每天带着好心情轻装上阵，将有限的精力投入到教育教学中。

（二）便于教师间的沟通，形成良性的工作环境

人类是群居的物种，单独的个人一旦脱离群体是无法在社会上生存的。同样，作为教师，他们的工作和生活不是封闭的，而是一个开放的系统。平时的工作交谈，可以加强教师间的沟通，增进互相的了解。教师之间如果没有工作交谈，会让彼此处在一种猜忌的环境中，最终影响工作。而工作交流可以净化工作环境，避免恶性竞争，形成良性的工作环境，让教师的身心倍感舒畅。

二、工作交谈语言运用要点

工作交谈大部分是教师与教师间的交流，凡是人与人之间的交流就需要彼此充分尊重。交谈对象之间，同时要思考如何才能获得最佳的交谈效果。因此，教师在工作交谈中需要高度重视自己的语言，让工作交谈双方成为双赢者。

（一）保持谦虚的心态

骄傲使人退步，谦虚使人进步。这句话无论到什么时候、在什么场合都适用。教师在工作交谈中要摆正自己的位置，切勿狂妄自大。只有保持谦虚的心态才能学到别人成功的经验，才能不断地取得进步。一个骄傲自满、夜郎自大的人只会津津乐道于自己的所谓成功，最终故步自封，落后于时代的步伐。

（二）真诚沟通，信任他人

随着市场经济的发展，人与人之间的交往越来越呼唤真诚和诚信，它们不仅成为衡量人行为的基本准则，同时也是人与人之间交往的试金石。真诚、信任通常通过语言来传达，因此在交谈中，态度谦和、诚信的语言会给人以亲切之感。而态度傲慢、盛气凌人的语言会使人感到恐惧与不安，并使交谈的气氛充满不友好。另外，赢得别人信任的最佳途径，就是让别人能感受到你对他的信任。

学校为了提高教育教学水平，经常选送某一学科的某位教师参加省或市的优质课大赛。被选中的老师会感到这是一种荣誉，也是学校对自己教学能力的肯定，若能获奖对个人发展有着极大的益处。然而，这种荣誉的获得却并非是靠一名教师就能完成的，而是同组教师的集体智慧。其实，在教师中间，这是一种无形的

竞争。参赛前夕，为了让被选中者取胜，同组的教师会反复地听该教师的同一节课，目的是精心打磨，这样在其他教师心中难免会出现疲劳感，甚至存在一些抱怨与不满。某一中学的王老师赛前试讲了一节课，同组的其他教师都在一起评课，但大部分教师都没话说，即使有也只是泛泛而谈。面对这样的情况，王老师诚恳地说道："我比较年轻，还有很长的路要走，大家的批评、建议都是为了我的成长与进步，我个人绝不会有意见，只有深深的感激。如果这次我能成功，是大家的功劳，更是大家的荣誉，我只是大家的代表而已。"一番诚挚的话语使同组的教师们再也没有顾虑，大家都打开了话匣子，开诚布公，提出了很多建设性意见，有的教师提出的观点甚至很尖锐。正是王老师的这番话，让他的优质课获得了好的成绩，同时在评课的过程中，其他教师的教学水平也获得了相应的提高。

三、工作交谈语言艺术运用方法

语言交际的对象是人，凡是以人为对象的活动都需要充分的关照对象。工作交谈作为语言交际中的一部分也需要关照所交谈的对象。而对人的关照，却没有一个特定的、一成不变的规律，因为人是有意识的活动主体。与人的语言交谈是一种艺术，其中充满着不确定的因素，即便如此，总有一些方法、准则是通用的，或者是值得借鉴的。

（一）创造轻松愉悦的环境

工作交谈不一定都是非常严肃的。尤其是上级找下级的谈话，总会给人一种压抑的感觉，若是能创造出一种轻松愉悦的环境，交谈双方的心理会少点戒备与紧张不安，多点真诚。

（二）尊重他人，悦纳他言

美国心理学家马斯洛曾提出一个心理名词——"约拿情节"，其基本特征包括两方面：对自己，逃避成长，拒绝承担伟大的使命；对别人，嫉妒别人的优秀和成功，幸灾乐祸于别人的不幸。简单地说，"约拿情节"就是一种对成长的恐惧。

在交际中我们都明白尊重他人的重要性，但有时往往为了自己的面子，而不惜拒绝别人的建议。只有充分承认他人的成功，消除自己的"约拿情节"，这样才能承认自己的不足，虚心接受别人的建议，进而完善自己，促进自己的成长。正如一位哲人所言："尊重他人是抬高自己的最佳途径。"

（三）巧妙地搭建"阶梯"，化解疑难

交谈中，搭建"阶梯"，可以有效地转移矛盾焦点，并具有幽默感和说服力。成功地搭建"阶梯"可以解除人与人之间的矛盾，让原本的"一潭死水"又泛"涟漪"。

第三节　教师交际语言技能运用具体策略：座谈发言

萧伯纳说过："倘若你手中有一只苹果，我手中有一只苹果，彼此交换一下，那么你我手中仍然各有一只苹果；但倘若你有一种思想，我有一种思想，彼此交换一下，那么各人将有两种思想。"座谈发言是教师之间关于教学理念、教学内容、教学方法等的交流，是教师素质提高的重要途径。

一、座谈发言的作用

座谈发言会成为教师间工作交流的重要途径，它的存在有其必然的合理性。那么，座谈发言的作用有哪些呢？

（一）促进教师自身发展

座谈发言一般是教师间关于教学理念、教学内容、教学方法以及学生学习理论等方面的探讨。在座谈会上，教师之间可以相互讨论切磋，可以从优秀教师身上学到新的教学理念，借鉴最有利于学生接受知识的教学方法，明确课堂教学的教学内容，同时还能掌握学生的学习心理，把握不同年龄阶段学生的学习规律等。同时，优秀教师在座谈发言中将自己的成功经验与别人分享，能获得成就感。而一次成功的发言本身就是一种自身的发展，它可以提高教师语言表达能力、思维能力等。

另外，座谈发言除了共同分享成功经验外，也可以与别的教师探讨自己在教学中碰到的难题，阐述自己的疑惑，集众人之慧，集思广益，能多方面、多角度地解决问题。

可见，无论是与别人分享自己的成功，还是向别人请教解决难题，都是教师自身发展的好时机。因此，座谈发言能丰富教师的专业知识，提高教师的专业能力，提升教师的道德水平，促进教师自身发展。

（二）调动教师工作的积极性

在座谈会上，教师若能和别人分享自己成功的经验，则能增添教师的自我效能感和成功感；若是向别人请教解决难题的方法，又能提高教师对成功的期望。无论是自我效能感还是对成功期望值的增添，都是教师教学工作积极性的体现。另外，教师参加座谈本身也是其工作积极性的体现。

（三）提高教育教学质量

座谈会上大家可以畅所欲言，有值得学习的成功经验，也有值得借鉴的失败教训。在成功经验的交流中，可以让教师们找到正确的方向，而失败教训的交流则可以告诫教师，有的方法是行不通的，无论什么教学活动的实施都必须综合考虑多方面的因素。

所以，无论是成功还是失败，都可以促进教师教学的改进，推动教师教学理念的更新，完善教师的教学知识体系。从更大的层面来说，在座谈发言中可以听到一线教师最真实的声音，有利于教学与课程研究做到实际与理论的结合，推动语文教学与课程的改革。

二、座谈发言注意事项

座谈发言不同于平时同事间的工作交流，它更正式，更严肃。座谈发言既需要教师把准整体座谈要求，还需要注意一些细节，这样才能在会上做到游刃有余。

（一）肯定自己，乐观积极

居里夫人曾经说过："我们要有恒心，尤其是要有自信心。"自信不仅是良好心理品质的表现，也是交际中的一项重要素质。自信，肯定自己，是争取主动的有效途径；而畏惧、缩手缩脚会使我们在交际中丧失沟通与学习的良好时机。

例如某市高一语文教研组决定每星期二下午都进行教研活动，或是集体听评公开课，或是就语文某一专题进行讨论，或是讨论分析学生某次测试结果，从中获知学生学习的效果及教学中普遍存在的问题。高一上学期期中考试结束后的某个星期二下午，高一年级组语文教师聚集在一起，讨论分析这次期中考试所暴露出的问题。奇怪的现象是，大部分的时间都是重点中学的教师侃侃而谈，而剩下的时间都是大家在自由讨论。那些普通中学的教师由于本校地位及教学质量的原因，往往感到低人一等，技不如人，总是一言不发。这一自卑心态严重阻碍了交流会的健康开展。学校条件的优劣和学生素质的高低是客观存在的，这不是教师个人在短时间内所能改变的,这样的妄自菲薄只会阻碍教师们自身发展的脚步。普通学校的教师应该相信经过自己的艰苦努力也会获得好的成绩,积累更多的可以交流的经验。只有充满自信,教师与教师的座谈交流才会取得实效,而不是走形式。

(二)准确把握参加座谈人员的心理特征

座谈发言的与会人员因座谈性质的不同而不同。座谈发言的成功还需要我们能准确地把握与会人物的心理特征。因为,教师们发言的对象正是这些不同工作性质、不同社会地位的人。

面对工作上的领导,发言时应该抓住其治教治校的理念,表现出对其所提出理念的支持,这有助于自己教学工作的开展。而面对错误的决策时,也没必要一味地媚承,应抓住时机提出不同意见。面对自己的同行时也不能显得高傲自大,要放低身段,让同行觉得你和他们一样,都是在极力提高工作的效率和工作效果。

除此之外,当别人感觉困顿的时候,适当地补充一些鲜活的实例,一是吸引别人的注意力,二是给别人休息的时间。但是,所补充的实例一定要与自己发言的内容紧密相连,其目的是给下面的发言做铺垫。

三、座谈发言语言艺术运用方法

任何场合的发言都需要发言者做好充分的事前准备,准确地抓住发言场合的特征,对自己的语言要百般推敲。因为语言是门艺术,座谈发言的语言同样是种艺术,只有掌握一些语言运用的方法,才能更有效地体现语言的艺术性。

(一)研究座谈发言内容,了解具体信息

参加座谈会之前,教师应做充分准备。要明确座谈会的主题,确定自己感兴趣的方面,依据自己的知识背景做必要的扩充,最终确定自己的发言内容。若给定发言内容,更应广泛地搜集资料,了解相关的热点信息等,让自己的发言既贴合主题,又富有时代的气息,继而避免空洞乏味的陈述。

(二)用幽默的语言化解尴尬的气氛

人们都喜欢和幽默活泼的人相处,对呆板无趣的人敬而远之。这些品质大都是对方通过语言传达出来的。幽默会使交谈的氛围轻松愉快,而呆板则会使交谈的氛围紧张不安,甚至会出现双方都陷入尴尬的局面。

座谈会上有时会出现令所有人都尴尬的现象，这些现象看似是偶然的，其实是会前准备不充分、语言运用不当、缺乏机智等的必然结果。我们该如何去面对这样的尴尬，如何去化解这样的气氛呢？答案就是幽默诙谐。

如何做到让自己的语言充满幽默呢？这就需要在平时的交谈中有意识地去训练。练习说话带有幽默感就像练习打拳一样，越练越熟练。最终，你会发现自己的幽默潜力无穷。在意识到这点之前，我们的语言总会显得死板，缺乏生动活泼之感。

（三）语言要抑扬顿挫，发言激情要有度

座谈发言是教师综合素质的展现，既要求教师对座谈内容做充分深入的研究，也要求教师具备临场发言的语言表达能力和应变能力，尤其是语言，它是直接显示教师整体素质的窗口。

语言表达能力的强弱既可以为教师的发言锦上添花，也可以让教师的发言大打折扣。设想一位知识储备丰富，对座谈内容有深入研究的教师在发言时语言一马平川，就像一潭死水，毫无起伏，作为倾听者你会有何感受？若这位教师发言时语气有轻有重，有缓有急，你又会有何感觉？因此，发言一定要做到抑扬顿挫。作为一名优秀的教师，有必要锤炼自己的语言表达，避免"茶壶里煮饺子——有嘴倒不出"的现象发生。

语言的抑扬顿挫主要体现在语调和语速上。根据所讲内容的不同而使用中、低、高音，高而不喧，低而不沉，跌宕起伏，轻重有致，以声传情，注情于声，声情并茂。语速失调、过快过慢等都会使听众感到困倦不堪；如若急徐相间，富于变化，自然会吸引听者注意。

发言除了语言上要抑扬顿挫，还要有激情。有激情的发言会让倾听者发觉你所阐述的知识是活的，而不是生硬的装在脑子里或刻在书本上。但是，凡事都要把握一个度，否则会适得其反。

（四）语言要精练简洁，切中问题的要点

有些人发言停顿后会赢得会场热烈的掌声，这些掌声有时是为精彩的内容而鼓，有时却是与会人员认为"终于结束了"而鼓掌。后者出现的根本原因就在于有些人烦琐的发言。原本可以浓缩为一两句话的内容，他偏要说上个十几句。由此，教师在座谈会上的发言要切忌烦琐重复，应做到精简，一语中的。这需要教师在平常的教育教学和生活中有意识地锤炼自己的语言，训练自己的思维，养成说话精练简洁的良好习惯。

发言除了要做到精练简洁，更为重要的是符合座谈内容，契合座谈问题，否则再精练简洁的语言也是"牛头不对马嘴"。

第四节　教师交际语言技能运用具体策略：专题演讲

演讲又叫讲演或演说，是指在特定情境下，以有声语言为主要手段，以体态语言为辅助手段，针对某个具体问题、观点，鲜明、完整地发表自己的见解和主张，阐明事理或抒发情感，进行宣传、鼓动的一种语言交际活动。

作为一种社会现象，演讲有着悠久的历史。早在古巴比伦、古埃及、古希腊、古印度和中国先秦时期，演讲就已经有了高度发展，成为一种相当普遍的实践活动。纵览古今，无数的演讲家、雄辩家，凭借敏锐的思维、犀利的眼光，熟练地驾驭语言，把演讲作为自己的武器，在历史的发展中起着巨大的作用，不断推进历史的前进。

作为一种艺术性的活动，演讲有着自己独特的表达手段和特点。通常来说，演讲者借助有声语言、体态语和主体印象来发表自己的意见、陈述主张和观点，从而达到影响、说服和感染他人的效果。演讲通过这些手段，构成一个综合而完整的系统，以此来完成演讲的目的，完成演讲的任务。

教师演讲是从职业角度划分出来的演讲活动，与普通意义上的演讲不同，属于个别与一般的关系。教师演讲主要受教育目的、教育内容和教育对象的制约，存在着独特个性。在大力提倡促进教师专业化发展的今天，教师演讲成为教师不断提高自身语言交际能力的重要途径，对教师全面发展有着重要意义。

本节主要通过探讨教师演讲的特点、教师演讲的类型，在把握特点、正确分类的基础上，掌握教师有效演讲的技巧方法，促进教师语言交际能力的提高。

一、教师演讲的特点

（一）示范性

"学高为师，身正为范"。教师由于其职业的特殊性，在社会角色扮演中充当模范公民，他们不仅是一般的演讲者，而且是演讲行为的示范者。

著名特级教师斯霞在给青年教师的建议中提出，教师"一定要提高口头表达能力，高度重视语言表达的规范、准确"。演讲是一种发表个人观点、看法的交际活动，这种活动是个人的行为，由于思考的不成熟、不全面，我们在演讲中经常会听到模棱两可、似是而非的观点，这种观点的传播会误导人们对某些问题的看法，进而影响到整个社会舆论的导向性。为了改变这种状况，教师在演讲中需要对演讲内容字斟句酌，仔细辨析概念间的细微差别，正确使用概念，对事物之间的逻辑关系合理推理，恰当地反映客观事实、事物之间的内在联系。这样才能正确传达观点、看法，为广大的演讲者树立榜样，克服概念混淆、观点模糊的现象。

教师是语言运用的高手，除了正确表达观点，在演讲中教师的示范性还包括语言的规范性。教师的语言标准化程度比其他职业要高很多，要想获得教师资格证，普通话水平应达到二级乙等，语文与英语老师要求更高，需要达到二级甲等。这就要求在演讲中，教师发音的标准化、吐字的清晰性要优于一般的演讲者。

演讲是有声语言与体态语言的综合运用，在演讲中教师可以通过恰当的体态、手势、表情等态势语传递信息，补充有声语言，使广大听众置身其中，增强演讲的感染力。态势语的表达应适时、适量、自然、大方，在演讲起承转合的关键处附着一定量的态势语，可以加强整个演讲的表现力度。

（二）教育性

赫尔巴特写道："我想不到有任何'无教学的教育'，正如在相反方面，我不承认有任何'无教育的教学'。"作为教师，最主要的任务是教学，从演讲内容的角度来划分，教师最主要的演讲是教学演讲。通过教学演讲来完成教学任务，加强德育教育，履行教师职责。

教师的职业决定了其一言一行都会对学生施加影响和作用。每一次的演讲，教师都会有一个明确的目的，这个目的在无形中引导着教师讲授知识、加强班级的管理、注重学生思想态度的变化、改善师生关系，或者是通过演讲传达出自己对社会某一现象的看法。在演讲的过程中，不断传达出此次演讲的目的性，丰富学生的知识面，提升其思想境界，在不断的熏陶感染中提高学生德育水平，履行教学的教育性任务。

教学演讲要求教师能够吃透教材，通过演讲把教材中的思想内容传递给学生，影响学生的思想和行为。教师在教学中的演讲主要针对的是未成年的学生，这些学生由于自身阅历较浅、心智发展不成熟、理性思维比较欠缺等诸多原因的制约，易受外界的影响，尤其是教师一言一行的影响。因此，针对听众的特殊性，教师在教学演讲中除了传授知识和技能，更多的是影响学生如何为人处世，提升品德修养，浸透教学的教育性原则。

例如学生中存在相互抄袭作业的现象，教师可以以此为契机，在班级会议上进行一次有关诚信问题的演讲。演讲不仅可以使学生加深对诚信的认识，使抄袭者意识到自身行为的错误性，更为重要的是，这种认识将关乎学生以后怎样做人，对他们的人生观、价值观产生深远影响。

（三）时代性

演讲具有时代性。随着科技的发展及社会的进步，各种新鲜事物层出不穷，在演讲领域也随之出现了许多体现时代性的新词，如"爱疯儿""耍大牌""大腕""好声音""PK""沙发"等。同时，演讲的时代性特征还表现在同一语言在不同时代所传达出来的不同含义，这在网络语言中可以说是司空见惯。例如："潜水"指"只看帖不回帖的人"，"青蛙"指"丑男"，"恐龙"指"丑女"，"菜鸟"指"网络新手"，"酱紫"表示"这样子"，"偶"就是"我"，"稀饭"表示"喜欢"，等等。

不过，强烈鲜明的时代意识应当是演讲者丰厚内质的自然流露，而不是靠胡乱使用几个新潮术语、任意堆砌几个时髦名词所能奏效的。教师的演讲应弃旧图新、化旧为新、借旧造新，但更重要的是思想观念新、视野见识新和方法措施新。

教师强调专业化发展是为了适应当前时代变化的多样性，因此，教师应及时了解和掌握极具时代性的新词，紧跟时代步伐，把握时代脉搏，兼容并包当前发展的诸多内容，站在时代的制高点上，把时代的特性融入演讲中。这样，教师在演讲过程中才能够调动起听众的兴趣，特别是青少年学生的兴趣，使听众产生认同感，能够感受到教师演讲的亲切性，不至于有隔膜，这往往能收到较好的传播效果。

（四）多重性

教师在职业演讲中，要同时扮演好三种角色：其一是学者的角色，即以一个知识渊博的学者的角色出现，向学生传授文化知识；其二是教育家的角色，即以一个循循善诱、充满爱心的师长的角色，向学生进行思想品德教育；其三是语言艺术家的角色，即以一个语言优美、态势优美的演讲家的角色，向学生进行语言美、态势美的示范教育。

一般的演讲者往往是充当语言艺术家，其丰富性远不如教师在演讲中所扮演的角色。在社会生活中，教师是一个多角色的扮演者，随着经济的发展，知识的膨胀，教师可以有越来越多的精力专注于学术的发展，努力成为专业化的人才。因此，教师在演讲前就更需要对自己演讲的内容做系统研究，收集大量相关资料，完善自己的知识结构，这样才能够对演讲的内容灵活驾驭。

"师者，所以传道授业解惑也"。教师由于职业的特殊性，在演讲中需要注重把演讲的内容与学生的发展结合起来，扮演好教育家的角色。教师有意识地在演讲中寻找学生德育的切入点，对学生进行教育，加深学生思想上的认识，促进学生情感的升华。

教师在演讲中除了担任学者、教育家、语言艺术家等角色外，还扮演着宣传人员的角色，传播演讲的主题，使更多的听众了解到演讲的内容，受到演讲的影响。

例如 2005 年上海长宁区关于开展"师恩 师爱 师情"青年教师师德演讲活动，通过这次演讲激励更多的教师甘当人梯，为振兴中华教书育人，同时鼓舞教师以"红烛"为己任，甘当新时代的陶行知。这是在教职工中举办的演讲活动，教师通过此次演讲不仅可以提升自身的职业道德，而且还可以通过自身的行为影响到他人，扩大宣传范围，使整个社会能够呈现出爱岗敬业的职业道德氛围。

教师演讲源于一般演讲，二者共同具有艺术性、完整性、现实性等特点。但教师演讲却又不同于一般演讲，还具有示范性、教育性、多重性等特点。教师演讲不仅促进教师自身思维能力与语言能力等多方面发展，而且影响着学生思维、语言、审美、思想等多方面能力的提高。可以说，教师演讲是一种对师生双方均有益处的语言交际活动。同时，这种活动又在不断地影响着社会上的其他人，起着示范作用。

二、教师演讲的类型

教师演讲按照不同的角度可以划分为不同的类型：

（一）按演讲进行的方式划分，可以分为命题演讲、即兴演讲、论辩演讲三类

1. 命题演讲

命题演讲是指教师根据他人拟定的题目或演讲范围，经准备后所做的演讲。命题演讲的特点是：主题鲜明、针对性强、内容稳定、结构完整。根据演讲题目设置的宽限范围，命题演讲又可分为全命题演讲和半命题演讲。

全命题演讲是根据主办单位或邀请单位事先确定的题目进行的演讲。这种演讲的主题与内容都比较严格，如某学校举行的以《青春献教育，爱心铸年华》为题目的演讲，主题单一明确。半命题演讲指演讲者根据演讲活动组织单位限定的范围，自己拟题进行的演讲，如某学校组织教师演讲，围绕"爱岗敬业"的主题展开，具体题目由教师自己确定。这就给了教师一定的发挥空间，拓宽演讲的思维，不必把自己限制在已定的框架内。

2. 即兴演讲

即兴演讲是在教师毫无准备的情况下，结合当时所处的具体场合、听众的特

点、演讲的事物，临时起兴发表的演讲。即兴演讲通常是篇幅短小，有感而发，要求演讲者能迅速结合主题组织自己的语言，简练地发表自己的主张。例如在一次主题班会上，教师联想到同学们平日里相处时出现的摩擦，有感而发进行的演讲。即兴演讲相对于命题演讲来说，对演讲者的要求要高一些，不仅要有丰富的材料积累，而且思维也要相当流畅，这样才能在短时间之内完成演讲。通常情况下，贺词、吊唁、答谢等发表的演讲都是即兴演讲。

3.论辩演讲

论辩又称辩论，是演讲者常见的一种形式。论辩演讲是指观点对立的双方各自站在自己的角度，用一定的理由来作为论据，指出对方命题的谬误，不断反驳对方的演讲过程。论辩演讲被称作口才的精华之处，双方在论辩的过程中针锋相对，迅速抓住对方的漏洞大做文章，使对方无法反驳。

在论辩演讲中，教师需要概念明确，判断准确，语言组织合理，这都将直接影响辩论的效果。同时，在论辩演讲中对立性表现得也十分明显，论辩的双方观点截然不同，彼此针锋相对，各不退让。例如学校中经常可以看到在教职工中举行的辩论会，辩论的双方各持相反的观点，尽其所能收集论据驳倒对方的观点，使自己的论点占据主导地位。教师的辩论演讲不单在论辩，同时还担当着学生论辩演讲的示范者，这在一定程度上对教师提出了更高的要求。

"无论是命题演讲还是即兴演讲，都是教师语言风格的表现手段之一，是教师先进的教育思想、丰厚的知识积淀、娴熟的教育能力和高超的语言艺术的完美结合"。教师的演讲并非一朝一夕间练就的，这是长期积累的结果，又是教学与演讲活动相互促进的过程。教师的演讲活动在传达教育思想的同时提升着教师的语言艺术能力，促进教师交际能力的提高。

（二）按演讲的功能划分，主要分为知照性演讲、说服性演讲、娱乐性演讲等

不同类型的演讲有不同的功能，虽然说一次演讲可能兼有多重不同的作用，具有综合性，但是在一次演讲中必然有一种主导功能占据主要作用。因此，我们做如下划分：

1.知照性演讲

知照性演讲主要是教师通过演讲来传达信息、阐明事理。这类演讲类似于说明文，要求语言准确、富有知识性。在演讲中教师详细阐述某一事物的特点，需要注意的事项以及在学习生活中如何运用等。这类演讲经常发生在新学期开始时或是举办家长会时，达到全面宣传介绍某一事物的作用。

2. 说服性演讲

说服性演讲，主要目的是使人信赖、相信。它的特点是观点独到、正确，论据翔实、确凿，论证合理、严密，通过演讲达到最终使人信服的目的。在演讲前需要充分地准备，创设引人入胜的情境，最终使听众心悦诚服。例如在纠正学生思维偏差时经常采用这种演讲，通过摆事实、举例子、告知不良影响等环节，使广大学生最终信服。

3. 娱乐性演讲

娱乐性演讲是一种以活跃气氛、调节情绪、使人快乐为主要功能的演讲，多以幽默、笑话或调侃为材料，一般常出现在喜庆的场合。它的特点是材料幽默，语言诙谐。例如毕业晚会上教师通常会致辞，语言幽默、欢快，很能带动晚会的氛围，使大家积极参与到活动中来。

（三）按演讲的内容划分，主要分为学术类演讲、教学类演讲、教育类演讲

1. 学术类

教师作为掌握教学技能的专业人才，经常要进行学术演讲。学术演讲是指针对某类专门的知识、领域而发表的系统演说。专题讲座、学术报告、学术评论等都是学术演讲常见的形式。"学术"离不开科学性与严密性，因此在学术演讲中，需要尊重科研成果的客观性与规律性，注意论证的严密性，这样才能通过演讲来传达自己的学术主张。

2. 教学类

教学类演讲是教师演讲的主要形式，它不同于一般社会场合的演讲。教师的中心任务是教学，在教学演讲中，教师在特定的场合下，面对特定的教学对象，根据特定的教学内容达到特定的教学目的。具体来说，教学演讲是指教师在教学过程中为了促进学生掌握知识、提高德育水平等，恰当地结合教学内容而进行的演讲。

3. 教育类

教师以教书育人为己任，在社会生活中教师的语言与行为都被当作表率。为了更好地发挥教师的榜样作用，教师通常需要就人生观、精神建设等方面的问题发表演讲，进行思想道德的宣传。例如有的学校组织教师围绕"社会主义核心价值体系"而进行的演讲，以核心价值来提升道德水平，共建和谐社会。因此，教育演讲具有强烈的教育、启示的效果。

三、教师演讲艺术运用的技巧

（一）综合运用多种方法，升华演讲主题

演讲的主题最能体现演讲者的思想价值和审美品位，使演讲具有深刻感人的艺术魅力。演讲主题通常由典型、充分的材料表现出来，教师演讲前需要及时对材料的本质内涵加以分析、概括、提炼、延伸，综合运用多种方法，升华主题。

1. 善于取舍材料，让演讲主题更加鲜明

《演讲与口才》杂志上刊登过一篇文章，其内容便是指引演讲者在演讲之前需要对材料进行加工，以便凸显演讲的主题。

2. 对材料由此及彼地引申

在演讲中，有时也可以以某一典型事件或自然现象作为触发点和媒介来加以引申，联系到另一类相关事物和事理，以此来升华演讲的主题。这种由此及彼引申升华主题的技巧，通过形象化的渲染，可以启迪听众的智慧和洞察力，创设充满哲理的境界和氛围。

（二）恰当引入幽默元素，增强演讲的生动性

教育家斯维特洛夫指出："教育家最主要的，也是第一位助手是幽默。"可见每个教师都应具备一样必不可少的东西——幽默感。同样，在演讲中，教师适当地加入幽默元素，可以让听众在笑声中使思想得到启迪，心灵得到净化。

对于教师演讲来说，表现幽默的具体办法有很多。形象比喻、巧用反语、古词今用、成语变用、有意曲解、巧妙借用、巧借歇后语、一语双关、借题发挥等，几乎任何一种幽默方法，都可以用于演讲中，并达到幽默的效果。

（三）抓住听众心理，巧妙激发兴趣

在演讲活动中，听众对演讲信息有着自己独特的心理需要。一般来说，如果听众对演讲内容有极大兴趣，便会采取积极、热情的合作态度；反之，则会采取冷漠甚至排斥的态度，演讲就不会成功。因此，只有那些了解听众的心理需求，善于激发听众兴趣的演讲，才能使听众融入演讲过程中，达到事半功倍的效果。

教师演讲时的听众很多时候是学生，因此，教师要善于运用心理学知识，从学生的兴趣入手，抓住学生的心理，唤起学生的共鸣，才能取得最佳的演讲效果。

第七章　教师的情绪管理及语言技能培养中语言表达反思探究

第一节　教师情绪管理及情绪控制技巧

一、教师的情绪管理

（一）情绪管理

随着社会节奏的加快，社会竞争的日趋激烈，社会人群的心理卫生问题日益突出，"心理健康"也随之成了一个备受瞩目的研究领域。教师作为人类灵魂的工程师，其心理健康状况不仅会影响自己的学习、工作和生活，而且对学生人格的形成也具有深远的影响。可以说，教师心理健康是学生心理健康的前提与促进因素。

那么，如何使教师保持良好的情绪呢？

第一，教师要有终身学习的习惯。学习先进的教育观念，用科学的教育观来审视自己的教育行为。学习管理理论，学会自我控制，掌握良好的情绪管理方法，保持自我情绪的稳定性，不管遇到任何情况，教师都应做到镇定自若、从容不迫，以极大的耐心做好工作。学习儿童心理学，用正确的儿童观来研究自己的教育对象。学习法律法规，用以法治教的理念来规范自己的言行。学习他人的教育方法，用榜样的力量来鼓舞鞭策自己，不断提高自己的道德修养。

第二，教师要学会宽容学生。宽容是教师的职业品质。教师的宽容来源于对教育事业的挚爱。教师有了这种无私的爱，才会用伯乐的眼光去发现学生身上的闪光点。对自己的教育对象充满信心、爱心和期待，才会有追求卓越的精神和创新的精神，才会感到工作的快乐。学生是发展中的个体，成长过程中出现一些差错和问题，这都是正常和不可避免的。教师不能意气用事，更不能以怨报怨，记恨学生的过错，有时宽容是对犯错误者最好的教育，如陶行知教育学生的"四块糖果的启示"就是一个很好的例子。

第三，教师要尊重学生。尊重学生就是要尊重学生的人格。所谓"人格"，简单而言，就是做人的资格。教育心理学认为：学生的自尊心是一种个人要求，受到社会、集体尊重的感情，它促使学生珍惜自己在集体中的合理地位，保持在集体中的声誉，它是学生积极向上、克服缺点的内部动力之一。教师与学生在人格上是平等的，教师必须尊重学生的意愿、情感，允许他们发表自己的意见，善于倾听他们的要求，满足他们自尊的需要。尊重学生，还要虚心向学生学习，发扬民主作风。古代"教学相长""弟子不必不如师，师不必贤于弟子"等都说明教师无论在学识还是在道德品质上都不可能十全十美，因而从教育对象身上汲取营养，即向学生学习也是不可忽视的。

（二）教师心理健康问题

培养学生健康的心理素质关键在于教师是否有健康的心态。随着社会对教育的日益重视，教育对教师提出了更高的要求。2002 年，北京市教科院披露的《师源性心理伤害的成因及对策》的调查结果表明：知识面广、有过硬的基本功、上课负责、处理问题公平、勇于承认错误、善于沟通等被列为学生喜欢的教师行为；而打骂学生、讲课死板、对工作不负责任、偏心等被列为学生不喜欢的教师行为。正是这些不被学生喜欢的行为会给学生造成心理伤害，即师源性心理伤害。教师工作是一种带有创造性，长期的、紧张的精神劳动。教学活动往往是个体劳动，需要高度的自觉性和积极性，因此易形成孤独、乖僻和感情抑郁，往往在自豪中产生自赏，在挫折中产生哀怨，进而会导致一些不恰当的教育行为。如果不能及时进行有效的心理保健，教师的心理健康会受到损伤，将对教育质量产生不利影响。

心理健康的教师在学生面前会控制自己的消极情绪，不把挫折感带进教室，更不会发泄在学生身上。教师应该关注自我心理问题，有意识地调控情绪。此外，具有魅力的教师并非没有情绪或需要压抑自己的情绪，而是能够适时且适当地表达自己的情绪。不要一味地压抑自己的情绪，直到最后受不了才突然爆发，这种情况对师生彼此关系的伤害才是最大的。所以，让学生知道老师的情绪如何，对老师而言，并不可耻，反而对师生之间的沟通更有帮助，也不会在无意之中伤害学生。

（三）教师如何控制情绪

只有学会有效地掌控自己的情绪，适当地抒发情绪，少受或不受外来情绪的干扰，才能做一位具有健康心态和良好职业习惯的合格教师。具体方法如下：

1. 自我教导法

（1）应对激怒

①记得，要对事不对人。

②不用做任何争论，我知道该怎么做。

③试着别把事情看得太严重，心情放轻松些。

④轻松地面对，也许可以试试幽默一下。

（2）面对冲突

①他又要爆发了，我不想让他再惹我，我可以保持冷静。

②只要我保持冷静，我就可以控制情绪。

③不用太慌乱，想想看要怎么做。

④往好处想，也许情况没有那么糟，不要立刻下结论。

⑤他不见得是冲着我个人。

⑥如果我也跟着生气，那岂不是被操纵了？

⑦他这么容易动怒，必定会很不快乐。

⑧生气只会使自己更混乱，更没有办法解决事情。

2. 理性情绪疗法

理性疗法（RET）是由美国心理学家阿尔伯特·艾利斯于20世纪50年代创立的。理性情绪疗法的基本理论主要是"ABC理论"。通常认为情绪和行为后果的反应直接由激发事件所引起，即A引起C，而"ABC理论"则认为A只是C的间接原因，B即个体对A的认知和评价而产生的信念才是直接的原因。两个人遭遇到同样的激发事件——工作失误造成一定的经济损失，产生了很大的情绪波动，在总结教训时，甲认为吃一堑长一智，以后一定要小心谨慎，防止再犯错误，努力工作，把造成的损失弥补回来。由于有了正确的认知，产生合乎理性的信念，所以没有导致不适当的情绪和行为后果。而乙则认为发生如此不光彩的事情，实在丢尽脸面，表明自己能力太差，无颜再见亲朋好友。由于有了这样错误的或非理性信念，再也振作不起精神来，导致不适当的、甚至是异常的情绪和行为反应。理性情绪疗法就是以理性控制非理性，以理性思维（合理思维）方式来替代非理性思维（不合理思维）方式，帮助病人改变认知，以减少由非理性信念所带来的情绪困扰和随之出现的行为异常。

"ABC 理论"是合理情绪疗法的核心理论，具体内容有以下几方面：A 代表诱发性事件；B 代表个体对这一事件的看法、解释及评价，即信念；C 代表因此事件而引起的情绪反应和行为结果。

二、课堂教学过程中情绪控制技巧

（一）教学情绪的控制

教学情绪，对教学活动的开展和教学任务的完成有着极其重要的影响。作为一名教师，如果能及时控制好课堂教学情绪的变化，使之自然和谐，张弛有度，就会使课堂教学出现一种积极主动、生动活泼、情感共鸣的学习氛围。教学情绪可以从以下几方面进行控制：①保持良好的教师风度；②缓和紧张情绪；③扭转自卑情绪；④淡化对立情绪；⑤培养、激发竞争意识；⑥灵活运用管理艺术。

有经验的教师会毫无迹象地引导、控制学生的学习情绪，使课堂气氛活跃、融洽，并在愉悦中共同完成教学任务和学习任务。

（二）课堂注意力的调动

课堂教学中，有经验的教师总是把自己的注意力分配在教与学的双边活动的各个环节上。他们一边讲课、写板书，一边观察学生听讲的情况；一边捕捉异常现象进行判断、分析，一边思考解决问题的办法。他们这样做的目的，是充分利用自己的感觉器官来捕捉学生反馈的信息，以便有的放矢地调整教学内容、进度和方法，把学生的思维紧扣在自己的教学轨道上，提高教学效率，增强教学效果。如果教师不善于分配自己的注意力，教学中就会有两个明显不足：一是当部分学生看到上课的老师眼睛总是盯着教案或板书，而无暇顾及学生时，他们就会利用时机思想开小差，或做与上课无关的事情；二是教师不能通过观察学生的面部表情和动作判断其专注程度、洞察其内心活动，教学信息就会阻塞。因此，在课堂教学中，教师必须时刻关注并调动学生的注意力。

1.要熟练掌握教学方案

无数教学实践证明：教师只有备好课才能上好课。而备好课的条件是多方面的，诸如吃透教学大纲的精神；认真钻研教材，分析各单元或课题的重点、难点和关键；对基础知识、基本技能等知识点采取形式多样的恰当教学方法；精心选择有坡度的练习题等。在此基础上教师对教材内容进行重新组织，认真设计出适合学生接受能力水平的最佳教学方案，达到熟练掌握的程度，才可能分配自己的注意力，将学生的一举一动尽收眼底。

2. 要把握全班每个学生的个性特点

一个班级有几十名学生，他们的心理因素是不尽相同的，他们是一个个有不同的理想和情感、需要和兴趣、认识和态度、处于不同发展阶段的活生生的人。他们的个性特点各异，在课堂上的心理活动也是有差别的。教师要能够清楚地把握每个学生的面部表情和行为变化，及时地从学生那里获得教学的反馈信息，就必须把握全班每个学生的个性特点。

3. 要具备识别各种异常现象的经验

课堂教学是一个可控的动态系统。教学系统诸要素中，尤其教师、学生并不是一成不变的，他们的思维不可能总是按照同一个轨道运行，他们各自存在于几种可能状态中的一种。因此，教学过程各个阶段的情况也带有相当的不确定性，各种异常现象，如模仿教师、小声讲话、故意碰撞物品发出声响及在座位上做小动作等时有发生。这都要求教师善于分配自己的注意力，有察言观色的习惯和正确判断的能力，及时识别和巧妙处理课堂上发生的异常现象，使全体学生的注意力集中到教学活动中，才能始终保持教学信息渠道的通畅。

4. 要不断提高自身的素质

苏霍姆林斯基曾经指出："教师所知道的东西，应比他在课堂上要讲的东西多十倍，以便能应付自如地掌握教材，到了课堂上，能从大量的事实中挑出最重要的来讲。"这也就是我们常讲的"要给学生一杯水，教师要有一桶水"的道理。在当今科学技术迅猛发展，知识量急剧增加的时代，教师必须加强职后继续学习，不断更新和发展已有的知识，刻苦钻研马克思主义理论和教育教学理论，积极开展科研活动，认真改革课堂教学艺术，敢于开拓创新，具有良好师德，才能在课堂上很好地分配自己的注意力，提高课堂教学效率。

（三）课堂焦虑情绪的控制

在教育心理学中，"焦虑"是一种情绪状态，是一个人自尊心受到威胁时的一种情绪反应。不同的心理学家对焦虑的分类是不同的。弗洛伊德从他的精神分析理论出发，把焦虑分为现象性焦虑、神经性焦虑和道德性焦虑三类。也有的心理学家把焦虑分成正常的焦虑和神经过敏性焦虑两类。所谓正常焦虑是人人都有的情绪倾向，是由主体人对在客观上有危险并威胁到自尊心的预感而引起的。如果正常焦虑过度，并有发展趋势，就会导致神经过敏性焦虑，这类焦虑是自尊心已经受到损害的人，在适应新的情境中，对预计到的危险做出的一种过度的类似担忧的反应。

课堂教学中出现的焦虑情况分为两类：一是个体焦虑，二是团体焦虑。个体焦虑是指作为学生的个体，在课堂教学的特殊情况下产生的焦虑，它具有个人焦虑水平高低不同的特点，是个人情绪变化的反映。团体焦虑是在个体焦虑的基础上形成的，是某个班集体在课堂教学的特殊情境下形成的全体成员的焦虑，是该班集体焦虑水平高低的反映。我们常说这个班级和那个班级的课堂气氛不一样，这主要是由团体间焦虑的差异性造成的。团体焦虑的影响能力很大，它能在课堂教学中同化个体的焦虑。同一名教师给不同的班级上课，就会觉察出这个班的课堂气氛比较严肃紧张，而那个班的课堂气氛却是轻松活泼。这就是不同班级不同程度的团体焦虑的反映。

在课堂教学中，不论是团体焦虑还是个体焦虑，都以三个不同层次的水平表现出来：第一层次的水平是低度焦虑；第二层次的水平是中度焦虑（适度焦虑）；第三层次的水平是高度焦虑。不同层次水平的焦虑对课堂教学效果的影响是不同的。在不同的焦虑水平上，学生的学习效果也是不同的。

课堂教学过程是师生双边的活动过程。如果把这个过程看成一个系统，它主要是由教师和学生两个子系统组成，在这个系统中，教师控制学生。因为教师是知识信息的输出者，学生是知识信息的接受者。但是，教师不能在这个大的系统中直接控制学生，必须通过两条通道来实现控制。第一条通道是教师—教材—智力因素——学生。教材也就是教学内容，教师通过讲授教学内容输出信息。学生通过智力因素的积极工作来接收信息，也就是教师通过控制教学内容来控制学生的智力因素，进而达到控制学生的目的。学生智力因素的积极工作表现为认知活动的进行，把新的知识同化在原有的认知结构中。教师如果只有这一条通道来控制学生，那不过是一个简单的刺激—反应过程。因为学生智力因素的活动水平，是靠非智力因素的积极活动来配合的。所以，教师要通过第二条通道来控制学生，那就是教师—焦虑—非智力因素—学生。教师通过对班级团体焦虑的控制，来控制学生的个体焦虑。通过调节和控制不同水平的焦虑，来控制学生的非智力因素，调节学生的情绪、情感、注意力水平和意志水平，只有学生的非智力因素达到最佳状态，学生的智力因素才能达到最佳状态。

1. 要对自己的焦虑水平进行控制

在课堂教学中，一个班级团体焦虑和个体焦虑水平的高低首先是由教师的临课状态决定的，也就是说是由教师本人的焦虑水平控制的。一个处于低度焦虑状态的教师，会在课堂教学中表现得不认真、不严肃，只是单纯地讲课本，而不注意学生的反应，不注意课堂情境的创立。一个优秀的教师，即使自己处于高度焦虑状态，也要在课堂教学中严格控制自己，不让自己的焦虑表现出来，因为教师在课堂上的表情、行为、语言甚至眼神都会影响学生的情绪。

2. 要培养学生的自信心

学生的自尊心是从小培养起来的，是对自身价值的评价和认可，每个人都希望自己的价值受到别人公正的评价。一旦他们感到自己的价值受到别人怀疑或遭到贬低，他们的自尊心也就受到了损伤，焦虑也就产生了。而能够对自尊心起到保护作用的心理因素之一就是自信心的建立。所以，教师要注意培养学生的自信心。培养学生的自信心首先要相信学生，鼓励他们在课堂教学中积极活动，适度地动用表扬和奖励等手段，创造机会让学生表现自己，让他们在课堂教学中认识到自己的价值。学生只有在建立自信心的基础上，才能减少焦虑。培养学生自尊心的方法很多，主要的是给学生自我表现的机会，并创造条件让他们在表现中获得成功。如果一个班级的学生自信心都很高，那么个体焦虑和团体焦虑就不会轻易发生浮动，教师就能有效地控制其水平。

3. 要注意培养学生的能力

教育心理学认为，焦虑只是一个情感变量，它对学生会产生什么样的影响主要取决于认知变量。也就是说，学生能力越高，焦虑对他的消极影响就越小。因为焦虑产生于自尊心受到威胁，对自尊心最好的保护办法是提高自信心，而建立自信心的基础就是能力。学生只有认识到自己的能力才能认识到自己的价值。有能力才能使他们在解决问题时获得成功，方能得到老师和同学的认可。自信心使能力得到了更好的发挥，而能力又提高了自信心的水平，高水平的自信心又控制了焦虑。

4. 要培养学生的好奇心和兴趣

任何水平的焦虑都会影响学生情绪的变化，即使是适度的焦虑，也会使学生产生压迫感。因为在适度焦虑下产生的学习动机也带有被迫性，而不是出于学生本身的意愿。只有学生对所要学习的内容产生了好奇心，产生了兴趣，这时的动机才带有主动性。所以，在课堂教学中，教师要充分利用直观教具和其他生动有趣的例证来引起学生的好奇心和兴趣，让学生在隐蔽的焦虑之中学习，感觉不到课堂气氛的压抑。我们现在提倡改革教学方法，就是要使课堂气氛变得轻松、活跃，不要人为地制造高度焦虑。

5. 要控制不同个体不同的焦虑水平

由于性格气质和神经类型的不同，加上环境影响的不同，每个学生的焦虑水平是不一样的。同样一个课堂环境，可能男同学会产生较低的焦虑，而女同学却会产生较高的焦虑。所以，教师在课堂教学中控制学生的焦虑水平时，要"因材施控"，在控制全班团体焦虑的同时，有针对性地控制个别同学的个体焦虑。只有每个同学的具体焦虑保持适度，团体焦虑才能达到适度。这就要求教师对所教的学生做到心中有数，了解学生的能力水平和个性特点，在"因材施控"的基础上"因材施教"，使课堂教学达到最优化程度。

四、教学过程中的情感运用的分析

（一）克服无表情的教学

人的面部是人体语言的"稠密区"。进化论奠基人达尔文认为，关于人的面部表情，全人类都是一致的，不会因为文化的差异而有所不同。人们通过面部肌肉的变化、五官在一定限度上的位移和面部色彩的变换，可以向周围的人们发出信息，表示自己的快乐、郁闷、高兴、痛苦、惊奇、安详、害怕、生气、沮丧、不满、羞涩、惭愧、讨厌、感兴趣等。在课堂教学中，教师处在众目睽睽之下，而教师的面孔成为学生的视线最易集中的目标，因此，教师在课堂上运用面部语就具有特别重要的意义。教师运用面部语至少要注意以下五个方面：①要自然；②要适度；③要温和；④要配合有声语言的讲授；⑤在必要的时候，要适当戴上"假面具"。

一个人在任何时候、任何场合总会有其情绪情感的特定状态，因此不可能无表情。通常意义上的无表情是指从一个人的脸上看不到（反映不出）内部心理上的情绪情感的变化。

在这种情况下，教师走进教室，在表情上往往是严肃认真有余，亲切自然不足。它可能是出于教师的一种个性心理特点，也可能是因教师一时的紧张而表现出来的努力压抑喜怒哀乐的一种心理状态，以应付可能产生的外界伤害；更多的教师也许是为维持正常的教学秩序，而刻意追求表情上的威慑力。然而不管是出于何种原因，无表情教学的直接后果是使课堂上师生之间的心理距离保持在（或退回到）一定的范围之外，给学生一种拒绝感、疏远感。因此，它不利于师生之间心理关系上的相互吸引。

师生之间要达成沟通和吸引，需要经过三个阶段：

第一阶段，学生用感觉器官接受教师形象的刺激。如果在此阶段教师以学生喜欢的表情强烈刺激学生，则几乎不必交谈，学生就能获得好的第一印象。教师带着微笑走进教室，给学生的第一印象就是亲切、自然、有人情味，许多学生往往就是这样喜欢上了该教师所教的这门学科。

第二阶段，学生透过教师的言辞，给予情感性质的肯定（或否定）："我很喜欢这位教师，因为我们的感受相同。"

第三阶段，学生对教师肯定（或否定）的材料积累到一定程度后，引发了一定的动机："我要与这位教师很好地协作，努力学习，提高自己的学习成绩。"

要达成师生之间的心理沟通，第一阶段水平上给学生的刺激非常重要，它构成学生对教师的第一印象。无表情之所以不利于课堂教学中教师对学生产生吸引力，是因为它显示出一种拒绝对方的姿态，给学生一种"教师无意与我交往"的心理感受，这样师生之间就只存在正式的、组织化了的工作关系。

与无表情教学相反，有的教师在教学中富有表情变化。富有表情变化的教学也并非都有利于师生之间的心理吸引。例如教师上课时心理变化快，动辄发怒，学生不仅恐惧，而且会感到厌恶。他们最欢迎的是教师的微笑教学，教师微笑上课，学生学得轻松、愉快，他们的思维处于活跃、兴奋状态，这样就听得进、记得牢，课堂充满了欢乐气氛，学生有一种沐春风、淋甘露的感受。

二、克服"目中无人"的教学

新教师上讲台，缺乏教学经验，有的不敢正面注视学生；老教师教学经验丰富，教材内容烂熟于心，在课堂上娓娓道来，但有时也会忽视学生——这种"目中无人"的教学表情，不是教师瞧不起学生，而是教师把自己的意识投在讲授的内容方面：或是只看讲稿，或是看着窗外，或是看着教室的后面。因此，这种课堂教学已变形为一种教师主观意识的自由外化过程。

从社会心理学角度上看，"目中无人"的教学表情，包含着拒绝他人的含义。在角色知觉中，眼睛对视或者视线相遇，会使人有一种双方都在向对方采取主动的感觉。"眼睛是心灵的窗户"，互相对视意味着双方积极的交流和接受。因此，教师要想吸引住学生，就必须注视着他们，并寻求视线的碰撞。

"目中无人"的教学，虽然不包含教师瞧不起学生的意味，但客观上反映了教育过程中对学生的忽视；虽然在主观上不反映教师的教学观，却又在客观上一定程度地反映了这一点。

三、艺术地创设教育问题情境

所谓创设问题情境，就是教师在教育活动中精心设置一系列的问题，在恰当的时间和地点提出，使学生时刻处在一种生疑、析疑和解疑的氛围和过程中，从而激起学生的兴趣，保持高度的注意力和心理活动的兴奋性及组织状态。我们这里所讲的创设问题情境中的"问题"，不是那种很简单的一问一答式的问题，如"对不对""是吗"等，而是具有多重心理功能的综合性问题。它暗示了活动的趋向和活动中一定的操作方式，引人兴奋，发人深省，包含着丰富的信息。也可以说，它更类似于一个"课题"。通过对这个问题的探索和解答，学生的认知、情感、意志行动等各种心理系统将不断变化和重组，掌握或同化外界的刺激。在这样的活动中，心理活动的张力将得到维持和加固，心理厌倦将自然得到抑制和克服。

心理学家认为，人在理解问题时具有可变的志向水平，志向水平受到问题在主体经验中造成"缺口"的合适程度的调节。每一节课实际上都是在提示知识缺口，并填补缺口。知识缺口体现了问题与主体的相互关系，当缺口过大时，主体感到问题难以解决，思维动机会减弱；当缺口过小时，主体感到问题不假思索即可解决，也会失去兴趣。因此，教师在课堂上提问不宜过易也不宜过难，容易了调动不起学生的积极性，太难了超过学生的思维能力，不仅不会使学生积极开动脑筋，反而会挫伤他们学习的信心。

从教育艺术的角度来看，创设问题情境中最重要的是大问题的构成和小问题的连缀。所谓大问题的构成，就是在教育活动的开始就要提出问题，这个问题是对此活动全部实质的暗示，这样从开始提出问题到最终解决问题，就成了"大问题"，即问题情境的基本框架。

苏霍姆林斯基说："在人的心灵深处，都有一种根深蒂固的需要，这就是希望自己是一个发现者、研究者、探索者，而在儿童的精神世界中这种需要特别强烈。"创设问题情境正是为了满足学生这一需求。教师在教学中有意识地创设情境，引导学生自主学习，学生在自己参与实践中会产生诸多复杂的心理体验，从而使学生在情感、态度、价值观方面得到全面的发展。

第二节　教师语言反思的作用

一、语言表达反思的作用

反思是教师以自己的职业活动为思考对象，对自己在职业中所做出的行为以及由此产生的结果进行审视和分析的过程。反思的本质是一种理解与实践之间的对话，是两者之间相互沟通的桥梁，又是理想自我与现实自我心灵上的沟通。反思不是一般意义上的"回顾"，而是反省、思考、探索和解决教育教学过程中各个方面存在的问题，具有很高的研究价值。

教师反思过程有一个不容忽视的突出问题，就是对语言表述的反思。教师用语不当已成为近十几年来主要的校园精神暴力问题。2004 年，"中国少年儿童平安行动"组委会公布了一项内容为"你认为最急迫需要解决的校园伤害"的专项调查，结果显示：81.45％的被访小学生认为校园"语言伤害"是最亟须解决的问题。教师用语不当虽是小行为，但却是大问题。它给学生带来的是一种教师难以预料的精神伤害，甚至给学生带来致命的打击。

教师语言暴力可以归纳为使用嘲笑、侮辱、诽谤、诋毁、歧视、蔑视、恐吓、谩骂、贬损等不文明的语言，致使学生在精神上和心理上感受到痛苦或伤害，属于精神损害的范畴。语言暴力的伤害可能是长久的，不仅侮辱了学生的人格尊严，使学生失去学习的信心和兴趣，严重的还会导致学生产生心理问题，丧失生活的勇气，导致自伤自杀、违法犯罪等严重后果。

二、教师语言暴力的表现

教师语言暴力，是指在教育教学活动中，对学生的精神造成实质性伤害的教师语言行为。由于教育教学活动本身的多样性与复杂性，学生作为个体有着各自的独特性，这些因素导致教师语言暴力表现出不同的类型。

第一类是有意识地辱骂。辱骂性质的语言直接成了教师的教育工具，教师希望通过语言行为给学生施加压力，希望他们在受到打击之后有所醒悟。诸如，"你有没有脑子""怎么这么笨"等，这是最为普遍的一种语言暴力。

第二类是无意识的口头禅。例如"你太笨了""你真没用""这学生无药可救了""我管不了你了""那么简单的问题都答不出来，真是笨死了""傻瓜""笨蛋""讨厌""就你给班级丢脸""我说话你听见没有"等。这种带有个人情绪化的话语，并非故意要伤害学生，而是在恨铁不成钢的心理作用之下，使用的非暴力教育方法，其实质也是一种语言暴力。

第三类是过度批评。超过一定限度的批评方式不仅起不到批评教育的目的，反而会引起学生的逆反。所谓过度批评主要表现如下：教师对同一件事情批评的次数过多，反复揭学生伤疤，这毫无疑问会伤害学生的自尊心；批评语说得太重，超过了学生的承受能力范围，如"真是笨得没治了"；过多地采用否定方式进行教育，如"你再学也是那样"。

第四类是用讽刺、挖苦代替表扬。这是较为特殊的一种语言暴力。例如"就你有能耐""就你们这种水平还想……""就你，还想考重点？想也别想"等。它针对的对象往往不是有过错的学生，相反是有了进步，或该鼓励的学生，但是教师说出来的话语却不是学生期待中的话语，这显然也会给他们造成心理伤害。

前面三类语言暴力都是显性的，第四类语言暴力却是隐性的。从表面上看，语言暴力比体罚显得文明，但它带给学生的伤害绝不会比体罚小。体罚更多伤害的是学生的身体，其痛苦可能是短暂的，但语言暴力带来的伤害却是长久的，更为严重的可能会导致学生心理失衡。

第三节　教师语言反思的策略

学校是教书育人的主要场所，教师不仅要传递文化，同时还要培育学生的独立人格。学生需要知识的滋润，也需要心灵的关爱。有些教师认为说几句过头话算不上大错，殊不知学生的心理远远没有成熟，内心世界是很敏感和脆弱的。当"笨蛋""丑""没出息"等嘲讽、贬低、批评的语言射向学生时，学生心中的那种痛苦是无法言喻的，它会给学生带来长时间难以愈合的心灵伤害。

在教育过程中，语言始终是最重要的工具。教师语言是在教育教学实践过程中逐步形成的符合教育教学需要，遵循语言规律的职业语言。苏霍姆林斯基说："教师的语言是一种什么也代替不了的影响学生心灵的工具。"教师的语言能给学生带来多方面的影响。语言暴力往往是教师主观上的一种教育手段，这种教育手段首先显示出教师自身语言修养欠佳。教师的语言修养相对于一般人的语言修养而言，显得尤为重要，因为教师的语言修养直接决定着教学效果和教学质量，直接影响着教育的成败。所以，教师的语言必须是纯洁的、完美的、生动活泼的，并具有启发性。挖苦刻薄的语言会抑制学生的思维，使学生产生消极、厌烦的情绪，进而影响他们健康人格的形成。

反思教师用语失当的种种原因，我们认为可以从以下五个方面进行思考和探索：

（一）缓解教师心理压力

一名教师要教育学生，首先应具备高尚的人格。教师语言暴力表面上问题出在嘴巴上，实际上问题的根源却在思想上。言为心声，要提高教师的语言水平，更应先提高教师的思想境界。教师的工作琐碎繁杂，有的教师天天在教室、学生宿舍之间忙碌，埋头于教科书、试卷之中，为各种各样的抽考、统考、每年的中考、高考时刻准备着，他们辛苦、疲乏甚至麻木，作为教师应具有的优雅心境也已消失殆尽。在教育活动中使用语言暴力，表明了教师的心理处于不健康或亚健康状态。对此，有专家呼吁，必须建立相应的心理干预机制。除了在外部通过制度的调整，降低教师的压力之外，还要建立教师心理状况定期检查和心理素质测查制度，让教师了解自己的心理健康状况，为调整自己的心态提供依据。要为教师开设心理健康教育讲座，让教师掌握一些心理学知识，使他们能够有效地进行自我调适。

（二）掌握批评学生的语言艺术

教育既是科学又是艺术。批评应该是在尊重学生人格的前提下进行的，要避免批评时用语言伤害学生的自尊心。在批评学生时要尽可能掌握批评的艺术，在充分了解自己学生的前提下，教育的语言表达方法要因人而异，任何批评都必须杜绝辱骂。对于后进学生而言，如果教师不断地讽刺"你无药可救了""你不是读书的料""我当了这么多年的老师还真没见过像你这么笨的小孩""真是笨得没治了"等，这些语言暴力完全有可能使他彻底丧失自信，自暴自弃。教育的艺术在于激励、唤醒和鼓舞。教师及时、得体的激励语言，对学生的成长进步所产生的作用是不可估量的，有时甚至能影响学生的一生。

（三）正确认识师生关系

现代教育要体现民主与平等，在师生交往中，要建立全新的师生关系。良好的师生关系是巨大的教育力量。在求知的殿堂里，任何一个灵魂都是平等的。在与学生的交往中，要做一个民主的教师，学生与教师在人格上是平等的。用一些恶言恶语对待学生，即便是赢了理，也赢不来学生的心。所以，无论从教师的神圣职责来看，还是从教育心理学原理来看，教师只有运用富有情感性的语言教育学生、感染学生，才会使学生感到愉悦，消除逆反心理，愿意和老师亲近。虽然教师闻道在先，但这绝不能成为教师轻视学生的资本。教师用尖刻的话语侮辱学生，就像用无情的鞭子抽打学生的心灵，不仅使学生的心灵受到极大的伤害，而且会使师生产生对立情绪。学生会因为害怕教师的语言暴力而疏远教师，甚至憎恨教师。教师应该多站在学生的角度去理解学生，感受他们在遇到学习难题时的心情，估测他们的学习能力。有了这样的理解之后，师生之间才能建立融洽的关系，这种民主、友好的氛围可以避免出现语言暴力。

（四）建立语言暴力的有效禁止、监督机制

消除语言伤害，学校负有义不容辞的责任。教育部门要像禁止教师体罚学生一样，严令禁止教师对学生使用语言暴力。学校要从制度上杜绝教师语言暴力，针对存在的语言暴力问题，制定出教师禁用语，将语言暴力纳入对教师的考核范围，同时建立有效的监督机制。1989 年 11 月 20 日，第 44 届联合国大会第 25 号

决议通过的《儿童权利公约》规定：儿童免受任何形式的暴力，暴力包括身体的暴力、性暴力、精神暴力、语言暴力。2003 年 12 月，第二次修正的《北京市未成年人保护条例》第 23 条规定：学校、幼儿园、托儿所教职员应当尊重未成年人的人格尊严，不得对未成年人实施体罚，不得有侮辱、诽谤、歧视、恐吓、贬损等损害未成年人身心健康的言行。这是我国地方性法规首次将教师禁语规定其中的范例。

（五）教师要学会欣赏、包容与沟通并用

只有教师拥有欣赏和包容的情怀，才能创造出自由、和谐的心理环境，让学生的情感和思维的翅膀无拘无束地翱翔，也只有欣赏和包容，才能使教学机制在诙谐幽默中令人心荡神驰。在一堂公开课上，老师讲得津津有味，同学听得入神，一名学生的书桌里忽然传来鸟叫声，鸟儿的声音打断了正常的教学秩序。老师走到课桌前伸出双手，说同学们听得这样入神，连鸟儿什么时候飞进课桌也不知道。学生在老师的幽默中笑开了怀。"同学们放午学时最想做的是什么？""回家吃饭。""好，小鸟饿了，该回家呢！"在一片善意的笑声中，那同学愉快地将鸟交给了老师。教学机制本应是幽默的，而幽默正是在这种轻松愉快的心境中表现出的智慧才情。

沟通，在教学机制上表现为师生之间的心领神会，心心相印，是师生双方精神世界的贴近和融入。有了沟通，才有了对突发事件的巧妙转化、嫁接、点染和提升的前提，从平常中生出不平常的意义。欣赏与包容为教学机制营造了土壤，沟通是教学机制生成的媒介体，也只有得体的教育教学语言的运用才能提升学校教育的价值。

第八章 教师语言技能培养中语言表达再反思——基于教师语言暴力的批判研究

第一节 教师语言暴力的表现及危害反思

一、教师语言暴力及特征

（一）教师语言暴力

语言暴力一词最初来源于西方后现代哲学流派。随着 20 世纪中叶语言学研究从纯粹的语义学转向语用学，哈贝马斯、福柯等一批后现代哲学家先后从不同的角度揭示了隐藏在语言背后的伦理和政治意图，从而把"语言"和"暴力"联系在了一起，把语言暴力概念从哲学领域扩展到社会学，甚至教育领域。

我国香港学者刘再复把语言暴力明确定义为"以语言为武器进行人身攻击与生命摧残的暴烈现象，也可界定为暴力在语言中的表现"。可见，在社会学家看来，使用侮辱、谩骂、嘲笑、诽谤等语言对他人进行语言攻击，即是一种企图对他人或者已经对他人造成精神和人格伤害的暴力宣泄，其背后也往往有着某种权力或者优势地位的支撑，因而相对于哲学家眼中的话语霸权来说，是一种更加名副其实的语言暴力。

暴力或语言暴力的实施者往往拥有权力或处于优势地位。在我国传统的师生关系中，教师既具有社会体制赋予的制度性权威，是握有权力的一方，又因其年龄、学识、阅历等高于学生，因此相对于学生来说处于绝对的强势地位。同时，在当前中国，教师的权力没有一个明确的法律限定，特别是关于教师的惩戒权，除了体罚被法律明确禁止外，"心罚"等其他的惩戒方式以及范围的研究还存有争议和盲点。金生鈜指出，无论是体罚式的身体暴力、知识霸权、话语霸权，还是威胁、恫吓、打击人的自尊式的心灵惩罚，都是现实教育中教育权力泛滥、异化而成为教育暴力的表现。"台湾中央大学"的洪兰认为，教师采取非建设性的负向语言，甚至侮辱性或歧视性语言批评学生，对学生的内在心理和精神世界实施惩罚和伤害，造成学生人格尊严的丧失，从而导致学生产生不良情绪和病态心理问题，是教师的批评惩戒超越了教育的规定性而异化为语言暴力的行为。张雪梅通过列举教师语言暴力的具体表现把它定义为"教师使用嘲笑、侮辱、诽谤、诋毁、歧视、蔑视、恐吓、谩骂、贬损等不文明的语言，致使学生精神上和心理上感受到痛苦或伤害，属于精神损害的范畴"。

从语言伦理学角度看，"人们的语言行为应该符合社会道德伦理规范，教师作为一种社会角色，其语言行为应该符合教师角色的语言道德规范"。从语用学角度看，教师与学生进行语言交流时，如果语气生硬、态度粗暴、讽刺挖苦、盲目偏激、境界低下、消极否定、无情打击，就违背了语言运用和交际的得体性原则、礼貌性原则和最佳效果原则。从语言学的角度来说，教师的语言分为两大类：一类是有声语言，另一类是无声语言。有声语言是教师教育教学的主要媒介。眼神、表情、态度等体势语言是一种无声语言，是教师语言中最重要的辅助语言。因此，"恶语伤人"是一种教师语言暴力，用冷漠的眼神、态度孤立弃置学生的"冷暴力"也属于一种教师语言暴力。

基于以上的梳理，笔者认为，教师语言暴力是指教师凭借制度赋予的权力和自身的优势地位，使用讽刺挖苦、贬低歧视等侮辱性语言或冷漠孤立的眼神、态度，对学生进行超越教育规定性的批评或评价，从而使学生受到人格和精神伤害的语言行为，以及使用话语霸权剥夺学生话语权利和思想自由的语言行为。需要说明的是，把教师"恶语伤人"式的批评和"冷漠孤立"式的惩罚称为语言暴力，是基于以下三个方面的考虑：一是基于当前构建和谐社会、实施和谐教育的时代背景；二是从伤害性上来说，如果说体罚是一种教育暴力，比体罚伤害更大的心罚无疑更是一种教育暴力；三是为了能够对整个社会，特别是广大教师起到一种警示作用。但另一方面，教育领域对暴力的定义是以干预和禁止为目的，必须把握施暴者的行为范畴和受害者的主观感受，既不能狭隘地把它等同于法律范畴的暴力定义，也不能将其定义的范围过大，甚至将教师正当的教育批评和惩罚也包括在内而导致其失去应有的警示意义。因此，教师语言暴力的认定和判断必须有一个明确的标准。

（二）教师语言暴力的特征

教师语言暴力的实质是教师话语超越了其教育的规定性，而成为一种对学生不文明、不礼貌、不道德的语言攻击和精神伤害。它背离了"育人"的教育宗旨，有悖于教育本身的文明品格和和谐追求，是教师的一种病理性语言。教师语言暴力具有以下几个特征：

1. 伤害性

语言的力量是不可估量的。海涅曾说："语言之力，大到可以从坟墓唤醒死人，可以把生者活埋，把侏儒变成巨无霸，把巨无霸彻底打垮。"具有把生者活埋和把巨无霸打垮之威力的语言就是暴力语言。可见，语言暴力具有很大的伤害性。从表面上看，教师语言暴力比体罚显得文明，对学生的发展"有益无害"，但在实质上，它带给学生的伤害绝不比体罚小，而且从某种程度上讲，可能有过之而无不及。作为孩子心中神圣而崇高的教师，其话语更具有无比的权威性和公然性，教师的一句话可能会给孩子的一生投下不可消除的阴影。而教师的暴力语言是一把锋利的"软刀子"，从近期来看，它阻碍学生的大脑发育和思维发展，挫伤学生的学习兴趣，导致学生产生自卑心理，从而给学生的学业带来直接的消极影响；从长远来看，它贬损学生的人格尊严，危害学生的心理健康，严重的还会导致学生心智失常，丧失生活的勇气，引发厌学、逃学、违法犯罪、自杀以及成人之后的暴力倾向加剧等严重恶果。

2. 隐蔽性

教师语言暴力的隐蔽性来自多方面的因素：一是人的认识是一个不断深化的过程，教育失误的性质也有一个从隐到显、逐步暴露的过程。二是由于传统观念的影响。教师实施语言暴力时往往是出于"教育的责任心"，这种"为了你好"的教育动机会使教师陷入"当局者迷"的泥沼。三是人都有一种文过饰非的本能，即社会心理学所称的"文饰心理"，喜欢为自己的失误现象寻找合理的借口，加上漂亮的外衣。教师语言暴力穿上了一件"有益无害"的外衣，不容易引起人们的警觉。四是教师语言暴力不像体罚那样直接侵犯学生的身体，而是侵犯学生的人格和心灵世界，其后果也不像有形的体罚伤害那么明显、那么立竿见影。这四个方面的原因致使不少人对存在已久的教师语言暴力现象习以为常，甚至习非成是，使其成为教师施加于学生的一种隐性虐待。

3. 迟效性

任何事物都有一个生长、发育和衰亡的过程。在复杂的社会现象中，两个具有因果关系的事件之间常常相隔一段时间，就像医学上所说的"潜伏期"：病毒或细菌侵入人体后，要经过一定的时期才发病。教师语言暴力伤害的是学生的心灵，其后果不像体罚那样立竿见影，需要经过受教育者的经受、认同、内化、外化等阶段才能表现出来，所以"潜伏期"更长。可见，教师语言暴力对学生具有"滞后效应"，即对学生心理上和精神上的伤害恶果表现的滞后性、延迟性，需要经过较长时间才能反映出来。人们常说"冰冻三尺，非一日之寒"，教师语言暴力对学生的伤害后果的迟效性表现为两个方面：一是长期的精神压抑可能导致学生在学校期间抑郁、自闭甚至自杀；二是成长时期遭受教师语言暴力的不良刺激，如果没有及时发现并得到救治，也有可能在长大成人后才表现出抑郁、自卑、自闭等不良后果，或者发生危害社会和他人的不良行为。

4. 持久性

教师语言暴力对学生的伤害较之体罚更具持久性，可能会改变学生长大成人后的人生态度和社会行为。我们常说，教师的一句话会影响学生一辈子：教师一句鼓励的话会让学生成人后在工作和生活中继续受到鼓舞；相反，教师无视学生的人格尊严，对学生进行心理打击和人格贬低，对学生精神上和心理上造成的无形伤害会伴随学生终身。因为不涉及学生人格、纯粹的体罚伤害的更多是学生的身体，其痛苦可能是短暂的，但语言暴力伤害的是学生的心灵，伤害是长期的、持久的。具体来说，教师语言暴力不仅在当时会给学生带来严重的心理困扰，而且在相当长的时间内会使学生处于高度焦虑状态，一旦产生自卑心理和精神抑郁，短时间内很难解除。教师语言暴力给学生带来的这些不良影响如果没有及时发现并得到救治，会影响学生人格的健康发育直至成年后形成缺陷人格：或者形成退缩型人格，或者形成攻击型人格。

5. 扩散性

作为一种错误的教育行为，教师语言暴力的消极影响还具有扩散性。教师语言暴力消极影响的扩散性包括"内扩散"和"外扩散"。所谓"内扩散"，就是说人的素质是一个整体，教育者在语言行为上的失误，不仅直接影响到受教育者某一方面素质的发展，而且会影响到其他方面素质的发展。教师语言暴力不仅会让学生产生自卑的心理，而且会对教师产生害怕、怨恨的情绪，这种情绪常常会扩散到学生对有关活动或有关学科的态度上去，表现为对来自教师的教育一概拒绝，这样的例子并不少见。所谓"外扩散"，是指教师语言暴力对受教育者身心发展的不良影响，将扩散到同学、家庭、他人甚至社会。例如学生模仿自己遭受的教师的暴力语言对同伴进行语言攻击，或者成人后具有反社会倾向、暴力倾向以及对他人实施语言攻击的行为。其实，不少教师的暴力语言来自其童年时期教师或者家长的"言传身教"，这正是教师语言暴力扩散性的典型表现。

二、教师语言暴力危害反思

1. 对学生学业的影响

教师在教育过程中，如果由于某种原因对某些学生产生偏见，表露出对其冷漠和歧视，甚至对其采取训斥、讽刺、侮辱等粗暴言行，学生感觉并"理解"了教师对自己的低期望值后，就会丧失自我实现的信心和学习的兴趣。同时，教师粗暴、蛮横的态度和语言，容易导致学生的反感、厌恶，以戒备、敌视的态度对待教师，对教师所授课程也会厌烦、拒斥，丧失学习兴趣，成绩越来越差。在这种情况下，如果教师不能对自己的言行进行反思并及时改正，反而自以为是，认为学生的表现证明了自己当初判断的"正确性"，就会更增加对学生的歧视、厌恶情绪，从而形成恶性循环。苏步青在回顾自己童年时代的学习生活时说，他出生于山区的一个贫民家庭，上学时常受富家子弟的欺辱，最使他苦恼的是，连老师也对他屡加歧视。一次，他的作文中出现了两个精彩的句子，老师竟怀疑不是他写的，不仅污蔑他根本不可能写出这么漂亮的句子，还毫不犹豫地给他判了个"差"。他深感委屈，从此便以不听课的方式对抗老师的蛮横无理。这一年，他的成绩倒数第一，差点儿不及格，成了被老师言中的"名副其实"的"差生"。第二年，换了一位正直可亲的老师，对他既热情又耐心，他学习的兴趣逐渐回升，当年就取得了第一名的好成绩，并在以后的考试中都名列前茅。在回顾这些往事后，苏步青指出："我们常说，学生是祖国的花朵，青年是祖国的希望，但花朵结什么果，希望能否实现，关键操在教师的手里。"

2. 对学生心理和人格发育的影响

首先，教师语言暴力可能挫伤学生的自信心，使其产生自卑心理。教师在学生心目中是知识和权威的化身，教师的话语对学生具有极强的"权威效应"（权威效应是指人对权威的一种近于盲目崇拜的推崇心理，想当然地把权威人士的话奉为金科玉律式的绝对真理而不加怀疑）。因此，学生常常把教师的言论奉为圭臬，甚至言必称"我们老师说的"。正是由于教师的"权威效应"，使学生特别容易接受来自教师的影响。

其次，教师语言暴力可能使学生因自尊人格的丧失而彻底否定生命的价值。自尊心是人自我意识的一个重要标志，它不但表现为对个人的自我尊重，而且也要求别人尊重自己的权利和人格。一个人只有当他尊重、热爱所有的人性与自由，同时当他自己的个性、自由与人性同样受到他人的尊重、热爱、支持时，他才能真正地成为一个人。一个在学校被老师全盘否定的学生，找不到学习的自信和乐趣；一个被教师断定人生必然失败、生命毫无价值的孩子，丧失了人的品格和尊严，也就失去了人之为人的根本，成为一个行尸走肉的符号。他们的内心是极为痛苦的，如果不能找到一种可以忘却内疚、放松情绪的方式，他们的精神就很可能崩溃，要么自暴自弃，肆意妄为，要么悲观厌世，抑郁自闭，甚至可能提前结束自己年轻的生命。

最后，教师语言暴力可能使学生暴力倾向加剧。社会习得理论认为，学生很容易模仿他人行为，特别是学生的攻击行为更是一种习得的社会行为。美国心理学家班杜拉认为，学生主要通过两条途径进行"社会习得"：一是观察学习，即观察他们生活中榜样人物的行为；二是直接学习，就暴力行为来说，就是学生在受到周围群体或个人的暴力攻击中习得对他人的暴力攻击行为。而班杜拉认为，学生的行为方式更多的是模仿其所相信和崇拜的榜样人物而逐步形成的。在师生关系中，教师无论在学识、地位、年龄、阅历等方面都处于权威和优势地位，教师的语言暴力行为对学生语言暴力的发生起到典型示范作用。

3. 对学生大脑和智力发育的影响

教师语言暴力不仅会影响学生的人格发育，也会导致学生大脑发育和智力发展的受阻。由于大脑和智力发育是一个漫长的过程，所以需要长期的跟踪调查或对成人进行调查研究才能得出结论。这样的研究在国外已有报道，早在 2000 年，美国波士顿的 Mclean 医院曾经做了一项研究，研究者发现在 15 名童年受到语言暴力但无身体暴力的成人脑中，左脑发育不良甚至停滞，左右脑整合不良，小脑蚓部有血流量增加现象。脑神经科学研究证明：左脑发育与人的记忆能力有关，小脑蚓部跟情绪、注意力和边缘系统的调节有关。这些被试人员不同程度地存在焦虑症、抑郁症及注意力缺失、记忆力衰退等症状。日本熊本大学与美国哈佛大学合作进行的一项最新研究发现：语言暴力会导致学生大脑发育停滞。这项脑部发育研究针对 22 名 18 ~ 25 岁的男女进行调查，并整合了相同人种、惯用手以及生活环境等条件，他们同样都在学生发育时期遭受语言暴力。核磁共振检查发现，他们脑部两侧的颞叶容量比正常同龄人的小 9.2% ~ 9.9%，男性的比例更为严重，可能会缩水 13.8% ~ 15.9%。研究者认为，这些人因童年长期受到语言暴力的刺激以及负面情绪的压抑，使大脑颞叶皮质受到不同程度的损害或神经联络产生障碍，最终导致颞叶停止生长，成年后出现失语症、记忆能力缺失、比较能力丧失、非理智行为产生等一些后遗症。熊本大学友田明美说："从小被施以语言暴力而遭受精神压力的人，严重的话，脑部将停止发育。"可见，语言暴力会影响人的大脑发育，而大脑发育受阻带来的直接后果是智商降低。据美国布尔什海大学的研究员施特劳斯和帕斯查尔共同主持的一项研究指出：从小挨打、挨骂的小孩在智商测验中平均得分为 98 分，不常或几乎不曾挨打、挨骂的小孩平均得分为 102 分。这 4 分之差可能来自父母或教师花较多的时间耐心对孩子讲道理，较少或者没有对孩子实施语言暴力。可见，家长和教师态度上的温和可亲、语言上的循循善诱有助于提高学生的认知能力和思维发展，而态度冷酷专横、语言粗暴恶俗会阻碍学生的智力发育。教育者类似"笨蛋"的谩骂，无异于用"软刀子"把学生"削"

成真正的笨蛋。

4.对教师整体形象的影响

其实，心罚不仅对学生的心灵造成了伤害，而且也会对教师本人带来不良影响。自古以来，我国都有着尊师重教的传统，古人将"天地君亲师"并列供奉，历代教师都遵奉"师者，人之模范也"，从学识和人格两方面严格要求自己。教师形象在人们心中是"善的使者"，是"道德的代言人"。但是，一些教师的暴力行为，严重影响到教师的整体形象，危害了教师的职业声誉，导致整个社会对教师信任度的普遍下降。当孩子走进学校的大门，学校的一切对于他们来说都是美好的，在学生心目中，教师是至善至美的。特别是对于少年学生来说，教师在他们心目中的地位甚至超过了父母。但是在教育者的暴力实施中，不仅学生被扼杀了尊严，教师自身也丧失了"为人师表"的崇高形象。

5.对教育和教学效果的影响

师生关系好坏对教育效果的影响很大，正所谓"亲其师，信其道"。和谐融洽的师生关系不仅是教学顺利开展并取得最佳效果的前提条件，也是师生双方共同祈望的和谐校园的一项重要指标。但是，由于年龄、阅历、学识、能力、地位以及思维方式、个性等都有所不同，他们观察同一事物或问题的角度自然会存在差异，产生分歧，这种分歧发展到一定阶段，就会上升为冲突。师生冲突的存在是正常现象。然而，教师对学生使用侮辱、责骂、讽刺、嘲笑等恶毒的有声语言或冷漠、蔑视的无声语言对学生进行心理惩罚，会使他们对教师产生仇视、敌对情绪，从而加剧师生冲突的进一步恶化。师生关系的冲突、恶化会直接导致教育功能的降低和教学效果的弱化。教师的教育动机总体上来说都是好的，但青少年的社会阅历很浅，判断能力和自知自控能力也很差，比较注重教育者的态度和语言方式而不是教育者正确的动机和正确的教育内容。因此，当师生关系冲突恶化时，学生受个人狭隘情绪的影响对教育者产生厌烦和敌对情绪，他们会不加分析地一概拒绝来自教育者的所有教导：学生会对来自教师的批评十分反感、以牙还牙，以戒备、敌视的态度对待老师，进而对教师所教课程的学习产生厌烦、拒斥的态度，使教育转化的功能和教学效果跟随粗暴的教育方式大打折扣。

三、教师语言暴力的表现类型

常见的教师语言暴力大致可以分为以下几种表现类型：

1.讽刺嘲笑型

教师针对学生的落后、过错不是进行真诚的鼓励和批评，而是用"你没有病吧""还从某某学校来的呢，怎么这么笨""考这么点成绩，也不嫌丢人！要是我早跳楼了""你要是能考上大学，太阳从西边出来了"等嘲笑性语言和轻蔑的眼神对学生进行讽刺挖苦。讽刺嘲笑型的显著特点是教师的语调并不激烈、高昂，往往是用看似"轻描淡写"的语气和看似"开玩笑"的言辞对学生进行心理羞辱。

2. 侮辱谩骂型

教师针对学生的落后、过错不是就事论事、对事不对人，而是就事论人、对人不对事，用"笨蛋""白痴""弱智""败类"等带有人格贬低的语言侮辱谩骂学生，甚至用"有其父必有其子"等带有人格侮辱的语言对学生进行连带家长的人身攻击。这种类型的语言暴力往往既具有激烈的语调和谩骂、嘲弄的口气，也有明显侮辱学生人格的言辞内容。

3. 指责呵斥型

教师针对学生的落后、过错缺乏宽容的胸怀，不能容忍学生做错题、做错事，用成人的标准对学生求全责备，常常因一点小事对学生动辄大发雷霆、指责训斥，容易使学生因处于不断的内疚自责中而缩手缩脚、陷入自卑。比如：有的教师对自习课上捣乱的学生大声呵斥"给我滚出去"后，还对班干部说："你这个班干部怎么当的？再管不好就给你撤了"；有的教师批评学生时爱用"怎么不长记性""你整天干吗吃的""你有没有脑子""就你这种差生给班级丢脸、拉后腿"等恶语进行厉声呵斥、严厉指责。指责呵斥型的明显特征就是带有强烈的语调和猛烈的气势，对学生的行为过分挑剔、求全责备。

4. 冷漠孤立型

教师对"屡教不改"的学生失去教育的耐心和信心，放弃"教书育人"的神圣使命，对学生实施"弃置"。比如教师对待所谓的"差生""坏学生"采取"冷面伤人、孤立一旁"的态度：要么把学生安排在教室的角落里，不管不问；要么对学生视而不见，甚至没有任何眼神交流；要么鼓动其他学生"像这样的坏学生，谁也不要理他"。这种类型的教师语言暴力既没有声音，也没有言辞，只是用冷漠的眼神和视而不见的态度让学生感受到一种"被抛弃""被隔离"的绝望，容易导致自暴自弃。

5. 威胁恐吓型

教师在管教学生的过程中，使用"成人吓唬小孩"和"教师威慑学生"的方式对学生进行恐吓、威胁。比如：对"不服管教"的"调皮捣蛋"学生用"再不听话叫警察把你抓走""叫政教处、校长开除你""回头再找你算账""咱们家长会上见"等"送监开除"式威胁和"秋后算账"式的报复进行威胁打击；用"别跟我耍花招，我治你们的法多着呢""我的眼神厉害得很，你们干啥坏事都逃不过我的眼睛"等类似"窥探、监视"的语言恐吓、威胁学生。这种类型的语言暴力并不一定带有猛烈的语调，但却能够使学生对教师的权力和能力感到神秘莫测，从而产生"害怕"和"恐惧"的心理。

6. 妄言断定型

教育者目光狭隘、短浅，看不到学生发育发展的个体差异性和未来的不可预知性，对某一段时间"成绩落后""屡教不改"的学生进行片面、武断的判定。比如：用"天生就是个蠢材""一辈子没有出息""你就不是上大学的料""你就不是学某某科的料"等话语对学生的智力妄言断定；用"我看你这辈子完蛋了""我看你早晚会进监狱""你已经无可救药了"等语言对学生的前途信口开河。这种类型的语言暴力往往是教师以居高临下的权威者的态度肆意评价学生，带有很大的"绝对真理"式的判断语气和失望的表情，对学生有极强的误导性。

7. 话语霸权型

教师话语霸权是一种隐性语言暴力。比如：教师在课堂教学中，用"你是老师还是我是老师""我说你错了，你就是错了""老师讲话时不许插嘴""竟敢跟老师顶嘴，反了你了"等语言对敢于质疑自己的学生进行压制；用"没有举手谁让你发言了""不准讲话""听我说""我说行就行，我说不行就是不行""不会就别举手"等语言剥夺学生的话语权利；用"好了！别说了""你这是在钻牛角尖""闭嘴""坐下"等语言和不耐烦的口气打断学生的发言；还有在课余时间命令、支配学生时从不说"请"和"谢谢"，有时甚至说"出去"。这种类型的语言暴力是教育教学中最常见，也是最不易为教育者察觉的，但对于学生的心理和人格发育会造成不良的影响。

四、教师语言暴力的反思与批判

批判，既是批驳，也是判断。教师语言暴力的判断包括"界限判断"和"状况判断"。"界限判断"是依据一定的标准对教师的言行做出是否属于语言暴力的判断。"状况判断"不单是一种"是"或"非"的形式逻辑的判断，而是以辩证逻辑思维对教师语言暴力的程度和范围进行描述和评价。笔者认为，现代教育法、现代教育理论、教师（教育）伦理学和语言伦理学，既是对教师语言暴力进行批判的理论依据，也是教师语言暴力的判断标准。

（一）法律批判

政策法规是教师语言暴力批判最基本也最具权威性的标准。随着社会的发展，学生权利问题和人权问题一样，日益受到国际社会的重视。1959 年 11 月，第 14

届联合国大会通过了《学生权利宣言》，规定"学生应享有特别的保护。通过法律及其他手段，使学生能够在健全而正常的养育方法及自由与尊严的状态下获得身体的、智能的、道德的、精神和社会的发展的机会及权益"。联合国《学生权利公约》规定"学生免受任何形式的暴力，包括身体的暴力、性暴力、精神暴力和语言暴力"。虽然在国内目前的法律法规和教育规章中，没有明确禁止语言暴力的细则条文，但是在这些法律法规和教育规章中，我们还是能够看到对教师行为包括语言的一些限制性规定。《中华人民共和国义务教育法实施细则》第 22 条："实施义务教育学校的教育教学工作，应当适应全体学生身心发展的需要。学校和教师不得对学生实施体罚、变相体罚或者其他侮辱人格尊严的行为；对品行有缺陷、学习有困难的学生、少年应当给予帮助，不得歧视。"《中华人民共和国未成年人保护法》第 15 条："学校、幼儿园的教职员应当尊重未成年人的人格尊严，不得对未成年儿童和学生实施体罚、变相体罚或者其他侮辱人格尊严的行为。"

无论是在日常教育中的即席性口头评价，还是在学期总结中的阶段性书面评价中，教育者和受教育者的法律地位是平等的，教师对学生的评价应充分尊重每个学生的尊严、人格与隐私（即便是学生的分数、名次也应被视为隐私而得到保护）。那种居高临下、厉声呵斥命令、肆意侮辱人格的批评无疑是一种教师语言暴力，而利用考试分数和名次对学生进行"好、中、差"甚至"聪明、弱智"之类的区分和判定的评价，表面看似"有理有据"，其实质依然是教师凭借其地位而做出的一种不公正的霸权行为。

（二）教育学批判

我们常说，理论指导实践，观念决定行动；有什么样的教育理论，就有什么样的教育行为。"恨铁不成钢""严师出高徒""因为爱你，才批评你"等理由往往并不是教师有意掩盖错误行为而找的借口，而是缺乏现代教育理论，受陈旧、错误的观念误导所致。当代人本主义教育思想是一种先进的、人性化的教育理念，它克服传统教育的弊端，主张创造宽松、和谐的教育环境，为教师语言暴力批判提供了教育学理论基础。

1. 人本主义教育反对心理惩罚，注重呵护学生心灵世界

长期以来，教育界流传着一种错误认识：现在的孩子性格脆弱，心理承受能力差，需要进行挫折教育；或者认为性格敏感脆弱、易受语言伤害的孩子是个别现象。事实上，从心理发育学的角度来看，孩子的内心世界尚在建设中，心理发育远远没有成熟，脆弱和敏感是任何时代处于成长发育阶段孩子的普遍特征。有的老师说："我骂学生是为了刺激他！"而在调查中，回答"你认为教师的不文明

批评能否对你起到'刺激你刻苦学习、改过迁善'的积极作用"的问题时，只有25.3%的小学生、11.9%的中学生选择了"觉得受了刺激，决心好好学习，向老师证明自己"，大多数学生对教师的这种刺激持抵抗态度。有的老师说："这点骂都受不了，今后如何面对社会？"不错，我们是要培养孩子抗挫折能力，以完成自然人向社会人的转变。问题是战胜真正的挫折和困难会使孩子们变得更坚强、更智慧，而没有自尊地"挨骂"只会让他们更加消沉，从根本上削弱了教育的力量。卡森·麦卡勒曾经说过："学生幼小的心灵是非常细嫩的器官，冷酷的开端会把他们的心灵扭曲得奇形怪状。一颗受了伤害的童心会萎缩成这样：一辈子都会像核桃一样坚硬，一样布满深沟。"马卡连柯说："运用腔调、表情，举止适度，这一切对于一个教育者来说都是非常重要的。"有的腔调、语言和表情甚至"可以成为一滴毒药，如果需要让某人有这种感觉的话"。学生特别是小学生，十分关注老师的表情。老师给孩子一个笑脸，孩子一整天就会像过节一样开心；当孩子遇到难题时，如果老师投来鼓励的目光，他就会信心倍增；如果老师向孩子瞥去厌恶、失望的目光，孩子就会更加紧张、沮丧。教师对学生的大声呵斥不但表明了教师本人缺乏文明和理性，听任自己的本能情绪的肆虐，而且摧残了学生心灵中细腻的情感。据心理学研究发现，经常受到大声呵斥的学生，会丧失感受别人细微情感的能力，丧失对真理和正义的敏感性，丧失自尊和自重的人格发展需求，良知也会变得迟钝麻木起来。人本主义教育重视教育者对学生内心世界的了解，重视人格的培养，主张在把做人权利还给孩子的同时，把做人的责任也让他承担起来，也就是让孩子无形生命升华的同时，让他们的有形生命也经得起风雨的磨难。

2. 人本主义教育反对"成才成器"，主张实施发展性学生评价

"一双大手把着一人形木模，将一个学童模样的孩子往木模里按压，使之中规中矩，孩子痛苦得泪雨滂沱"。丰子恺的这幅漫画形象地揭示了传统教育"千人一面、削足适履"的痼疾。当教育者怀着"恨铁不成钢"的心情对学生实施"语言暴力"时，有没有反思一下："铁"为什么非要成"钢"？对于正在成长中的学生来说，其潜能之巨大、个性之丰富、智能之多元化是已被科学和事实证明了的正确命题，岂能以一个"差"字盖棺定论？首先，对于那些"学习不好，不能升学"的学生来说，将来即使不能成为社会"高层次"的人才，但丝毫不影响他成为一个具有良好道德和丰富个性的人。其次，现代多元智能理论认为，人类的智力不是语言和数理逻辑能力就能涵盖的，仅用这两个方面的智力来衡量一个人存在的价值具有很大的片面性。多元智能理论不仅强调智力的多元性，而且强调人与人之间的智力差异不是等级性的，而是结构性的：每一个人都有自己的优势智力和独特的智力组合，都有自己的特点和风格，只要能发现和识别每个学生的智

力潜力和特点，就可以用适合其风格和特点的方式来促进其学习与发展。正如一位班主任老师所言："每一个学生都像一粒种子，都具有发芽、开花、结果的可能性。不过有的发得早，有的发得迟；有的开在初春，有的开在深冬；有的枝头挂果，有的根上结实；有的可做栋梁之材，有的可做治病良药，就是做无名的小草，也能染绿祖国的山河。"因此，正如孙云晓所言："差生都是冤假错案。"在人本主义教育看来，不存在所谓的"差生"和不适合教育的学生，只存在不适合学生的教育。教育者必须尊重学生的差异性和独特风格。"差生""弱智"的称谓，既是对学生人格的污蔑，也是教育者目光短浅、素质不高的表现。

3. 人本主义教育反对规训管制，重视学生个性和创造力发展

在某种程度上，教师语言暴力抑制孩子的个性发展，扼杀孩子的独立思考和创造力。试想一下，在教育实践中，那些受到过教师语言暴力的孩子大部分是有个性的，甚至是有某一方面特长的"怪才"和"刺头"。可见，在现实教育中，越是具有创新精神的学生，越容易受到教师的呵斥和打击。因为在不少教师的潜意识中，教师的权威不容侵犯，即使错了，学生也不能在公开场合当面反对。而一些能独立思考和有创造性思维的学生常常表现出一种自信乃至一种傲气，较少抑制自己的真实情感和想法，不善矫饰，不怕嘲笑、羞辱和失败。当他们遇到"权威出错"的情况时，便会不顾一切地提出质疑和反抗，他们极易被理解为对教师权威的蔑视而遭到当头棒喝，受到讥讽、呵斥和攻击。重在驯服、听话的教育，不仅扼杀孩子的个性和创造能力，而且容易使学生养成病态的人格。英国教育思想家洛克指出："假如管教到了极度严酷的地步，也可以治好目前任性的毛病，但接着来的常是更恶劣更危险的心情颓丧的毛病，那时，你便算是丧失了一个放荡不羁的青年，换来了一个心神沮丧的家伙……实则这种学生终生终世对于自己和别人都是没有用处的。"因为，"放荡的青年，都是生龙活虎一般，精神十分饱满，一旦走上轨道，常常可以变成一些能干、伟大的人物；心情沮丧的学生就不然了，他们的态度是怯懦的，精神是抑郁的，很不容易振作起来，极难做出什么事业。"苏霍姆林斯基曾不无忧虑地指出："每当我看到这种态度冷淡、毫无怨言、准备好耐心地聆听教师的讥讽和训斥而无动于衷的学生时，我的心里就充满了不平和愤慨……这对一个人来说是最可怕的事。"他坚信，一位有头脑、对任何事情都有自己看法的小淘气，对教育者来说是幸福；而那种像影子一样无意志的、头脑中独立思想被各种强制性手段打掉了的，总是俯首帖耳、唯命是从的学生，则是教育者的不幸。而人本主义教育反对规训和管制，主张营造宽松、和谐的教育环境，重视学生创造能力的培养和个性发展。

（三）哲学批判

教师语言暴力体现了现实教育活动中的师生关系是一种"我—它"关系，这种关系的基本特征是：教师"讲解灌输"，学生"倾听接受"；教师"训诫管束"，学生"驯服听话"；教师"命令支配"，学生"唯命是从"；教师居高临下、颐指气使，学生俯首帖耳、唯唯诺诺。"我—它"型的师生关系表现在师生之间是一种"猫—鼠"关系，实质是一种敌对关系。比如有的教师在教室门上开一个小孔来窥视学生，有的拥有现代化设施的学校在每个教室安装能全天候"了解"学生一举一动的摄像头来监视学生，有的教师则声色俱厉地"吓唬"学生："别以为你们做了坏事我不知道，我的眼睛好得很，你们的一举一动都逃不过我的眼睛。所以你们最好老实点，别想要花样！""我过的桥比你们走过的路还多，教了这么多年的书，你们的心理我早摸透了，甭想跟我玩什么猫腻，收拾你们的法子我多得是，不怕的就试试！"学生听到这些话，"在惊诧之余心头顿时涌上一股寒意，这是一个老师说的话吗？我觉得这几句话和强盗、土匪、绑架者的威胁恐吓没什么两样！"教育中居高临下的霸权态度，容易使学生产生一种压抑感、自卑感，使师生关系异化成为一种压迫和被压迫的关系。在这样严重对立的关系中，怎么能够实现和谐的教育呢？

在当前的哲学伦理学界有一个很热门的词语——"主体间性"，是后现代哲学消解现代哲学"主体性"的基本概念之一。在后现代的世界秩序中，人与人、人与物之间不再是对立的"主体—客体"关系，而是一种平等的"主体—主体"关系。在这种关系中，交往双方彼此都是主体，没有客体，相互之间都是目的而非手段，二者之间是一种平等、对话、互动的关系。解释学大师狄尔泰的学生、存在主义哲学家马丁·布伯认为人与人之间正常、健康的关系应当是一种主体间的"我—你"关系，而不是彼此把对方看作某种物品的"我—它"关系。"教师和学生虽然有权利和义务的不同，但在人格上，即作为人的尊严应该是平等的，这是由于人的尊严是超越年龄、知识、能力和经验水平的，它只取决于人作为人的内在本质"。可见，"主体间性"概念消解了教师霸权，主张建立平等、民主、和谐的师生关系。在当今我国教育领域，关于师生关系的讨论曾出现了"主体""主导""双主体"等观点，其中"双主体"说比较接近西方"主体间性"的观点。其实，主体性不是教师的特权，师生之间应当是以人格平等、相互尊重为基础的新型的人际关系，即两个或更多的主体之间的平等对话、真诚交流的"主体间性关系"。特别是随着社会的发展，西方民主思想和人权意识不断深入人心，逐渐瓦解了我们传统的长尊幼卑的等级观念，确立教师和学生之间的"我—你"关系尤为重要。后现代主义"主体间性"概念为消解教师霸权、批判教师语言暴力提供了哲学理论依据。

（四）伦理学批判

1.教师伦理学批判

教育伦理学或教师伦理学是关于教育伦理智慧或教师道德及其规范的学问（就学校教育而言，这两个概念基本相似）。这门课程的研究重点不是放在"育人"这一问题上，而是以教育中的伦理关系和教师道德现象为研究客体。教师伦理学就是从当前的时代背景出发，从伦理的高度阐释教师的道德准则，为克服当前教师的道德病态、提升教师的教育智慧和道德境界提供理论依据。

教师语言暴力现象的发生是教师道德人格自我降低所导致的道德病态。教师伦理学认为，教师的道德人格是"人格"与"师格"的统一，并具有高于一般人的格位水平。"教师的道德人格是指个体作为教师这一特定社会角色所表现出的道德面貌与特征，是教师在自己的职业活动中表现出的稳定的道德行为的范式（格式）和道德品质与境界（格位），也是教师之所以成为教师的主体本质"。由于职业的规定性，教师的道德人格与一般人的道德人格有显著的不同。其一，教师的道德人格是"人格与师格"的统一，即一般道德人格与职业道德人格的统一。由于教书育人的职业特性，教师的人格一方面是自己的本体价值的标志，另一方面，教师的人格对学生具有示范性，因而又具有教育性，具有工具价值。从人格修养的角度来看，本体价值是根本性的；从教育事业的角度来看，工具价值是第一位的。所谓"善歌者使人继其声，善教者使人继其志"是也。具体到教师的语言行为的道德修养，马卡连柯曾经这样说："我们要善于这样说话，使孩子们在我们的话里感到我们的意志，感到我们的修养，感觉到我们的个性。"可见，教师道德人格的示范性和教育性要求教师必须把"人格"和"师格"统一起来。其二，教师的道德人格具有较高的格位水平。在许多师范院校，我们能看到以"学博为师，德高为范""学高为师，身正为范"作为校训来激励未来的教师。这些格言实际上也反映了教师在学识和人格上的高水准的特点。古人说的"为人师表"，是就教师的道德人格而言，必须高于一般人才能成为表率，供人效仿，才具有教育的主体资格。可见，教师伦理学所谈的教师的道德人格，仍然遵循我国古代"取法乎上"的道德修养策略，强调教育职业的神圣性和崇高性，强调教师人格的示范性和教育性，从普通意义上的健康的心理人格和伦理学意义上的高尚的师格两个方面来规定教师的道德人格。教育者必须自觉抵制来自社会各方面的消极影响，抵制社会道德滑坡带来的教师道德水平的自我降格。

教师语言暴力现象的发生，是教师缺乏"教育爱"精神的一种表现。教育是一项神圣而又崇高的事业，教师对学生的"爱"是一种纯粹的社会情感，是比亲子之爱更高一级、更理智、更深刻的爱，这是教师对待学生态度的支柱。"教育的爱是对每一个人的可能性的洞察，是对每一个人的信与望"。没有了爱的教育，就成了施予与接受、控制与隶属、命令与服从的简单二重性。"教育爱"的缺失导致教师对后进学生缺乏执着的爱心和足够的耐心，对问题学生感情和内心世界的冷漠忽视，违背了教育者"爱"的初衷。当学生反抗教师的不文明语言时，教师的普遍心理是"我是因为爱你，才批评你"。我们承认，你是"爱"的，但这种"爱"缺乏理性，不是严格意义上的"真爱"，就像"溺爱"不是爱一样。《现代汉语词典》对"批评"的解释是"专指对缺点和错误提出意见"。"你真是头笨驴"是"批评"吗？"真爱"是一种呵护，是一种鼓励，一种引导。教师以"爱"的名义对学生实施语言暴力，进行人格侮辱、心理打击，不仅不是"爱"，相反是一种伤害学生的不道德行为。教育中教师"利他的责任心、对他人的爱，并非可以趋向无穷大的，也有一个阈限。这与责任心、爱的不足是一种不道德一样，超过这一阈限，会造成对他人的伤害，也会成为一种不道德"。源于成人对孩子的"救治""改造"的"救世主"情结，所有的教育者都有强烈的"为了你好"的责任意识，这种意识过于强烈以至于教育者无限放大了教育权力，最终使"爱"成为一种戕害孩子的教育暴力。

2. 语言伦理学批判

人类的语言交际行为涉及三个价值层次：一是语言工具层次上的对错问题，属于语言规范层次；二是语言行为的是非善恶问题，属于道德层次；三是语言的美丑问题，属于审美层次。规范问题是语言的最基本的层次，可以用纯语言学的规则来约束；美丑问题是语言的最高境界，需要通过美学和艺术的规则来解决；而处于中间层次的语言的是非善恶问题则是最主要的，对大多数人的正常交往和交流十分重要，需要运用伦理道德规范来调节。在语言科学的研究和发展道路上，语言的道德问题从来就不是本体问题。语言学家往往注重语言的"结构体系"等语义学研究，而忽视乃至漠视语言的"道德"和"价值"问题。事实上，语言的道德问题在生活的天平上是一个难以忽略的砝码，只讲语言的"交际工具"功能而忽视使用"工具"的道德和价值问题，要付出沉重的代价。现实生活中，大量不道德、不文明语言暴力现象的存在就是一个很好的警示。语言伦理学就是在这样的时代背景下产生的，它服务于人类的日常语言交际生活，研究人们语言交际过程中的道德和伦理规范问题，对构建和谐社会具有重要的理论指导意义。

第二节　教师语言暴力归因分析

一、教师自身素质因素分析

人的素质就是人所具有的有效地从事一定社会活动的内在条件、一种准备状态。古人曾说考察一个人要"听其言，观其行"，就是说一个人的言行是他内在素质的表现，有什么样的素质，就会有什么样的言行。可见，人的言谈举止取决于他自身素质的高低。人的素质可以分为生理素质、心理素质、文化素质、道德素质等几个方面。本节只对引起教师语言暴力的教师文化素质、思想道德素质和心理素质等方面的原因逐一进行分析。

（一）教育理论素养和人文精神的缺失

人的素质与知识文化水平有很大的关系。可以说，人的某种精神上的缺陷，常常是由于知识上的不足造成的，不少教师根本没有认识到教育心理学知识在教育教学中的作用。错误、陈旧的教育观念作梗，人文精神的缺失是引起教师语言暴力的一个主要原因。

1.片面的成才观导致教师对学生评价失之偏颇

教育在本质上是"成人"的教育，即培养学生成为人格完整、身心健康的人。而当今的中小学教育，由于其狭隘的教育价值观的引导，学校、教师把考试和升学作为主要的培养目的，分数和名次成了学生的"命根"，升学率也成了不少学校追求的最高目标，"成人"教育异化为"成才教育""精英教育"，甚至是"考试教育"。这种片面、狭隘的成才观导致教师忽视孩子的个体差异和人格尊严，以偏概全，以点带面，把成绩和分数作为评价学生能力、品质甚至未来人生的主要标准。全面而丰富的教育价值，竟然只剩下片面而单调的数字符号，这是多么可悲的事！对这种偏见，布鲁姆曾尖锐地批评道："这些使学业目标固定化的预想，是当今教育系统中最浪费、最具破坏性的一面。它压抑了师生的抱负水平，也削弱了学生学习的动力。"

2.重在驯化的教育观使教师批评异化为语言暴力

"驯化"的教育观始自传统教育学派的鼻祖赫尔巴特。这种教育观从"人性恶"的学生观出发，主张以严厉的管理来"克服"和"约束"学生的"不驯服的烈性"和"盲目冲动的种子"。因此，他把对学生的管理放在整个教育过程的最前面。如何管理呢？赫尔巴特提出：一是用繁重的课业束缚学生，使他们没有空闲的时间"干蠢事"。二是要监督。"放任学生撒野，不予监督"是不能培养出"伟大人物"的。三是要用惩罚加以威胁。这是管理的一个"特别手段"。四是命令和禁止。学生必须要像军队一样令行禁止。五是体罚。包括站墙角、用戒尺打手、关禁闭、禁止吃食物等方法。可以说，以"约束和监督""惩罚和威胁""命令和禁止"来驯化被视为"敌人"的学生，很容易导致教育异化为暴力。为了能够"威慑"学生，重在驯化的教育观赋予教师绝对的"权力"，"这种'权力'具有'监护''改造'和'救治'情结，它使教师自认为是正确的、好的行为方式或者生活方式的承担者或解释者，学生必须接受"。这种父权式的教师权力，不一定是消极的、否定性的，但有时却是支配性乃至暴力性的。

（二）师德素养出现"知行背离"

具体表现在教师对学生缺乏耐心与责任心，忽视自身人格修养，缺乏协作精神；道德价值主体出现偏移，个人本位占据了头脑，教师中原来清贫乐道、无私奉献的精神逐渐被"个人优先、兼顾社会"的思想观念所代替，更多地强调将自我价值目标转向现实化和世俗化。这种"知行背离"现象的实质是教师道德人格的降低。

亚里士多德说过："德行应该处理情感和行为，情感和行为有过度和不及的可能，而过度和不及皆不对；只有在适当的时间和机会，对于适当的人和对象，持适当的态度去处理，才是中道，亦即最好的中道。这是德行的特点。"罪恶产生的原因是多方面的，但对于道德主体而言，一个重要的原因在于价值观的偏颇、理性的丧失，也是德行的丧失。当前，社会价值观的冲突导致教育实践领域存在着一些教师道德病态现象。例如：教师滥施教育权力对学生实施体罚和心理惩罚，以满足自己的权力欲；对学生不公平看待，情绪失控拿学生出气以满足自己的情绪欲。这些都是教育实践中存在的教育罪恶。可以说，师德修养不高是导致教师语言暴力最根本和最主要的原因。教育和教学需要长期耐心的观察和深入细致的工作才能显出成效，特别是后进学生的转化工作，更需要教师能够经得住曲折、反复和失败的挫折。

（三）教师心理健康问题日益严重

1997 年秋，世界精神病协会年会在北京召开，与会专家认为，人类已从"传染病时代""躯体疾病时代"进入了"精神病时代"，心理疾病已成为威胁人类生命和健康的主要杀手。据世界卫生组织（WHO）的最新统计，全世界患有各种心理障碍与疾病的人口占 10%，在各类人群中，教师的心理疾病尤其令人担忧。另据美国的一份研究报告显示，在教师、医生、农民、律师、家庭主妇、教士和修女中，教师患有精神官能症的人数比例最高。

我国正处于社会转型期，中小学教师作为社会的特定群体，正承受着来自各方面的压力，面临着巨大的考验与挑战——教育体制的改革与创新，新课程实施的需要，教育岗位的竞争，聘任制、量化管理等举措的实施，使教师在知识、经验、教学能力及心理素质等方面常常预支、透支。

（四）个别教师个性品质的缺陷

"一个真正的教师，不仅是要造就成的，而且还要是天生成的"。教师的职业特点对教师提出了多方面的要求，其中也应包括个性条件，也就是适合教育工作的先天性因素。

1. 性情急躁

个性是一个人区别于他人的心理特征，侧重于人的气质和性格方面。气质是个人心理活动的稳定的动力特征，它贯穿于人的一切心理领域，具有一定的先天稳定性。古希腊哲学家、医学家希波克利特把人的气质分为多血质、胆汁质、黏液质和抑郁质四种类型。一般来说，黏液质、抑郁质的人性情温和，多血质、胆汁质的人性情粗暴。气质是人的性格表现的内在基础，不同气质类型的人表现出不同的生活态度和行为方式，这种稳固的态度和行为方式构成了一个人的性格特征。性格虽无好坏之分，但不同性格的人处理问题的方式不同。以教师为例，内心缺乏安全感、情绪不稳定的教师爱骂学生；控制型的教师教学时喜欢以命令、呵斥的方式批评学生；退缩内向型的教师不喜欢学生发问，师生关系冷淡、疏远，不易密切。教育工作具有长期性、复杂性和曲折性。一方面，因为不同学生的身心发展具有多样性和层次性；另一方面，同一个学生的身心发展又具有反复性和缓慢性。性情急躁的教师常常忘记学生的这些身心发展特点，指望着一蹴而就和一劳永逸，在很多情况下明明是自己精诚未至，却埋怨学生金石不开，从而由"恨铁不成钢"的"爱"转为"恶语伤人"和"冷漠孤立"的语言暴力。

2. 人格缺陷

有时候，教师语言暴力的发生就在"一念之间"。此所谓"善恶一念间，境界各不同"。这里的境界，就是教师的修养，即人的意志品质。一个性情急躁的老师，如果有较强的自我调控能力，克服急躁脾气，同样也可以成为一个优秀的教师。而使一个性情急躁的教师愤怒成瘾、恶语相向的另一个个性原因是他意志品质上的人格缺陷。

教育工作的长期性、复杂性和曲折性，决定了教师工作的艰苦性，需要教师具有良好的意志品质，强制自己去做该做而不想做的事情，不去做想做而不该做的事情。"为人师表"的神圣职业要求教师来到学校、进入教室时，应当把个人的一切痛苦、烦恼和不快抛在脑后、关在教室门外。因为在学校、在课堂上，他的整个身心都是属于学生、属于教育事业的，他没有权利把自己的不良情绪传递给孩子们。

教师在教育过程中因意志品质的缺陷而导致语言暴力的现象，主要表现在以下两个方面：

第一，情绪冲动时难以自控。情绪既有积极的也有消极的。教师在教育过程中出现盛怒、狂怒、暴躁等不良情绪，如果不能及时加以控制、调整，就会对学生恶语相向。这种情绪失控不利于学生及教师本人的身心健康，不利于形成和谐融洽的师生关系。

第二，转化工作缺乏恒心。人的任何一种品质、性情的形成都不可能是一蹴而就、立竿见影的，都需要在内心认同的基础上，通过反复多次的行动、长期重复的活动逐步养成习惯，进而形成稳定的品格。特别是青少年身心的发育具有不稳定性、反复性和长期性的特点，教师意志的坚持性在教育工作中尤为必要。一个具有较强的自我调控能力的教师，必定善于调节自己的心态，坚定自己的意志，克服个性急躁，控制不良情绪，成为一个学生爱戴的优秀教师。而心理素质不高、意志品质低下的教师对自己的性格弱点和不良情绪不但不能加以克服、控制，甚至还利用权威优势无所顾忌地向学生"转移发泄"其生活和工作中的不良情绪，由善意的批评最后转为恶意的辱骂。可见，教师的人格缺陷也是导致语言暴力的一个不可忽视的内在原因。

二、环境因素分析

虽然教育者的自身素质是导致教师语言暴力的根本原因，但应该说所有的教育者都有避免失误的良好愿望，只要下定决心，完全可以通过自己的不懈努力不断提高自身素质，从而减少语言暴力的发生。近几年来，我国教育工作者的整体素质有所提高，但是教师的思想和行为不可能完全超越环境的影响。作为外因的环境，特别是社会环境对教师语言暴力现象的发生也是一个不容忽视的诱导因素。

三、教育对象因素分析

（一）复杂多元的时代特点加剧师生冲突

教育并不是教育者单方面按照自己的意志就能够完成的，而是要充分了解学生，掌握学生身心发展的规律和特点。作为有思想、有头脑的主体人，学生的活动范围总会超出教师所能够影响及掌控的范围，教师在设计和实施教育活动时，常常遇到一些难以预料和不可控制的突发事件。教育者如果不具备这种认识和处理突发事件的能力，就会导致教育实践的盲目性和发生错误的可能性。

当代青少年具有更为复杂的时代特点。众所周知，随着改革开放和全球化浪潮的推进，传统的社会生活方式、价值观念、思想意识和伦理道德标准都受到了西方现代文明和多元文化的冲击。在某种程度上，可以说当代青少年成长在有史以来最为开放、价值冲突最为激烈的社会环境中，他们面临的一切都在显示着一个"变"字，他们自己也在不断地思考、选择、参与和变化着。有人形象地把他们称为"混血的一代"：其一，社会生活的多元化，必然造成学生心理个性和思想观念的多元化、复杂化，他们初步具有了西方文化自由和价值多元的思想，不再像父辈那样把"听话""驯服"作为衡量自己或他人是否是好学生的唯一标准。其二，当代青少年的自我意识日渐增强，他们不愿被动接受教师的规训和管教，渴望建立平等民主的师生关系。其三，由于大众传媒、电脑的普及，使当代学生知识、信息十分丰富，教师传授的知识、信息及规范等会受到学生的质疑甚至反对。

（二）独生子女的性格弱点导致教育乏力

不少教师反映，现在的孩子越来越难管教，没有过去的孩子"听话"。"现在的孩子让我怎么管？不管也不是，管也不是！你批评他，他不听，还故意顶撞，让你连课都没法上。虽说教育是一门艺术，但并不是每一个老师都能成为教育家。可见，独生子女的某些不良性格致使一些教师感到教育乏力。

第三节　教师语言暴力的预防与化解

一、提高教育理论素养，树立人本主义教育理念

（一）培养对学生的宽容精神

人本主义教育理念是现代教育的先进理念，而宽容精神是人本主义教育的核心理念。宽容精神要求教师在观念上摆脱完美主义的束缚，容忍学生成长中的缺点和错误。完美主义者固执偏激，求全责备，容不得半点差错、失误，甚至只能

接受 100 分而不能容忍 99 分，这是不少教师和家长常犯的一种"现代病"。

真正的宽容精神不仅体现在对孩子考试分数的轻看上，对孩子一时失败的宽恕谅解的态度上，还应体现在对人性固有的弱点，如软弱、愚蠢、庸俗乃至猥琐之处的容忍。教师要学会以欣赏而不是挑剔的眼光看孩子，不要把孩子的粗心、马虎、淘气、不守纪律，甚至拿了别人的东西等行为看成不可饶恕的缺点，最重要的是不要用道德的、政治的眼光来看待孩子的言行，动辄"上纲上线"，给孩子扣上"笨蛋""捣乱""坏蛋""差生""小偷"的帽子。即使孩子真的有错误，也不要以"三岁看大，七岁看老"的旧观念夸大它的后果，妄断孩子的未来，而要以学生认知能力发展的局限性和人格发育的未完成性来看待成长中的孩子，坚信他们身上隐藏着"善的种子"，经过园丁的耐心培育和悉心呵护，能够萌发为参天大树。

在强调教师的宽容精神的同时，应当防止一些认识上的误区。宽容不等于溺爱，不等于放弃批评。溺爱源自非理性，宽容则来源于理性，来源于对世界的多样性、差异性的理性认识。宽容不是纵容和软弱，也不是批评的挡箭牌。真正的宽容不但不排斥批评，而且是真诚有效的批评的重要标志和必要保证。放弃原则、取消批评、是非不分、一味放纵是对宽容的亵渎，是教育者教育责任的放弃。宽容应当与严格要求相结合，该宽的宽，该严的严。对学生的一些诸如考试作弊、扰乱课堂纪律、欺辱同学的暴力行为等严重的错误，在宽容的同时，适当的批评乃至惩戒是一种必要的辅助性教育手段——这里需要的是教育者对教育分寸的准确把握。宽容不等于教育者出于利己的目的、不负责任、睁一只眼闭一只眼、对学生放任自流、冷漠弃置，而是从有利于学生健康成长和长远发展的教育责任出发，重在培养学生自我批评、自我反省、自我管理的责任心和自律能力——这才是宽容的真正目的。

（二）建立民主平等的师生关系

人本主义教育要求教师与学生的关系必须建立在平等的基础上，学生尊重老师，老师也必须尊重学生。"严师出高徒"的严格是指教师对学生在学术上的要求，而非人格上的要求。教师只能从学业上对学生严格要求，而不应对学生的人格或性格进行污辱或指责。

人们把教师对学生学业的要求与对学生人格的指责混淆起来，以为教师可以在学业上要求学生，自然也可以对学生的人格提出要求。这是教师与学生之间关系不平等导致的结果。

平等、民主、和谐的师生关系有这样几个特征：

一是对话，即师生在互相尊重、信任和平等的立场上通过言谈和聆听进行双向沟通。"没有了对话，就没有了交流；没有了交流，也就没有了真正的教育"。所谓"对话"，意味着师生双方的双向参与，不仅有语言上的互问互答（而非纯粹的"你问我答"），而且有知识、经验、思想、情感等多方面的、深层次的相互交流（而非"灌输机器""训话机器"的"独白"和"发泄"），是一种师生之间真诚、平等、直面、倾心的交往方式。弗莱雷认为，对话是一切教育活动中最为有效的方法，是解放的工具，是教育的精髓。同时，他指出"真正的对话"应具备的基本条件：第一，必须以"爱"为基础。"爱不应充当操纵的借口，爱必须产生其他的自由行为，否则就不是爱。"第二，必须有谦虚的态度。"没有谦虚的态度也不可能进行对话"，"如果我总是注意别人的无知而从不意识到自己的无知，那我怎么能对话？"第三，对他人的信任是对话的先决条件。"对话还需要对人类深信不疑，对他们的制造与再制造、创造和再创造的力量深信不疑，对人能变得更加完美的使命（这并不是精英们的特权，而是所有人与生俱来的权利）深信不疑"。第四，离开了希望，对话同样不能存在。教师不能轻易地对学生的未来"盖棺定论"，而应满怀希望地期待他们的成长。第五，真正的对话将使学生成为具有批判性思维能力的主体。对话双方应开展批评与自我批评，只有进行批判性思想交流才能达到对话的真正目的。因此，批评也是对话。

二是包容，即师生间的相互理解和接纳。不是你同化我或我同化你，而是在交往中相互理解、尊重并维护各自的独立性和完整性。包容更指宽容，主要是教师对学生的宽容。

三是"共享"，即师生在共同的教育活动中摄取双方创造的经验和智慧。这既是一种文化共享，也是一种精神共享。

对话、包容和共享的师生关系，并不意味着师生角色的淡化或混同，更不是教师权威和主导地位的丧失，它强调的是师生之间"人"的意义上的人格和尊严的平等，这种关系不仅能消除教师语言暴力，建立和谐融洽的师生关系，促进师生身心素质的健康发展，而且有利于教育、教学活动的顺利开展。

（三）运用发展性学生评价

人本主义教育坚信每个孩子身上都蕴藏着成功的可能，主张对学生实施发展性评价。发展性学生评价就是教育者从对"统一性"的崇拜转化为对"差异性"的尊重，用发展的眼光对学生进行全面、多元化的评价。教育者必须树立这样的观念：学生是有血有肉、有思想、有个性、有不同的兴趣和爱好、有不同的天赋和能力的正在成长中的人，而不是工厂批量生产的产品、口袋中任人宰割的马铃薯。教育者要摒弃短视和狭隘，充分认识到作为一个发展中的、完整的人，每一个学生都具有多方面的潜能和不同的发育特点，考试只是他人生奋斗的许多领域中的一个方面，获得良好的分数只是他完整的精神生活中的一个局部。仅从考试分数来给一个学生做出优劣好坏的评价结论，等于只看到一片花瓣而没有看到整个花朵，也就是犯了我们常说的"鼠目寸光""一叶障目"的错误。

教育者要清楚地看到，人的潜能具有个体差异性：一是表现的领域不同，正所谓"行行出状元"；二是表现的时间不同，有人早慧，有人大器晚成。教育者还要看到，人的潜能具有隐蔽性，正所谓"大智若愚。"人的潜能还具有可开发性，布鲁姆和布鲁纳都曾表达过这样的观点：只要提供适当的条件，几乎所有的人都能学会一个人在世界上所能学会的东西。因此，教师要时刻牢记陶行知的话："你的教鞭下有瓦特，你的冷眼里有牛顿，你的讥笑中有爱迪生"；要承认并尊重学生的差异性和独特个性，不强求学生与自己的喜爱相一致，运用价值多元化的评价方式使所有学生都能体验到自己作为人存在的、他人无法替代的独特尊严；应当"善于在每一个学生面前，甚至是最平庸、在智力发展上最有困难的学生面前，为他打开精神发展的领域，使他能在这个领域里达到顶点，显示自己，宣告大写的'我'的存在，从人的自尊感的源泉中汲取力量，感到自己并不低人一等，而是一个精神丰富的人"。如果忽视学生性格、潜能的多样性而用统一的模式来要求他们，塑造他们，就会导致许多天赋不低的人仅因为不符合应试教育的评价标准而被判为"弱智""劣等生"。

二、加强职业道德修养，提升教师道德人格

早在 1944 年，叶圣陶就曾强调，师德比才能更重要，良好的师德能够在一定程度上克服环境方面的不利因素。可以说，在教师的各项素质中，教师的道德素质是核心和关键。注重师德建设的学校，教师语言暴力现象不严重。教师是"善的代表""美德的化身"，教育者美好的人格本身就是一种最有效的教育影响，正所谓"身教重于言教"。因此，对教师的个性要求，应该彻底摈弃虚伪、固执、专横、凶残、粗野、鲁莽、怪僻、冷酷等不良倾向，而应努力培养温和、忍耐、细心、乐群的性情，培养捕捉学生身上细微之处并及时实施教育的智慧。教师要自觉提升自身的道德与人格标准，"见贤思齐""取法乎上"，加强职业道德修养和人格修炼，以坚强的意志和毅力克服不良情绪对自己的影响，增强自我调控能力，最终达到"知行统一""德行统一"，成为品格高尚的优秀教师。

三、积极探求批评艺术，提高教育教学能力

夸美纽斯说过："教育人是艺术中的艺术，教育人使用的语言是艺术的语言。"

语言的艺术性不仅指教师课堂语言的艺术性，还包括教师批评的艺术性。艺术性的批评，可以促进学生学习，起到事半功倍的效果；但是如果教师图一时痛快，不讲批评的策略和艺术，把学生劈头盖脸批得一无是处，就会伤害学生的自尊心和自信心。教育的本质是一种爱，谁能把批评变成爱的雨露和阳光，谁就掌握了批评的艺术。艺术的批评有两个基本的指导思想：一是多鼓励少批评。清代思想家、教育家颜元说过："数子十过，不如奖子一长。"有关专家认为，教育孩子一般表扬与批评的比例为5∶1。青少年都是有上进心的，包括一些缺点、毛病比较多的孩子，也希望得到表扬、肯定和鼓励。如果孩子总是受批评，总是产生不快的内心体验，他们的情绪就会越来越低沉，直至完全失去自尊心、自信心和上进心。作为教育者，应帮助孩子在幼小的心灵中树立起自尊心、自信心，对那些表现不尽如人意的孩子尤其要少予以批评与否定，多予以表扬与肯定。二是在日常的教育工作中，教师应把握好批评的"度"，努力变"忠言逆耳"为"忠言悦耳"。比如："明话暗说"，让学生明白事理，体会老师的良苦用心，往往能收到事半功倍的效果；"正话反说"，不是挖苦嘲讽，而是含而不露地旁敲侧击，寓理于其中让学生领会；"严话宽说"，教师的批评不是以势压人，而是以正面诱导为主，寓情于理，以真诚的爱感化学生，往往能引起情感共鸣。这些方法能巧妙地化解矛盾，不伤及学生自尊，融洽师生关系，达到批评艺术的佳境。

可见，教育是门学问，也是门艺术。教师只有不断改进教育方法，提高教育艺术，才能取得良好的教育效果，更好地促进学生的发展。要掌握批评的艺术，除了上述两个基本指导思想外，教师在批评学生时还要掌握四条基本原则：一是要有的放矢，切中要害。教师在批评学生时，要具体明确，不能泛泛而谈。比如"你学习不认真""你不太用功，太贪玩""你不求上进"等类批评语就含糊不清，应指出"不认真""不用功""不仔细""不求上进"的具体方面，明确说出存在缺点和错误的表现，这样才能让学生心悦诚服，知错就改。二是切忌全盘否定，以偏概全。批评学生要注意用词恰当，如果用"你总是……""你从来就……""你根本……"等类言词以偏概全，会伤及学生自尊心，也易引起学生的反感和抵触情绪。三是应就事论事，不涉及人格和尊严。批评应该是就事论事的理性陈述，而不是就事论人、对人进行语言侮辱和人身攻击。当学生犯错时，教师要避免大发雷霆地训斥学生"你还是不是人"，而应心平气和地告诉学生"你这样做是不对的"。只有这样批评才更具权威性和客观公正性，也能让学生感受到教师的细致周到和对自己的殷切关心。四是要摒弃指责性的感性批评，而采用建设性的理性批评。建设性的批评就是就事论事，帮助学生发现或承认错误，客观地分析造成错误的原因，并指出改正错误的具体办法和有效途径。建设性批评的重点不在于批评本身，而在于批评的目的和效果。因此，在建设性批评中，既有批评，更注重建议，它是批评与建议的完整结合。

四、养成自我反思习惯，增强教育行为的理性倚重

为了不断提高教师自身素质，教师要自觉养成反思的习惯。自我反思不仅是教师业务素质提高的必由之路，更是教师人格修养的重要途径。古代教育家有每日"三省吾身""反求诸己"的习惯，提升教师的道德人格，也需要我们不断地进行自我反思。

一是对照先进的教育理念进行反思，不断提高自己的理论水平。教育者要想避免教育中的失误和粗暴，也需要较高的教育理论来指导。其实学生的不少错误的发生是与其生理、心理发展的特点相符合的。比如"粗心大意""不踏实""写字速度慢""丢三落四"等"毛病"是处在这个发育阶段的学生的生理、心理发育不完善所致，并非学生"学习目的不明确、学习态度不端正、思维迟钝、智力低下"。如果不了解这些知识，就会将学生无意识的过失判断为"故意捣乱"而横加指责，往往使孩子感到委屈。

二是以教育良心为标准对自己的言行进行自我评判。教师的"教育良心是指在教育实践中，教师对社会提出的一系列道德要求的自觉意识，是教师个人对学生、教师集体和社会自觉履行职责的道德责任感和对自我教育行为进行道德评价的能力"。教育良心不仅包括崇高的职业理想，也包括尊重热爱学生，能够以德报怨，宽容对待孩子的缺点、过错甚至冲撞。在教育措施一时不见成效时能够"诲人不倦""反求诸己"，即反思自己的教育思想和方法是否得当，然后及时调整、反复施教，直到达到"精诚所至，金石为开"。可以说，教育良心是教师言行的"自我道德检察院"，在整个教育活动中始终发挥着重要的自我导向、控制、监督和评价作用。一般而言，教育良心发挥作用主要还是在行为之后。当教师感到自己的教育行为合乎教师道德要求并产生了良好的效果时，就会在心理上得到一种自我满足和肯定，就能建立坦荡充实的心理平衡，久而久之，就会逐步减少言行上的粗鲁和失误，达到一种和谐文明的境界；如果发现自己的言行不符合道义、有违教师的道德要求，从而给学生带来损害时，就会感到内心的不安和深切的歉疚羞愧之情，进行道德上的自我谴责，从而达到悔悟反省，知过改过。因此，教育者根据教育良心对教育行为进行反思和自我评价，是评判自身教育思想、方法和行为的最简便而又重要的途径。

需要说明的是，自我反思要达到行之有效，还需要勇气和毅力。缺乏勇气者不仅不肯揭短，反而常常给自己找借口"护短"，不肯揭短甚至还一味护短的教

师，是谈不上真正的反思的；反思还需要相当的毅力，因为"反思在一定程度上是自我'揭短'，是诱发痛苦的行为，缺乏毅力者即使反思技能甚强，反思也难顺利进行"，而且缺乏毅力者常常"出尔反尔""故伎重演"，怎么能谈得上真正的反思呢？一个善于自我反思的教师，一个勇于道歉的教师，一个知错就改的教师，必定能够最终赢得学生的爱戴和尊敬，成为一个优秀的教育家。

五、改善教师工作环境

提高教师的自身素质，是消解教师语言暴力，营造校园和谐话语环境的根本出路。然而，我们应当看到，教师的工作环境无论是物质环境还是文化环境，对教师语言暴力的发生具有不可忽视的影响。因此，整个社会要积极为教师创造一个宽松、愉快的工作环境，开拓疏通、化解教师语言暴力的多方渠道。

（一）加快教育体制改革步伐，创造良好的体制环境

首先，我们必须彻底转变基础教育中的"应试"倾向，着眼于学生的综合素质和生活能力，这是消解教师语言暴力的一条根本出路。我们必须从根本上扭转基础教育的"应试"倾向，实实在在地贯彻素质教育，让每一个教师都不再有升学率的压力，为所有的"差生""平反雪冤"，让每一名学生都能体验到学习的兴趣和生活的快乐。

其次，我们必须通过政策调整来改变那些办学条件差、社会声誉低的薄弱学校，健全、完善学校各项安全管理制度，积极为教师执教创造良好的环境与条件，从根本上改变教师的精神状态。

同时，要大力发展民办教育，扩大教育的选择范围。公立学校的教师在观念上尚未建立自己与家长之间的服务与享受服务的关系。而相对于公立学校，民办学校的教师语言暴力现象不严重，其原因就在于民办学校的体制决定了它在机制上充满活力，在教学方法上更为温和，更加迎合学生的需求，更加注重家长、公众的意见，能主动地把这些意见和建议转变为内部的改革。

（二）引导社会更新教育观念，营造宽松的社会环境

整个社会要树立正确的教育价值观，大力推行素质教育，关注学生素质的全面发展，不支持把学生评价和分数挂钩、把学校评价和升学率挂钩。形成正确、全面的人才观，要使全社会，特别是教师、家长认识到社会需要的人才是多方面的，仅着眼于考大学、成名成家而忽视人的基本素质和生活能力、做人等方面的

素质培养既不符合实际，也违背教育的本真使命。教育观念的更新不是一蹴而就的，而需要较长时间的实践来向人们展示好的观念带来好的效果。素质教育理念的推行已有近二十年，人们的观念多少也有了一些改变，但"分数""应试""升学"等传统观念在大多数人的心中根深蒂固。比如在社会上广为流传的"不要让孩子输在起跑线上"的教育口号，其实质是为"应试教育"擂鼓呐喊，不少家长在这一口号蛊惑下重新加入了追随"应试教育"的大军。其实，"赢在起跑线上"是"短跑运动"的一个关键因素，而教育是一项"长跑运动"，赢的关键并不在于起跑的速度，而在于冲刺的"后劲"。因此，政府要利用大众传媒、专家讲座、开办家长学校等各种方式进行宣传，引导全社会学习并接受正确、合理的教育理念，抵制陈旧观念和错误思想的误导和诱惑，为教师营造一个宽松的社会环境。

（三）建立教师心理疏导和教育机制，关注教师心理健康

教师是一个压力巨大的职业，当面对的是未成年的孩子时，教师的心理问题会导致严重的后果。语言暴力就是教师心理压力过大而导致的后果之一。首先，教师也是人，与其他人一样，工作竞争、生活负担、安全预防、教育责任、社会舆论等都会给他们带来巨大心理压力，这种压力如果不能得到舒缓就难免会带到教学工作中来，也就难免会出现语言暴力、体罚、变相体罚等现象。因此，在关注学生权益的同时，也要重视教师的权益，关注教师的生活、学习、工作，关注教师的生存和发展空间。教育管理者要摒弃"专制型"管理方式，建立民主型合作群体，努力为教师营造和谐的环境；主动为教师排忧解难，坚持以人为本，不断改进领导方式，推行人性化管理等，营造有利于教师保持心理健康，不断进行自我调适的环境。全社会要共同营造有利于教师心理健康的氛围，从政策、管理等各方面尽可能地为教师创造宽松、愉快的工作环境，提高教师待遇，提高教师的社会地位，进一步加大素质教育的力度，采取有效措施减轻教师的工作负担和心理压力。

其次，必须建立相应的教师心理干预机制和心理健康教育机制。教育行政部门与学校要全面启动"教师心理健康教育社会工程"，积极通过各种活动定期疏导、消除教师的心理压力。例如把教师心理健康教育纳入教师考核项目和继续教育的内容，开辟"教师心理咨询室"，开通教师心理保健咨询热线等，为教师提供一个心理宣泄和疏导的渠道。同时，开展教师的心理健康教育，鼓励教师努力提高自身的心理素质，保持良好的心理状态，适时适度地调节好自己的心态与情绪。

（四）完善教师交流机制 促进教师专业化发展

我们常常要求人们"干一行爱一行"，只有当一个人真正爱自己所干的工作时，才能够做到最好。教师的职前或职后教育可以提高教师的学历，但未必能增添教师对教育的情趣；能增长教师的教育知识，但未必能增进教师对学生的爱心；能加强教师对教育规律的了解，但未必能促进其自觉地遵守和运用，在实际教育中"明知故犯"的现象并不少见。梁启超曾经在讨论"趣味教育与教育趣味"时说："一个人若是在教育上不感觉有趣味，应该立刻改行。"现代心理学研究也指出："那些发现自己无法和学生之间建立亲热的关系，或者至少是中性的和事务式关系的教师，应该认真地考虑改行的问题。另外，那些由于年龄的增长或耐心的减退使他们每天与学生的相处成了冒险任务的教师，学校领导有责任不让他们带班。"

有鉴于此，政府和学校应当继续完善教师交流制度，促进教师专业化发展。一方面，把一些不喜欢、不适合从事教育工作的人调离教育岗位，安排他们到喜欢、适合的工作岗位上去发挥自己的专长和热情，为社会做出更大的贡献。另一方面，将那些喜爱并适宜从事教育工作的非师范类毕业生和社会各界人士吸纳到教师队伍中来。这些人虽然没有教育学专业知识，但由于对教育事业的浓厚兴趣和热情，经过一段时间的培训和学习，完全能够成为优秀的教师。苏霍姆林斯基在领导帕夫什中学时，就曾经发现一些年轻的教师不适合教育工作，而校外一些没有受过师范教育的人身上显露出了教师的素质和才干。他大胆地劝那些不适宜的教师另谋出路，并从工人、复员军人中挑选了几位到学校任教。结果表明，这些教师的工作都非常出色，深受学生的爱戴。可见，这种流动既是流动者的幸事，也是学生的幸事、教育事业的幸事。

六、加强教师语言暴力的法制管理

由于社会的复杂性，许多语言行为只靠自律和社会道德约束难以彻底解决。道德约束力比较松散，而法制约束则具有不可侵犯性和威严性、强制性。所以，当道德不足以约束语言行为主体的语言行为时，特别是其语言行为已经给当事人造成了比较严重的伤害时，法律和规章制度将从后台走到前台，给那些语言不慎、恶语伤人的教师一个沉痛的警示。

（一）完善相关法规制度，规范教师言语行为

建议我国完善相关的法律，立法明确语言暴力的概念以及禁止语言暴力的规

定，并规定有效的惩戒方式。由于法律的严肃性和神圣性，制定和颁布一条法律需要较长的时间，建议在相关法律出台之前，把"教师忌语"纳入行政惩戒手段对教师语言暴力进行管理。具体来说，教育行政管理部门可以用教育行规或者学校制度的形式，规定教师在讲课、评价和批评学生时，不得使用讽刺性、污辱性、蔑视性、过激性、恐吓性、指责性的语言；在与学生家长沟通时不得使用不负责任的、告状式的语言，督促和鼓励教师追求职业语言的文明化、人性化和艺术化。制定"教师忌语"虽然是当前社会环境和教育体制之下治理教师语言暴力的无奈之举，但笔者认为它有助于引起教师的警醒和反思，有助于教师自我控制不良用语。

（二）建立教师语言暴力投诉和监督机制，加大查处力度

在对教师和学生进行法制教育的同时，政府主管部门和学校应当建立教师语言暴力的监督和投诉机制，鼓励学生和家长对教师语言暴力现象进行监督和投诉，将语言暴力纳入对教师的考核范围，从制度上杜绝教师语言暴力。从调研情况看，学校普遍缺乏学生投诉机制，面对教师语言暴力，学生不了解投诉途径。一般情况下，学校没有具体的投诉程序和专门的受理部门，学生与家长都是选择向教务处、校长办公室进行投诉，有时家长的反复投诉会严重影响校长的工作甚至学校正常的教学秩序。因此，学校应当明确受理学生投诉的部门与投诉程序，建立有效的投诉机制。学校在受理投诉后，对情节严重的情况还要向主管教育行政部门进行报告。同时，学校要建立有效的监督机制。监督机制至少要包括以下方面：一是加强学校管理职能，对教师工作进行严格管理与监督，如果因为管理不到位，要追究学校管理者的责任。二是建立家长、社区对学校的监督制度，学校要主动加强与家长、社区的联系，建立家长委员会，把家长委员会和社区的意见作为教育行政部门对学校工作考核的重要依据。三是建立教师之间的互相监督制度，鼓励教师向学校反映、举报其他教师的语言暴力现象，知情不报的，学校应当进行批评等处分。

学校在受理学生和家长的投诉后，对情况较轻的教师要及时沟通交流或给予批评警告，情况严重的要严加查处。加大查处的力度，可以遏制教师语言暴力现象的发展。例如调查中教师语言暴力情况不严重的金水小学校长在访谈中说道："我们学校很重视师德建设，抓了十几年，对教师体罚和语言侮辱学生的现象，发现一例查处一例，情节严重的立即开除！"查处的前提条件是给予足够重视。面对教师的语言暴力，勿因事小而不为，要积极鼓励家长和学生拿起法律武器保护自己的人格尊严不受侵犯，对教师的语言暴力行为理直气壮地说"不"。只有宝

剑高悬，维权得力，才能有效遏制教师语言暴力的产生和发展。

（三）加强学生权利意识教育，进一步落实依法执教

对教师进行学生权利意识和教育法制意识教育，可以促使教师逐步树立尊重学生、依法执教的观念。教育行政部门要注意在师范学校课程中融入学生权利意识和教育法制意识教育的内容，对教师进行职前法制教育；在《教师资格证》考试内容中增加有关教师语言暴力内容的案例分析，促进教师语言专业化。学校应当对新任教师进行岗前培训，引导教师关注和了解《联合国学生权利公约》和教育法规，加强青年教师的学生权利意识教育和依法执教的指导。学校要健全法制副校长制度，重视与公安、司法行政部门密切配合，开展法律知识讲座，使在职教师了解教师法、义务教育法、未成年人保护法等相关法律法规和《联合国学生权利公约》的内容，增强法律意识和学生权利意识，摈弃陈旧观念，自觉取缔语言暴力。教师要尊重学生、爱护学生，根据不同年龄学生的生理、心理特点和接受能力依法进行科学的教育。

同时，要努力提高青少年的维权意识，鼓励学生依法抵制教师语言暴力。未成年人保护法规定："国家、社会、学校和家庭应当教育和帮助未成年人运用法律手段，维护自己的合法权益。"这一规定具有现实针对性，为青少年学生自我保护提供了法律和人道的支持。提高学生的维权意识，自觉抵制教师语言暴力的伤害，是青少年学生自我保护的重要方面，有助于促进教育者随时随地自我反省并自觉纠正错误。青少年学生依法维护自身合法权益的意识和能力不是天生的，需要社会、学校和家长有意识地培养，特别是教育者发自内心的真诚鼓励。首先，要肃清"师为生纲"的传统观念，唤醒学生的主体意识。教育学生不盲从教师的权威，树立尊重教师、尊重自己的平等意识。其次，要培养学生"吾爱吾师，吾更爱真理"的怀疑和批判精神，增强学生判断是非、追求真理的能力。最后，开展"学法、知法、守法、用法"的知识讲座，组织学生进行有关儿童权益和法律的案例讨论，学会在教师、家长的帮助下，对侵犯自己合法权益的行为进行检举、申诉乃至控告等。孩子的判断能力虽低，但一些明显的违法行为，如个别教师对学生的体罚、谩骂及人格侮辱还是能够识别的，应当鼓励孩子借助监督和投诉机制予以抵制和反抗。

第九章 教师语言技能培养综合分析及案例应用

第一节 课堂互动中灵活运用探究式语言，提升教学效率

苏霍姆林斯基说过："在人的心灵深处，都有一种根深蒂固的需要，这就是希望自己是一个发现者、研究者、探索者，而在儿童的精神世界中，这种需要特别强烈。"教师在具体教学的过程当中应该有意识地让教学朝探究化方向发展，避免传统的灌输式教学。而教师运用探究式语言来进行教学，能很好地激发学生探究的欲望，形成良好的师生互动。

所谓探究式语言教学，就是以探究为主的语言教学。具体来说，是指在教师的语言启发诱导下，以学生独立自主学习和合作讨论为前提，以现行教材为基本探究内容，以学生周围世界和生活实际为参照对象，为学生提供自由表达、质疑、探究、讨论问题的机会，让学生通过个人、小组、集体等多种解难释疑尝试活动，将自己所学知识应用于解决实际问题的一种教学形式。

教师的任务是运用探究式的语言调动学生的积极性，促使学生获取知识，发展能力。与此同时，教师还要为学生的学习创设探究的情境，引导探究的开展。

在具体实施过程中，教师要力求做到以下几点：

首先，教师要运用探究式语言激发学生的求知欲。

其次，在运用探究式语言时要注意方向的引导。教师需要提出或帮助学生确定探究的问题，并适时调控整个探究过程的走向。

再次，探究式语言的运用要注意引导的深度和广度。当学生的体验不够深入时，应该引导学生步步深入；当学生的思路受到局限时，应该适时介入，帮助学生打开思路，拓宽思维广度。

最后，教师运用探究式语言要注意面对全体学生。教师必须保证让更多的学

生有参与、锻炼的机会。

在课堂教学中，教师的探究式语言可以给学生创设发现问题的机会，引导学生对所学内容进行深入的思考。在课堂教学中，教师要避免灌输式讲解，通过探究式的引导，尽量使学生投入到自己发现问题或深化探究问题的活动中去，以问题为中心展开学习活动，让学生在质疑与探究过程中提高解决问题的能力。教师在教学过程中的作用是为学生主动发现问题创造思考的情境，而不在于刻意地强化知识点。教师运用探究式语言设置问题情境时，要考虑到在具体情境下学生学习动机的激发，帮助学生"学习迁移"，为他们日后的学习打基础。

一、激发学生探究知识的兴趣

云南省昆明市某小学王老师在讲授《黄继光》一课时，是这样运用探究式语言的：

王老师说："刚才我们读了第二自然段，知道这一段讲战士们在抢占 597.9 米高地主峰的战斗中受阻了。我军'屡次'突击都攻不上去，还有'越来越多'的战士负伤。读了这一段，我有一个感觉，我军的战斗力并不强。大家怎么看？"

学生或窃窃私语或交头接耳。

王老师说："看来大家的感受跟我不太一样。要不，咱们再研究研究课文？"

学生先自主阅读探究，然后与同学交流讨论，最后全班交流。

学生 1 对王老师说："老师，我们的看法正好与你的相反。这一段的第一句话说'战士们像猛虎一样朝敌人的阵地扑去，占领了一个又一个山头'。'像猛虎'可见战士们十分勇猛，充满了必胜的信心。从那个'扑'字，我们更能看出战士们的勇敢和无畏。而且，如果我军的战斗力不强，能占领'一个又一个山头'吗？"

学生 2 说："我补充一点，这句'在大炮的轰鸣声中……''轰鸣'是说轰隆轰隆的声音很大，说明我军的火力很猛，很有战斗力！"

王老师频频点头，说道："你们的体会很好！我提议有同样体会的同学一起来把这句话读一读。"

学生们齐读，然后王老师点名读。

学生 3 回答："我觉得战斗是双方的事，我军攻不上去，还与敌人的疯狂反击有关。你们看，敌人'凶猛地射击''他们的几十挺机枪喷射出无数火舌'，交织出'严密的火网'。'火舌''火网'形象地写出了敌人的火力很猛，我军自然难以一下子攻上去。"

王老师夸奖道："有道理！"

学生 4 说："我们这一组还有不同的看法。我们从老师课前提供给我们的学习资料中知道了'高地'是指战场上高高突起的阵地。这么看来，敌人是在上面守，我军在下面往上攻，自然十分困难！"

王老师高兴地说："你们是说地理位置的不利也是我军突击失败的原因，很有道理！而且，你们还能联系课本外的资料来理解课文，这种方法值得我们大家学习。"

王老师巧妙地运用探究式语言提出一个虚拟的论点，引发了学生无限的思考。这就形成了讨论这一问题的情境，使课堂气氛达到了高潮。

这个案例是从语文教育及小学生的年龄特点出发，它在运用探究式语言创设问题情境上体现出了以下特点：首先，探究式语言具有启发性，能激发学生探究的兴趣，引起学生的认知冲突，启发学生的思维。其次，提出来的问题有探究空间。最后，提出的问题少而精。过多过细的问题不但缺乏思考的时间，还会影响课堂教学的整体性。

这个案例也说明，在具体的教学中采用何种方法提出问题，是根据具体的教学内容、学生的年龄特点、学生运用探究式学习的熟练程度而定的。所以，在教学过程中，教师要把握好尺度。

二、用探究式语言启发学生发散式思维

福建省优秀教师宋慧红在讲授人教版语文第十一册《鸟的天堂》一课时，是这样进行的：

上课伊始，宋慧红老师先绘声绘色地描述："同学们，鸟的天堂是我国的一处游览胜地，现在，就让我们跟随导游去游览一下鸟的天堂。"

随即，宋老师开始放映游览鸟的天堂的录像。

学生观看后，宋老师问："同学们想不想知道巴金爷爷是如何描绘这美丽而奇妙的景致的？"看学生有兴致，她又趁热打铁，要求学生自学课文，然后回答几个问题：①鸟的天堂指什么？作者去了几次？看到的景象有什么不同？②找出描写大榕树茂盛的段落，大声朗读，并想一想这株大榕树有什么特点。③提出几个自己感兴趣或不懂的问题和大家讨论。

经过合作探究，学生们最后把问题的焦点集中在"昨天是我的眼睛骗了我，那'鸟的天堂'的确是鸟的天堂啊！"这个句子中第一个"鸟的天堂"为什么加引号，第二个为什么不加引号。

宋老师并不急着把答案告诉学生，而是引导他们联系全文，结合挂图，展开小组讨论。学生经过互相启发，最后达成共识：第一个"鸟的天堂"是对大榕树

的特殊称呼；第二个"鸟的天堂"指能让鸟幸福生活的地方，因此没有加引号。

在教学中，宋老师把握时机提出问题：这茂盛的大榕树为什么能成为鸟的天堂呢？一石激起千层浪，一下子把学生的积极性调动起来。通过探究，学生们各抒己见，最后相继得出以下四个理由：树大叶茂，鸟能筑巢；环境幽静，适合孵卵；紧挨大树，不愁食物；民爱鸟，因而无人伤害鸟。这个相当全面的答案表明学生通过自学理解了课文内容，不仅掌握了知识，而且懂得了许多道理。

从这个案例我们可以看出，教师运用探究式语言可以使课堂导入具有强烈的吸引力，也能够开启学生的思维，使他们跟随教师的提示开展探究活动。

三、探究式语言的运用技巧

既然探究式语言在教学过程中的运用这么重要，那么教师就应该重视和学习这种语言方式的运用技巧，从而提升教师的教学语言能力。

（一）把握语言的准确性

教师的探究语言首先要准确。教师要善于发现学生的认知矛盾，甚至寻找契机制造一些矛盾，通过认知矛盾来激发探究式语言的生成，引起学生的认知冲突，进而激起学生求知和探究的欲望，引导学生主动发现问题，解决问题。

（二）注重语言的开放性

教师语言的开放性是指教师在课堂教学中所运用的语言不能一成不变，而是开放活跃的。在这个语境中，师生思维活动呈双向开放态势，通过合作讨论，能很好地引导学生进入积极研究的学习状态。例如，在教"东施效颦"这个成语时，一般是这样来讲解的：用来比喻胡乱模仿，效果很差。若运用探究式语言则会引发另一番思考：东施认识到自己不美，所以认真向美的人学习。爱美之心，人皆有之，她这种行为不是比那些明知自己不好却不去好好学习的人更有进步性吗？通过这样的语言探究，学生的思维就会活跃起来。

（三）把握教材和学生理解中的不确定因素，创设问题情境

教师在课前要做一些有效的教学设计：哪些句子要重点练读，哪些地方要想象说话，什么时候应拓展阅读，什么环节要安排演画等。准备充分以后在教学过程中还要灵活安排探究式语言，从而达到探究与训练有机融合的理想境界。

例如在学习课文《在马克思墓前的讲话》一课时，有一位教师让学生分析"停

止思想""永远睡着"的语言特色，学生们一致认为作者是运用了修辞方法。这位教师随即提出："这种修辞方法是'讳饰'还是'避讳'呢？"这一探究式语言的运用，促使学生进入积极思考的状态，取得了很好的教学效果。

（四）引导学生探究的同时，也重视教师的指导作用

教师在运用探究式语言提出问题后，要把重点放在如何引导学生去探究上。在强调学生自主性的同时，也不能忽视教师的指导作用。要特别对学生进行适时的、必要的、谨慎的、有效的指导，以达到让学生真正从探究中有所收获的目的。

教师在具体的教学中要多运用探究式语言进行教学，引导学生学会思考问题、分析问题、解决问题，这样学生的探究能力就会不断地提高，课堂教学的效果也会得到提升，实现师生教学双赢。

第二节　张弛有度中运用教师语言技能，构建高效课堂

优美的钢琴演奏之所以使观众陶醉，乐曲本身创作成功是一个重要因素，但更重要的是弹奏者的艺术发挥。钢琴家通过自己的再创作把优美的旋律传达给听众，感染听众，也把自己的感情传达出去并有效地调动听众的感情。教学要达到成功的目的，教师也应像钢琴师一样，讲究节奏，张弛有度，给学生以美的享受。

课堂教学是教师与学生教学相长的活动，是十分复杂的过程。为了优化教学效果，教师应该高度重视课堂教学语言的节奏。

和谐的教学节奏能自始至终牵动学生的注意力，维持学生的热情，使课堂教学跌宕起伏、张弛有度，从而轻松愉快地实现教学目的，完成教学任务。

如果教师的教学语言不注重张弛有度，说话节奏过快，单位时间里的信息量过大，学生思维就跟不上教师的讲授；若说话节奏过慢，过于单调，就难以集中学生的注意力，甚至会使学生出现不耐烦的情绪，严重影响教学效果。

合理的语言节奏是教师课堂语言成熟的重要标志。作为一名合格的教师，更要全面提高自身基本素质，主动加强口语强化训练，让自己的教学语言张弛有度，吸引学生的注意力。

一、张弛有致的语言有利于领会文章意思

广东省深圳市某中学吴老师在讲授《再别康桥》时，设计了这样一段话："1920年，24岁的徐志摩来到康桥，度过了他一生中最美好的青春岁月。在康桥，

与秀外慧中的一代才女林徽因的美丽爱情使他萌发了汩汩诗情；在康桥，他陶醉于如诗如画的美景中，正是那粼粼水波开启了诗人的灵感；在康桥，他接受了爱、自由和美的个性主义熏陶，正是那'爱、自由和美'的康桥理想给了他人生的追求。正如他自己所说：'我的眼是康桥教我睁的，我的求知欲是康桥给我拨动的，我的自我意识是康桥给我胚胎的。'的确，康桥造就了灵性的徐志摩，给了他无尽美好的回忆。"

在讲授第一小节时，他轻而缓地说："诗人连用三个'轻轻的'，使我们仿佛感受到诗人踮着足尖，像一股清风一样来了，又悄无声息地荡去；我们仿佛看到诗人不愿打破康桥的宁静，依依惜别，飘逸而洒脱。"

这种舒缓的语言仿佛把学生带到了老师所描绘的意境之中，让学生有身临其境的感觉，使学生能很好地领会作者的思想感情。

结尾时，他又用深沉而缓慢的语调说："徐志摩因为《再别康桥》获得了诗坛上的巨大声誉。然而可惜的是，满腹才华的徐志摩，一个灿烂的年轻生命，最终只是像一颗流星划过了诗歌的天空，化作了西天的云彩。1931年，徐志摩乘坐飞机在山东济南遭遇空难身亡，年仅35岁。噩耗传来，文坛震惊。当时文坛领袖胡适痛呼：'天才横死，损失的是中国文学。'的确，他就这么悄悄地来了，又这么悄悄地走了。虽然他没有带走人间的一片云彩，但他将传世的《再别康桥》留给了诗坛，也把永远的思念留给了我们。今天，当我们欣赏《再别康桥》时，也在感受着'爱、自由和美'的熏陶。"

教师的课堂教学语言要饱含真挚的感情，才能使学生的情感受到感染，引起心理上的共鸣，从而达到感知教材、加深理解、促进思维、巩固记忆的教学效果。在上面案例中，吴老师一开始就设计了一段"排比句"的教学语言，不仅增强了语势，而且准确地将徐志摩对康桥的感激、眷恋之情传达给学生。

在结尾时，吴老师用诗意的语言将自己对一代诗人的惋惜与不舍表达得淋漓尽致。而学生在老师张弛有致的语言中，逐步把握了诗的精髓，提升了精神境界。

二、运用声调和情感节奏

我们来看一看北京某中学的历史老师朱老师是怎样运用声调变化的。在讲到"十月革命一声炮响，给中国送来了马克思主义，中国人民觉醒了，在中国共产党的领导下，中国人民的革命斗争便进入了一个崭新的时期"这段文字时，朱老师的声调陡然高升，雄浑而激扬、坚定而豪迈，充满信心和希望，这种语言表达给学生带来豁然开朗之感。

在讲授初一年级政治课"纪律是革命胜利的保证"时，一位教师讲述了邱少云烈士的故事。随着故事情节的发展，教师的情感也有节奏地变化着。讲到英雄时，他满怀崇敬之情；讲到敌人时，则流露出憎恨的神色；讲到烈火烧到邱少云身上时，他的语气表现出强烈的急切之情；讲到烈士壮烈牺牲时，他声音呜咽，语调低缓悲壮；讲到战斗胜利时，教师则喜悦满怀、语调明快。从上面的案例中我们可以看出，教师语言的张弛有致，可以通过声调的变化和情感节奏的变化来达到。

平淡低沉的声调或是慢慢吞吞的节奏会使课堂气氛太沉闷，学生昏昏欲睡。相反，如果总是高亢震耳的声调，则会影响学生思考品味，同样会引起疲倦。恰到好处的声调节奏，能满足学生听觉的需要，符合学生思维活动的规律，可以达到好的教学效果。

情感节奏是指教师情感表达的浓淡、高低、强弱等有规则、有秩序的变化。以上案例中，教师在整个故事的讲述过程中情感不断变化，对学生的情感产生了潜移默化的影响和熏陶作用。由此可见，教学情感节奏的调节应依据教学实际内容，服务于教学。

教学内容蕴含的情感变化层次主要为：欢快、诙谐和幽默，庄重、肃穆和沉重，舒缓、悠闲和轻松，强烈、紧张和急迫。这些都是调整情感节奏的重要依据，也是控制教学语言张弛有致的重要依据。

三、语言张弛有度的提高方法

教师的教学语言节奏直接影响着学生的思维活动。节奏好的教学语言似行云流水，流畅而富有感染力，能让学生的思维紧随老师的语言而跳跃，从而达到活泼紧张的课堂效果。

语言的节奏要以教师感情变化为基础，更要和教学内容本身相一致，做到快慢得当，高低适宜。那么，教师如何才能做到很好地把握自己的语言节奏呢？

（一）掌握语言的连续性

连续是节奏的首要因素。课堂语言的连续，不仅影响教师对教学内容的准确表述，更会影响学生的听课状态以及课堂整体效果。

语言连续的基础来自对教学内容和教学对象的整体把握，所以，教师在教学前要认真备课，充分把握教学内容，明确知道自己要讲的是什么。要大致知道在讲课过程中可能出现哪些问题，对于教学重点难点要从哪几个方面、用哪几个步骤呈现和突破。

连续的课堂语言要避免废话、空话。在讲课过程中，我们要经常回头检查自己的教学语言，尽量消除无意义的、易产生歧义的、容易导致学生注意力分散的废话，努力使课堂语言精练、准确。

连续的课堂语言承载着连续的思维、严密的逻辑，使课堂教学整体贯通，一气呵成。

（二）语言的停顿

教师在抛出一个明确的问题之后，需要简短的停顿，给学生以思考的时间，此时一般性的提示都是对学生思路的打扰。教师在组织教学语言停顿时，要目光环视四周，这样对学生分散的注意力有较强的暗示作用。

（三）掌握语言的过渡转换

教师合理的过渡语言在知识间起着衔接作用，能够使课堂流程更和谐自然，既可以提高课堂教学的整体性，也能够使繁杂的教学内容在学生大脑中形成内在的联系。

例如引题是课与课之间的过渡，它的目的是对学生已有的知识进行激活和唤醒，同时设法把学生的注意力引入到本节课的内容上来。课堂中间的过渡是不同知识点之间的转折，旨在保持课堂思维的连续性、教学内容的系统性和教学流程的和谐性。

不论哪一种过渡，都要求我们语言的简洁、精练、准确、富有感染力，能够承上启下。这往往需要教师在课前准备时就有所考虑。

（四）掌握语言的起伏

起伏是节奏的重要表现形式，它体现速度、强度与时间的关系，直接影响着整体节奏的表现效果和学生的听觉反应以及情感反应。教师语言的起伏及它所引起的节奏变化对于课堂教学效果至关重要。教师语言的节奏变化主要应注重两个方面：强度上的轻重和速度上的缓急。

第三节　科学性与艺术性相融中运用教师语言技能，提升学生能力

课堂教学既是一门科学，要遵循教学本身的客观规律，包括学生的心理发展

特征等，亦是一门艺术，在面对不同个体、不同情况时，要求教师能因人、因地、因时制宜，不囿于一个程式，从而起到良好的教学效果。而教学主要是通过语言来组织的，所以教学语言亦需兼具科学性与艺术性。

所谓科学性语言，是指那些正确、清晰、准确、规范、简明的语言。它要求教师在运用语言时概念明确，意义精当，表述准确。它的核心是表达的准确性和规范性。准确，是指说话没有内容的错误，不犯常识性错误，切忌信口开河，把不科学的、没有经过验证的东西任意发挥传授给学生，也指没有语法、逻辑、修辞上的错误。这里强调的是表述的内容是"对的"。规范，首先是指在课堂教学中要讲普通话，并且要讲比较标准的普通话，不夹带方言，避免"口头禅"等，这是语音表达呈现形式的规范性要求。其次，语汇表达意义的规范性选择，诸如语汇的色彩、范围、时代等。最后，语法表达情感的规范性选择，诸如句式、修辞，甚至还可以涵盖语体和语气等。总之，这里强调的是表述的形式是"对的"。

所谓艺术性语言，很难给它下一个定义，我们认为应包含两方面的内涵：一方面指语言本身的美，如生动形象、优美流畅、音节和谐等；另一方面也指表现的手法高明，如富于机智、幽默风趣、善于引导、注重留白等，也即智慧美。运用艺术性语言，往往能给学生以感性的认知、真切的体验，从而起到感染、熏陶的良好作用。这里强调的是表述的内容和形式是"好的"。

一、科学性语言的特征及价值

有学者将科学性语言的特征归纳为以下三点：语言表达的准确性，语言表达的规范性，语言表达的简洁性。

准确，即指说的话没有内容上的错误，也没有语法、逻辑、修辞上的错误。前者容易避免，后者往往防不胜防。比如"美轮美奂"这个成语，它的正确使用应是"形容房屋的高大华美"，但有时教师会不自觉地冒出"昨晚的焰火真是美轮美奂啊"这样的句子，这是修辞方面的错误。再如典型的病句"通过这篇文章的学习，使我们懂得了……"则是犯了语法上的毛病，主语残缺了。

规范，首先是指在课堂教学中要讲普通话，并且要讲比较标准的普通话，教师要时刻把握语言发展动态，及时调整，如"确凿""装帧"这些词。很早以前有过这样的笑话：一个幼儿园教师在课上让小朋友们把"图片"拿出来，因为发音不准，结果小朋友们都带着一脸天真亮出了自己的小"肚皮"，虽是一个笑话，但也发人深省。

其次，不夹带方言。既是方言，自有其地域性。如苏州方言中，经常使用一个"蛮"字。它的意思不是"蛮横"，而是"很""挺"。结果不管是本土人士还是外来人士似乎都"感染"上了它，出现在课堂上就成了明显的语言杂质。有种情况例外，如在教授古诗词时，若涉及有关音韵方面的知识，如押韵、平仄，尤其是其中的入声字等，非用方言不能尽其妙，那当然就另当别论了。

简洁，是指说话简明扼要，不说多余的内容。课堂教学时间有限，不允许教师啰里啰唆、拖泥带水。这要求教师要对语言行为进行自我控制，对教学信息进行选择、加工，做到言简意赅、富有逻辑性，使教学语言发挥出最好的效益。要做到不滥用语气词。"呢""吗""吧""啊""呀""哪"等是生活中常见的语气词，教师经常会在无意间带进课堂，致使原本简洁明了的一句话反倒变得拖沓烦冗，支离破碎。

语言形式一般可分为两大类：外部语言和内部语言。外部语言是进行交际的语言，又可分为口头语言和书面语言。教学语言是一种口头语言，口头语言是种外部语言，是种显性语言，它和内部语言不同。内部语言是非交际语言，是指借助语言进行思维过程中的一种特殊的语言现象。由于不直接用于交际，只是个人自己的语言活动，不存在理解问题，所以很多组成部分可以被省略。但口头语言却不可以，它必须要考虑对方的听话能力、理解水平、接受能力等。尤其是学生的模仿能力很强，潜移默化之下，教师表述规范学生也就规范，教师表述随意学生也就随意，所以语言表达的正确、清晰就成为教师教学语言的首要条件。话都说不对说不清，又谈何要求学生听清听懂？

从语言能力生成的角度来看，从小到大，一个人的语言能力既呈逐步发展的延续性态势，也有其独特的间断性特征。儿童时期以口头语言作为交际的主要方式，他们能够运用比较丰富的口头词汇来表达自己的思想，但是还不善于独立地、按照逻辑顺序进行连贯性的讲述。他们较少接触书面语言，内部语言还很不发达，因而低幼年纪儿童以口头语言叙述自己的思想较为容易，从思维方式来看属于一种"有声思维"。进入学校以后，一方面对儿童的口头语言提出了新的要求，另一方面逐渐发展并掌握书面语言。书面语言是比口头语言出现得晚的一种高级能力，有更高的、更严格的要求，它在口头语言的基础上形成，同时又可以反过来丰富和改进口头语言，这一阶段属过渡阶段。再往后，内部语言开始发展，内部语言（人在默默无声的思考过程中的一种语言活动，属"无声思维"）是智力活动发展的最后阶段和最高形式，它和书面语言一样，是在口头语言的基础上形成起来，也和书面语言的发展密切相关，并且还和智力发展水平、思维水平密切联系。所以，在人以后的各个时期，都在不断地发展和完善着。三者环环相扣，互相促进。而不管怎样的语言形式和语言发展阶段，我们首先要努力去做到的就是表达的准确、规范和简洁。对小孩子而言，第一就是要正确。如果缺乏这些科学的因素，我们不敢设想教出来的孩子会如何说话，我们又是否能听懂。所以，科学性语言的价值，首先在于它的基础性，它是发展和掌握其他语言的前提。科学性语言的价值，还在于能帮助学生树立严谨的科学态度。

二、艺术性语言及其价值

人首先要学会正确地说话，其次还要争取说得好，说得妙，这便是艺术性的要求。

当然两者并非截然分开，一般而言，艺术性语言亦需首先做到正确、规范，但不限于正确、规范，它还有属于自身的一些特征。教学语言的要求更是如此。

课堂教学，虽然现在强调互动，但就目前的高考制度而言，教师的讲课（尤其是高三复习阶段的讲课）从本质上说仍只能以一种单向性的交流方式为主，而这种交流的方式往往使学生感到疲倦，注意力分散。要想在课堂教学中减轻或消除学生的疲倦感，自始至终吸引他们的注意力，教学语言的生动形象就极为重要了。

语文课上运用艺术性语言，往往能激活课堂气氛，调节学习情绪，这是就课堂整体效果而言。纵观整个课堂，其实大部分的语言还只能是平易的、普通的，课堂教学语言承担的任务首先是保证教学正常开展。但光有这样的语言是不够的，一堂课没有色彩，没有活力，气氛也会比较沉闷。因而，适时穿插一些艺术性语言，哪怕只是一两个生动的词语，课堂可能就会改观。激发联想想象，培养形象思维，这是就学生个体发展而言。现行的语文教材中，有大量的文学作品，而文学的重要特点是借形象来思维，以情感人。如果我们忽视或取消其形象思维的特点，把完整的文学作品按纯粹的语言教材进行肢解，进行枯燥无味的逻辑论证，必然使充满旺盛生命力的语言文字变得苍白无力。艺术性语言并非只限于形象思维。前面讲到，它一方面包含语言本身的美，如生动形象、优美流畅、音节和谐等，另一方面也指表现的手法高明，富于机智、幽默风趣、善于引导等，也即艺术性语言的另一个内涵应是智慧美。所以，它亦能帮助我们发展其他的思维能力，从而综合提高思维质量。

一般来讲，文科类的教学语言比较好发挥，因为文辞优美的课文常常让教师的语言形象生动，富有激情，学生也听得津津有味。但理科因其自身枯燥、严谨、逻辑性强等特点，很容易使教师的语言严谨刻板，从而不容易引起学生的兴趣。

三、科学性与艺术性相融中开展教学实践

生物课作为一门自然科学，它的研究对象是纷繁复杂的生物界，主要研究生

命现象和生命活动规律。在具体的教学中，生物教师必须掌握高超的语言技巧，才能将学生引入生物的殿堂，探索生物的奥妙，感受生命的瑰丽，体会自然界的千姿百态。

生物教学要求教师的教学语言必须具有很强的科学性和艺术感染力。科学性是鉴于其自然科学的特点而言的，它追求语言的逻辑缜密、科学规范、简练准确。艺术感染力则是出于吸引学生注意力的考虑，它要求语言形象生动，富有激情，使其如同观看演出一样和教师的教学产生共鸣，达到教学相长的目的。

这就要求教师既不能如"老学究"似的进行术语化讲解，也不能借题发挥，重表演，轻主题，而是应该视教学内容而定，适当地用轻松的语言处理较为复杂的问题或者知识点，使学生易于接受，达到喜闻乐见、耳熟能详的效果。这就需要教师主动地去筛选合适的教学语言。那么，怎样的语言才是课堂语言的首选呢？答案是既含有科学性又含有艺术性的语言。

课堂教学语言的科学性是学生获得正确认知的保证，如果教师在教学中用含糊的语言，就会把错误的知识传授给学生，影响教学质量，误人子弟；而课堂教学语言的艺术性是开启学生智力、培养学生能力的重要手段。只有科学性和艺术性都能够很好地把握，课堂教学才能达到理想的效果。

（一）语言的适当渲染

为了使学生对课本内容产生鲜明的印象，教师郭学民在高二生物课教学中讲到生动有趣的适应现象时，常采用比拟法讲述：

保护色——"我不在这里"，警戒色——"我在这里，但不要碰我"，拟态——"我不在这里，我是××"，等等。运用比拟法讲课，既能使课本内容呈现得形象、新鲜，又能使学生的思想产生跳跃性，还能丰富学生的想象力。

郭老师在讲到达尔文的自然选择学说中的过度繁殖时，通过生动有力的数据进行了这样激情的讲述：

"地球上的各种生物都野心勃勃，想称雄称霸，请看一组数据：家蝇每十天就能繁殖一代，每代产卵一千个，如果这些卵都能成蝇，那么一对家蝇在一年内的后代就能覆盖整个地球表面……"当学生听到这些直观具体的数据时，都对生物的繁殖能力惊叹不已。

一般来讲，课堂语言要讲究形象、生动、趣味性。因为学生在学习的过程中，由于外在因素或个体的自身原因，会遇到这样或那样的思维障碍，影响对知识的理解和记忆。教师通过形象、生动的教学语言对教学内容进行适当渲染，可以带来意想不到的效果。

然而，课堂语言更要具有科学性、直观性。科学性的语言是引导学生正确理解和掌握知识的前提。教师在教学过程中要运用准确的概念，正确的判断，严密的措辞，不能含糊不清或模棱两可，更不能有错误。

　　虽然其他学科的教师没有经历过语文老师那样系统的语言培训，但在平时的课堂上，还是应当反复推敲教学语言，力求在教学中做到语言严密、科学。如果教师不经思考就随意地使用语言，不仅不能让学生掌握知识，甚至会使简单的知识复杂化，增加学生学习的难度，浪费学生的时间和精力。

（二）用形象生动的语言给学生留下深刻记忆

　　在讲动物的"先天性行为与学习行为"时，江苏省张家港市某中学的周老师以小故事"偷牛奶的贼是谁？"导入，然后介绍大山雀的学习行为，并提供"黑猩猩和猴摘香蕉比赛"的资料，最后师生共同分析动物的模仿、推理、判断等高级行为。

　　在讲述细胞衰老的特征时，为了让学生有深刻的记忆，她别开生面地提问："玉兰油护肤系列的广告语是什么？"

　　"肌肤水嫩细白。"学生抢着回答。

　　周老师点头："水嫩说明了什么？"

　　"水嫩说明细胞充满活力。"

　　周老师通过这样形象的引导，再接着讲述细胞衰老的其中两个特征："衰老的细胞中含水量较少，细胞内的色素会随着细胞衰老而逐渐积累。"

　　另外，她在教学中还用"春色满园关不住，一枝红杏出墙来"讲解生长素引起的植物的向性运动；用"人间四月芳菲尽，山寺桃花始盛开"讲解生态因子；用"望梅止渴，画饼充饥"等讲解条件反射中的第二信号系统。

　　教师运用的语言既要有利于调动学生的积极性，又要激发学生用多种分析器官协同活动，这就要求教师的语言要形象生动。

　　周老师通过丰富多彩、形象生动的语言来引导学生分析问题，既抓住了学生的注意力，又调动了学生学习的积极性和主动性，产生追求答案的求知欲，最终达到理解知识的目的。

　　周老师形象生动的语言既能在课堂上巩固练习，考查学生对新知识的理解和掌握情况，做到有针对性地讲解、辅导，又可以启发学生举一反三，产生丰富联想。

　　周老师结合教学内容穿插一些短小而富有趣味性的文学知识，为学生提供一个个生动形象的情景，使学生在乐趣中产生丰富的联想，增强记忆的持久性。

在课堂教学中，如何巧妙地运用语言艺术，把深奥的事理形象化、抽象的事物具体化，将无声的文字变成有声的语言，生动地再现教材的主要内容呢？教师在运用语言时，主要应注意以下几个方面的技巧：

1.形象生动化让德智美共同发展

教师要对自己的教学语言反复推敲，仔细揣摩，力求达到寓美育、德育、智育于一体的教学目的。学生对美的感受、对知识的获取、对能力的锻炼需要教师来引导，尤其需要教师的语言引导、规范。

教师运用形象生动的语言既可把学生身边的生活描摹得五彩缤纷，培养学生热爱生活、热爱人生的品质，又可引导其注重科学探索的重要性，激发和调动他们学习的兴趣和积极性，同时可以帮助他们树立良好的世界观和人生观。

2.将严谨的提问分解化简成阶梯性问题

当学生因智力水平或努力程度不够等原因，解决难度较大的问题显得力不从心时，就需要教师助其一臂之力。

语言点拨就是指在学生的思维或语言产生障碍时，教师采用精练恰当的语言进行点拨，帮助学生突破障碍，打开思路。

在教学的实际运用中，教师可以用辅助性的方式来点拨。例如当讲完"爬行类"这一章节后，若直接让学生回答"为什么青蛙和鳖都既能生活在水中，又能生活在潮湿的陆地，但它们却不属同类生物？"这一问题时，不少学生会遇到一定的困难。这时教师可设计几个带有阶梯性的问题进行点拨：①二者的呼吸方式有何不同？②二者的皮肤有何不同？③二者的生殖和发育特征有何不同？

通过这样的分解，学生便可由表及里地抓住事物本质，解决学习中的难点，形成良好的认知结构。

3.开门见山，一针见血

在教学中，教师也可以采用直截了当、开门见山的点拨方法。例如学生有时解答问题时尽管心中清楚，但由于对个别词语的遗忘，或表达水平有限，一时难以找到恰当的词语，导致"茶壶装饺子，倒不出来"。这时，教师可直接给学生提供词语，帮助其越过语言障碍，得到答案。

4.直接引导的方法

教师集中解决某一问题时，可以由点到面、由此及彼地进行点拨。例如讲"生物进化的规律"时，生物教师可点出鱼类、两栖类、爬行类、哺乳类的生活习性、形态结构、生理特征的异同，这样学生就不难发现生物的进化规律是由水生到陆生，由简单到复杂，由低等到高等。这样，教师总结出规律性的东西，就加深了学生对问题的理解，使其思维具有深刻性。

教师还可以教学内容为中心引出与之相关的内容，来引发学生思考。比如在引导学生阅读"遗传工程"这段短文时，教师可抓住克隆技术这个概念，由点到面地进行点拨：克隆技术可消除遗传疾病，可制造人的各种器官，可使灭绝的生物复活，可使动植物实施车间化生产等。这种引导方法使学生想得更多、看得更远，思维呈辐射状态，具有扩散性、广阔性、灵活性。

5. 间接引导的方法

教师有时候可以不直接点明怎样思考，而是间接地、旁敲侧击地、曲折地进行点拨。例如讲"血液循环"时，让学生回答"左心房连接的血管是动脉血管还是静脉血管？其中流动的是动脉血还是静脉血？"当学生答不上来时，教师可采用从旁点拨的方式进行启发："和左心房相连的血管的血液流向何处？它的另一端连接的是什么器官？这个器官的作用是什么？"这样学生便会茅塞顿开，不仅知其然，而且知其所以然，从而加深对问题的理解。

在课堂教学中，教师在运用专业的学科语言时，既要注重它的科学严谨性，又要注意用形象生动的语言增强课堂对学生的吸引力，让学生融入趣味盎然的学习当中，从而提高课堂教学效果。

参考文献

[1] 魏汉武. 教师课堂教学语言艺术浅析 [J]. 陕西广播电视大学学报，2018，20（04）：32-34.

[2] 夏常菁. 幼儿园教师语言鼓励教育的现状与对策 [J]. 贵州教育，2018（24）：31-32.

[3] 崔勇. 教师语言品质背后的人文情怀与思维方式 [J]. 教育科学论坛，2018（31）：59-64.

[4] 胡洪瑜. 初级对外汉语教学中教师体态语的运用研究 [J]. 文学教育（下），2018（11）：38-39.

[5] 吉智萍. 小学语文课堂教学中的语言艺术管窥 [J]. 课程教育研究，2018（39）：64.

[6] 马世博. 对外汉语课堂教师体态语研究 [J]. 楚雄师范学院学报，2018，33（05）：88-93.

[7] 俞理明. 教育语言学：我国语言教师的精神家园 [J]. 中国外语，2018，15（05）：1，12-13.

[8] 毕亚莉，张永飞，李箐. 幼儿教师教学语言"失范现象"成因及消解策略 [J]. 成都师范学院学报，2018，34（08）：64-68.

[9] 周琼. 善用语言为音乐教学添加亮彩——浅谈音乐教师的课堂教学语言艺术 [J]. 名师在线，2018（23）：85-86.

[10] 郝婷婷. 体态语在幼儿教学中的应用分析 [J]. 学周刊，2018（25）：188-189.

[11] 袁清红，陈蕾. 小学教师语言暴力现象及对策研究 [J]. 学周刊，2018（22）：48-50.

[12] 秦佳楠，钞振华，骆仕芳. 提升地理师范生教学语言技能的研究 [J]. 新课程研究（中旬刊），2018（06）：79-80.

[13] 汤纯光.浅谈语文学科教师的语言特色[J].西部素质教育，2018，4（10）：105-106.

[14] 曾静.教师体态语在泰国学生课堂问题行为处理中的应用研究[D].南宁：广西大学，2018.

[15] 吴迪.核心素养视阈下的大学英语教师语言能力发展研究[J].福建广播电视大学学报，2018（02）：64-66.

[16] 李恒."教师语言"应用案例教学法研究[J].济南职业学院学报，2018（02）：23-24，33.

[17] 蒋晓莉.幼儿语言教育中教师言语行为研究[J].汉字文化，2018（07）：122-123.

[18] 肖景恒.对外汉语教学中的非语言交际研究[D].西安：西安建筑科技大学，2018.

[19] 叶俊宏.初中语文口语交际教学中言语生成策略研究[D].成都：四川师范大学，2018.

[20] 杨一琳.试论体态语在对外汉语教学中的应用[J].现代交际，2018（05）：190-191.

[21] 颜彩燕.赏识性语言在课堂教学中的运用艺术[J].黑河教育，2018（03）：44-45.

[22] 王凌超.教师语言暴力中的话语与权力关系探析[J].教师教育论坛，2018，31（02）：30-32.

[23] 徐贞华.小学体育课堂语言艺术初探[J].当代体育科技，2018，8（05）：239-240.

[24] 王玲姣.依托教研活动锤炼语言技能——关于青年教师语言能力提升的实践感悟[J].体育教学，2018，38（01）：50-51.

[25] 李海云，付玥.中小学教师语言暴力问题探究[J].当代教育理论与实践，2017，9（12）：11-15.

[26] 张志强.教师语言艺术的特征功能及其实现途径[J].语文建设，2017（33）：6-7.

[27] 杨静.运用教学语言提高生物课堂效率[J].中学生物教学，2017（20）：19-20.

[28] 李璟.教师语言的系统支配逻辑[D].上海：华东师范大学，2017.

[29] 曹珊.高校教师语言暴力成因及消解策略——以教育沟通为视角[J].闽南师范大学学报（哲学社会科学版），2017，31（03）：119-123.

[30] 张友文. 学校教育中教师决策的语言哲学探析 [J]. 湖北民族学院学报（哲学社会科学版），2017，35（05）：180–184.

[31] 钟琴. 浅谈语言艺术在小学语文教学中的运用 [J]. 中国校外教育，2017（26）：80.

[32] 欧阳苹，张丽玫. 体育教学中的语言艺术 [J]. 当代体育科技，2017，7（22）：134–135.

[33] 刘嘉琳. 小学教师语言艺术对不同性格学生的影响及策略 [J]. 课程教育研究，2017（30）：168–169.

[34] 赵永亮. 国际汉语教师的语言修养 [J]. 决策与信息，2017（07）：42–48.

[35] 曹蕾. 教师的语言暴力对小学生的影响 [J]. 纳税，2017（15）：172.

[36] 于庆华. 幼儿教师进行语言教育的策略探讨 [J]. 成才之路，2017（13）：37.

[37] 杨娟. 中小学教师隐性暴力的伦理反思 [D]. 南京：南京林业大学，2017.

[38] 曹耀萍. 英语专业教师语言技能现状调查研究 [J]. 广西民族大学学报（哲学社会科学版），2017，39（02）：172–176.

[39] 田之涯. 教师语言暴力的道德问题研究 [D]. 郑州大学，2017.

[40] 阮北. 幼儿教师的语言对幼儿语言能力发展的影响 [A]. 国家教师科研专项基金科研成果（五），2017.

[41] 焦迪，蔡贤军. 审美教育背景下的教师语言美 [J]. 内蒙古师范大学学报（教育科学版），2016，29（10）：87–89.

[42] 王笑笑. 中学语文教学语言特点分析 [J]. 才智，2016（21）：42.

[43] 周佩云. 教师非语言交际在英语课堂中的运用 [J]. 齐齐哈尔师范高等专科学校学报，2016（04）：125–127.

[44] 牛璐璐. 中学语文教师课堂教学语言研究 [D]. 乌鲁木齐：新疆师范大学，2016.

[45] 黄丽. 不容忽视的幼儿教师语言教育 [A].// 新教育时代 [C]. 天津电子出版社有限公司，2015.

[46] 李莉. 幼儿教师语言文字应用能力提升策略 [J]. 决策探索（下半月），2015（10）：68.

[47] 郭晓娜. 谈教师语言的口语特点 [J]. 中国校外教育，2015（18）：42.

[48] 黎娟. 小学教师语言激励：现状、问题、对策 [D]. 长沙：湖南大学，2015.

[49] 刘鹏丽. 语言教学的反思与探索——《教师语言意识》札记 [J]. 延安职业技术学院学报，2015，29（01）：51–52，57.

[50] 翁燕文 . 教师教育语言习得的有效路径探索 [J]. 宁波教育学院学报，2015，17（01）：36-39.

[51] 薛芹 . 中学语文课堂教学语言探究 [D]. 上海：上海师范大学，2014.

[52] 张亚明 . 教师语言素质的基本内涵与构成性规则 [J]. 湖北科技学院学报，2014，34（09）：150-151.

[53] 田继英 . 基于语言学的化学青年教师教学语言技能培养 [D]. 哈尔滨：哈尔滨师范大学，2012.

[54] 王琴芳 . 教师课堂非语言交际行为研究及应用 [J]. 湖北成人教育学院学报，2011，17（06）：97-98，104.

[55] 邓萌 . 学前教育专业教师口语技能培养研究 [D]. 武汉：华中师范大学，2011.

[56] 李瑛 . 教师的非语言交际与外语教学 [J]. 黑龙江教育学院学报，2011，30（06）：171-172.

[57] 梁志华 . 语言交际能力的培养与教师的角色 [J]. 长春理工大学学报（高教版），2009，4（03）：169-170.

[58] 杨帆 . 在语言中和自己相遇 [D]. 上海：华东师范大学，2007.

[59] 秦为民 . 教师非语言交际的得体性研究 [J]. 湖北教育学院学报，2006（08）：120-121.

[60] 宋梅，张录侠 . 教师非语言交际行为对课堂教学的影响 [J]. 陕西师范大学学报（哲学社会科学版），2003（S2）：63-66.

[61] 吴惠芳 . 教师的非语言交际与外语教学 [J]. 铁道师院学报，1999（05）：76-78.